정서지능 101

정서지능 101

Gerald Matthews, Moshe Zeidner, Richard D. Roberts 지음
김 정 희 옮김

Σ 시그마프레스

정서지능 101

발행일 | 2014년 2월 28일 1쇄 발행

저자 | Gerald Matthews, Moshe Zeidner, Richard D. Roberts
역자 | 김정희
발행인 | 강학경
발행처 | (주)시그마프레스
편집 | 이미수
교정 · 교열 | 문수진

등록번호 | 제10-2642호
주소 | 서울특별시 영등포구 양평로 22길 21 선유도코오롱디지털타워 A401~403호
전자우편 | sigma@spress.co.kr
홈페이지 | http://www.sigmapress.co.kr
전화 | (02)323-4845, (02)2062-5184~8
팩스 | (02)323-4197

ISBN | 978-89-6866-056-6

EMOTIONAL INTELLIGENCE 101

by Gerald Matthews, Moshe Zeidner, Richard D. Roberts

이 도서의 국립중앙도서관 출판시도서목록(CIP)은 서지정보유통지원시스템 홈페이지 (http://seoji.nl. go.kr)와 국가자료공동목록시스템(http://www.nl.go.kr/kolisnet)에서 이용하실 수 있습니다.(CIP제어번호: CIP2014005432)

역자 서문

변화가 급격하고 경쟁적인 현대사회에서 성공하기 위해서는 IQ보다 EQ가 더 중요하다고 사람들은 말한다. 도대체 EQ를 나타내는 정서지능이란 무엇인가? 동기, 성격, 지능, 자아개념 등 심리학에서 사용하는 개념들과 비슷한데 심리학자들은 왜 정서도 아니고 지능도 아니면서 동시에 코에 걸면 코걸이 귀에 걸면 귀걸이로 보이는 정서지능이라는 새로운 용어를 만들어 내 머리만 아프게 하는가?

이것이 이 책을 섭할 때까지 역자가 갖고 있던 정서지능에 대한 생각이었다. 정서지능이 중요하다고 생각은 했지만 그 모습이 매력도 없이 흐릿하여 항상 짐처럼 머리에 이고 있었다. 그래서 어느 날 머리에 이고 있으면서 힘들어하지 말고 내려서 자세히 살펴보기로 마음을 먹고 이 책을 공부하는 자세로 번역을 시작했다.

이 책은 정서지능을 성격 특성으로 보는 관점과 인지적 능력으로 보는 관점을 융합해 정서지능이 독립적인 하나의 심리학적 구인으로 탄생하는 과정을 조심스럽고 균형 잡힌 시각으로 제시하고 있다. 그 과정들은 이론적 개념과 모델, 측정과 검사 도구, 일상생활이나 교육과 직장에서의 적용, 정서장애의 치료, 앞으로의 연구 방향으로 구성되어 있다.

역자는 정서지능에 대한 전문가가 아닌, 대학에서 교육심리학과 심리학을 가르치는 한 사람으로서 이 책을 통해 정서지능에 대하여 더 많은 관심을 갖게 되었다. 따라서 이 책이 교육학, 심리학, 상담, 심리치료, 경영학 등 여러 분야에서 정서지능에 대한 연구가 활발해지고 효과적인 정서지능 프로그램들이 개발되어 개인적인 삶이나 사회적인 삶 속에 긍정적인 영향을 미칠 수 있기를 기대한다.

정서지능을 함께 공부하고 실제 경험이나 개인적인 의견으로 좋은 자극과 고민을 나눌 수 있었던 이성원 선생님, 조은희 선생님, 이승철 선생님께 감사드린다.

2014년 2월
역자 김정희

저자 서문

얼마 전까지만 해도 개인차를 연구하는 심리학자들은 개인차에 대하여 잘 설명할 수 있다고 생각했다. 정신적·신체적 과제를 수행하기 위한 적성에 차이가 있는 것은 **능력**의 개인차 때문이라고 생각했다. 능력들 중에서 가장 유명한 것은 일반 지능(*g* 혹은 IQ)이고 그 밖에 좁은 의미로 정의되는 여러 능력이 있었다. 세상 경험을 다르게 하고 행동 유형이 독특한 것을 **성격**의 개인차로 생각했다. 외향성이나 신경과민성과 같은 여러 가지 성격 특성들로 구분되었다. 성취욕구나 타인과의 친애욕구와 같은 **동기**의 개인차는 제3의 영역으로 간주되었다. 개인차를 기술하는 이 전체적인 구조는 19세기 후반에 뿌리를 두고 있으며 100년이 넘도록 심리측정 검사를 개발하는 커다란 기업을 일으켰고 이와 함께 이런 검사들이 측정하는 것이 도대체 무엇인지에 대한 수많은 연구가 수행되었다.

1990년대에 새로운 **정서지능**(EI)의 개념이 등장함에 따라 연구와 대중문화의 발달로 뿌리가 깊은 기존의 관점이 변화했다. 정서지능이란 정서를 이해하고 관리하는 능력을 말하며, 타인과 생산적으로 관계를 맺는 데 특히 중요하다. 정서지능은 이성적인 분석에 많이 의존하지 않는다는 점에서 전통적인 지능과 다르며, 정서지능은 마음의 수수께끼 같은 지혜와 조화를 이루는 것이 중요하다. 사실 정서지능은 최근 심리학에서 관심을 받고 있는 '암묵적' 과정과 비슷한데, 그것은 우리 행동에 무의식적이지만 강력한 영향을 미친다.

정서지능은 혼자 있기를 선호하거나 사소한 일에 심기가 뒤틀리는 것과 같은 기질적 성질 이상의 것이라는 점에서 성격과 다르다. 정서지능이란 정서의 불안정한 역류를 조종하는 것을 도와주는 적응적인 특성을 말하는 것으로 도전을 기회로 전환하거나 최소한 패배를 받아들이기 위한 지혜를 제공한다.

따라서 이 새롭게 떠오른 구인이 개인차의 기존 질서를 위협하게 되었다. 심리학자들이 인간성의 중요한 특징 중 하나를 알지 못하고 있었다는 것이 가능한 일인가? 만일 그렇다면 능력, 성격, 동기에서의 개인차를 설명하는 기준이 심하게 흔들리게 된다.

또한 정서지능은 심오한 적용 가능성을 갖고 있다. 개인차에 대한 기존 지식은 현대사회가 가치를 부여하고 있는 학업적·직업적 잠재력을 확인해 주고 개인적인 속성에 문제점을 갖고 있는 사람에 대한 진단, 지도, 치료에 도움을 줌으로써 검사 도구와 평가 도구 산업을 발전시켰다. 정서지능은 '공부 똑똑이'보다는 실제 삶을 살아가기 위한 '생활 똑똑이'를 위한 능력으로 소개되었다. 상아탑에 갇혀 있는 심리학자들은 이 중요한 사람의 성질을 인식하지 못했다고 한다. 정서지능을 이해하면 교육심리학,

조직심리학, 임상심리학 분야에서 기존의 성격과 능력을 측정한 결과만
으로는 얻을 수 없는 실제적인 도움을 줄 수 있을 것이다.

1999년 캐나다 밴쿠버에서 International Society for the Study of
Individual Differences 총회가 열렸다. 이 책을 쓴 3명의 저자가 음료수
를 마셔 가며 정서지능에 대한 광범위한 토론을 했다. 비록 우리들의 연
구 배경은 달랐지만 서로 의견이 일치하는 것을 알게 되었다. 정서지능은
이론적으로 그리고 실용적으로 광범위한 영향력을 가지고 있는 심리학
에서 새로운 아이디어로 자리 잡게 되었다. 하지만 그 중요성에 대한 강
한 주장은 적절한 증거에 의한 검증이 이루어지지 않았다. 정서지능에 대
한 인기 있는 글 중에는 정말 터무니없이 과장된 주장도 있다. 우리는 우
리가 쓰고 2002년 MIT Press에 의해 출판된 *Emotional Intelligence:
Science and Myth*에 대한 종합적인 비판으로 논의를 시작했다.

앞서 언급한 책에서 우리는 몇 가지 일반적인 결론을 내렸다. 과학적인
문헌에서조차 정서지능에 대한 연구자들의 주장을 지지해 주는 증거를
보여 주지 못했다. 정서지능 검사 점수가 교육적 성공이나 직업적 성공과
같은 객관적인 준거와 연관성이 미미한 것으로 나타났다. 또한 정서지능
을 측정하는 문제는 전통적인 능력과 성격을 측정하는 문제보다 더 심각
한 것으로 나타났다. 결과적으로 개인적·사회적 안녕감을 정서지능이
향상시킬 수 있을 것이라는 기대가 사라지게 되었다.

그 이후로 정서지능에 대한 연구가 빠르게 활발해지면서 우리도 분주
하게 책과 논문을 쓰고 이상한 모임에서 발표도 했다(그런 모임에서는 우
리의 비판적인 사고를 자극하기 위한 술이 제공되기도 했다). 우리가 초

기에 염려하던 어떤 문제는 정서지능 척도의 타당성을 지지하는 새로운 증거가 나오면서 가라앉았지만 또 다른 문제는 여전히 남아 있다. 이 책에서 우리는 정서지능에 대한 비판적인 관점을 소개하고자 한다. 즉 우리는 독자들에게 정서지능에 대한 다양한 최근 연구들을 소개하고 또한 정서지능이 개인차의 새로운 주요 요인으로 인정받기 전에 만족해야 하는 개념적 그리고 경험적 검정에 대한 견해도 소개하려고 한다. 정서지능 연구 분야에서는 겉모습만 보고 판단해서는 안 된다. 정서지능에 대한 주장들을 비판적으로 분석해야 하고 그 주장을 지지하는 증거를 세밀하게 조사해야 한다.

제1장(서론)에서 우리는 비판적인 입장에서 어느 한 편에 치우침 없이 정서지능의 개념을 소개한다. 정서지능이 발전하기 위해서는 분명하고 일관성 있는 이론에 기반을 둔 정서지능의 개념화, 신뢰할 수 있고 타당한 평가 도구, 기초적인 연구를 실천적인 중재로 전환하는 것이 필요하다. 우리가 관심을 갖고 있는 이슈 중 하나는 정서지능에 대한 연구 관점이다. 그중 하나는 정서지능을 진짜 능력으로 보는 관점이고, 다른 하나는 정서지능을 성격 특성과 비슷한 것으로 보는 관점이다. 제2장(성격 특성으로서의 정서지능)은 정서적 기능에서 성격 특성의 역할을 조사하고 정서지능에 대한 설문지 평가가 표준 성격 평가가 하는 것 이상의 무엇을 제공하는지 알아본다. 제3장(새로운 형태의 인지능력으로서의 정서지능)은 객관적으로 채점되는 검사 도구를 사용하여 정서지능을 능력으로 평가하기 위한 전략들을 살펴본다. 이 분야에서 객관적으로 정답이나 오답으로 판단할 수 있는 검사 문항을 만드는 것부터 시작해서 극복해야 할

중요한 난관들이 있지만 발전할 수 있는 어떤 가능성도 확인할 수 있다.

다음 장들에서는 정서지능의 적용과 결과에 대한 증거를 살펴본다. 정서적으로 지적인 사람은 실생활에서 어떤 이점을 갖고 있는가? 정서지능이 낮으면 어떤 위험이 있는가? 제4장(일상생활 속에서의 정서지능)은 정서지능의 영향을 받을 수 있는 다양한 결과 — 대인관계, 건강과 안녕감, 삶의 우여곡절에 대한 대처 능력 — 에 대한 연구를 살펴본다. 우리는 정서지능 검사가 여러 가지를 예측할 수 있다는 것을 보여 주지만, 또한 독자들은 높은 정서지능에 중요한 이로운 점이 많다는 것을 받아들일 때는 조심해야 한다는 점도 강조한다. 실제 상황에서는 정서지능을 측정하는 것만큼 개인적인 성질을 바꾸는 것도 중요하다. 제5장(응용 환경에서 정서지능 훈련하기)은 중요한 두 가지 실제 상황 — 교실과 직장 — 에서 사회적 · 정서적 기능을 향상시키기 위한 훈련 프로그램들을 알아본다. 우리는 성공과 실패 사례들을 모두 검토하고 정서지능 훈련이 확실하게 효과가 있다는 것을 보여 주기 위한 연구 방법에서 개선할 점을 생각한다. 제6장(정서장애 : 정서지능의 병리 현상)에서 우리는 낮은 수준의 정서지능이 정신병리에 영향을 미치는지 의문을 제기한다. 고전적인 정서장애, 충동적이거나 반사회적 행동에서 나타나는 외현화 장애, 정서적 기능이 비정상적이거나 역기능적으로 보이는 장애 유형과 정신분열증 및 자폐증을 포함하는 사회적 기능을 부식시키는 장애 유형이 있다. 우리는 정서지능에 초점을 맞추는 것이 어느 정도 심리치료에 도움이 된다고 연구에서 밝히고 있는지에 대해서도 살펴본다.

제7장(결론)은 20여 년간의 정서지능 연구에서 심리학은 무엇을 얻었

고 아직까지 답을 얻지 못한 문제가 무엇인가에 대하여 요약한다. 2002년에 발표한 책에서 우리는 '정서지능' 이라는 용어를 서로 구별되는 개인적인 성질을 일컫는다고 막연하게 사용했다. 우리는 고유한 이론, 검사, 적용 분야를 요구하는 어떤 뚜렷한 정서지능 구인들을 설정함으로써 이 아이디어로 돌아간다. 일관성을 유지하기 위해 기질적 성질, 정보처리 절차, 정서조절 전략, 상황 제한적인 정서적 지식과 기술로 구분하는 것이 중요하다. 다양한 정서지능 검사가 사회적 관계의 질, 안녕감과 정신건강, 실제 수행에서의 긍정적인 결과와 관련이 있다는 증거가 있다(비록 관련성의 크기는 미미하지만). 정서지능은 사실 기존의 성격과 능력 구인에 덧붙이는 것이지만, 그 정도가 얼마만큼인가 하는 문제는 앞으로 계속 논의될 것이다. 정서지능과 경험적 연구에서 발견된 결과 간의 관계를 이해하고 실제 상황에 잘 적용하기 위해서는 다중 정서지능 구인들을 다양화하는 것이 필요하다. 우리는 이 다중 정서지능의 관점에서 보는 유망한 새로운 연구 방향을 제시하는 것으로 제7장을 끝맺는다.

우리는 이 책을 통하여 정서지능에 대한 지식들로 잘 무장한 독자들이 활발하게 진행되고 있는 최근의 정서지능 연구에 대한 새로운 사실들을 발견할 수 있을 것이라 믿으며, 정서지능에 대한 결론을 스스로 내릴 수 있기를 바란다. 어떤 사람은 정서지능의 미래가 암울하다고 생각하고, 어떤 사람은 더 객관적인 이해를 하기 위해서 앞으로 더 많은 연구가 필요하다고 생각할 것이다. 어느 쪽으로 생각하든 정서지능에 관심을 갖게 되었다면 우리가 이 책을 쓴 목적은 달성한 셈이다.

마지막으로 우리 세 사람 모두 각자 일말의 정서지능을 갖고 있다는 것을 표현하고자 한다. 우리들의 배우자들인 Diana, Eti, Cristina의 온정과 격려가 없었다면 이 책이 나올 수 없었을 것이다. 그들은 우리들이 끝없이 이메일을 주고받고 바보 같은 이야기를 나누고 밤새워 글 쓰는 것을 인내해 주었다. 또한 심리학 101 시리즈 편집자인 James Kaufman 박사와 Springer 출판사의 편집자인 Nancy Hale에게 감사드린다. 그들의 지도와 피드백과 격려는 이 책이 나오기까지 큰 도움이 되었다. 우리는 또한 우리들의 직장인 신시내티대학교, 하이파대학교, Educational Testing Service에도 감사드린다.

　이제 책을 읽으면서 즐기시기를!

차례

서론
chapter 1

성격 특성으로서의 정서지능
chapter 2

chapter 3 새로운 형태의 인지능력으로서의 정서지능

chapter 4 일상생활 속에서의 정서지능

chapter 5 응용 환경에서 정서지능 훈련하기

chapter 6 정서장애 : 정서지능의 병리 현상?

chapter 7 결론

정서지능 101

1

서론

과학은 신화와 함께 그리고 신화에 대한 비판과 함께 시작해야 한다.

– Popper, 1963, p. 50

심리학에서 새로운 아이디어의 성공은 대중문화 속에서 '바이러스 감염성'으로 나타난다. 이 책을 쓰고 있을 당시에, 전 영국 총리 Tony Blair는 당시 현 총리인 Gordon Brown에 대하여 '정서지능이 제로'라고 책망했다. 최근에는 인기 있는 테크놀로지 사이트인 cnet.com에서 정서지능을 가지고 있는 휴머노이드 로봇이 자폐 아동의 친구가 되어 주는 이야기[1]와 Google 기술자들[2]이 정서지능이 부족하다는 이야기를 하고 있다. 정서지능이 대중의 관심을 받고 있음이 분명하다.

정서지능에 대하여 처음으로 체계적으로 연구한 심리학자는 Jack Mayer와 Peter Salovey다. 그들은 정서지능의 개념을 뛰어난 정서지각, 정서를 사고로 동화시키기, 정서이해, 정서에 대한 생산적인 관리로 정의했다. 그들은 연구는 물론이고 실제 현장에서 현재 널리 사용되고 있는 몇 가지 정서지능 검사 도구도 개발했다. 이 문제에 대해서는 제3장에서 논의할 것이다. 하지만 많은 사람들에게 회자되고 세계적인 관심을 받은 것은

---

1) Retrieved 9/10/10 from http://news.cnet.com/8301-17938_105-20013657-1.html?
   tag=mncol;4n
2) Retrieved 9/10/10 from http://news.cnet.com/8301-1023_3-10396190-93.html?
   tag=mncol;ln

Mayer와 Salovey가 처음 발표한 책이 아니라 Daniel Goleman(1995)이 쓴 **정서지능***Emotional Intelligence*[3]이다. 이 책은 수많은 언어로 번역되었으며 지금까지 발표된 심리학 책 중에서 가장 많이 팔렸다. 지능, 성격, 정서, 스트레스와 같은 인기 있는 개념들이 흔히 그렇듯이 정서지능의 개념도 많이 사용하다 보니 원래 의미에서 벗어나는 사례가 많아졌다. Goleman 의 의도는 정치가들을 새로운 방식으로 모욕을 주자는 것이 아니라 정서 적인 능력의 부족 때문에 자주 발생하는 인간관계를 개선해 보겠다는 것 이었다. 우리는 자신의 정서와 타인의 정서를 이해하지 못하는 경우가 너 무나 많다. 예를 들어 슬픔과 분노를 극복할 수 있도록 다른 사람을 도와 주거나 자신의 충동을 조절하는 것과 같이 정서를 더 잘 관리하는 방법이 있다. 짧게 말하면, 뛰어난 정서적 능력을 갖고 있는 치료사, 교사, 변혁 적 지도자와 같은 사람들에게서 배울 수 있다.

Goleman(1995)이 저술한 책의 핵심은 심리학이 너무나 오랫동안 정 서지능의 개념과 관련된 정서적 능력의 중요성에 무관심했다는 것이다. 지능에 대한 연구는 소위 말하는 인지적(혹은 학업적) 지능에만 고착되 어 정서적 적성에 대해서는 눈을 감고 있었다. 전형적으로 대학교수들은 IQ는 높지만 정서지능이 낮아 사회생활에 잘 적응하지 못한다. 이 책의 저 자 중의 한 사람인 Gerald Matthews는 케임브리지에 있는 Cavendish 연 구실에서 몇 차례 강연을 했는데, 그 연구실 이름은 가장 유명한 18세기 화학자 중 한 사람인 Henry Cavendish(그림 1.1)의 이름에서 따왔다고

---

3) 역주 : 우리나라에서는 황태호가 번역한 '감성지능'으로 출판되었다.

H. Cavendish

그림 1.1 Henry Cavendish의 초상화. 영국의 과학자로서 '가연성 공기(오늘날 수소라고 부름)' 의 발견으로 특히 유명하다. 그는 위대한 지성인이었지만 여러 전기 문헌에 의하면 정서적으로는 모자랐던 것으로 보인다.

한다. 브리태니커 백과사전[4]에 의하면, 그는 '병적인 민감성' 때문에 사회생활을 제대로 할 수 없었다고 한다. 그는 특히 여자들 앞에서 소심해

----

4) Retrieved 9/10/10 from http://www.1902encyclopedia.com/C/CAV/henry-cavendish.html

4

그의 하녀들과 쪽지(전자 메일의 전신이라고 할 수 있는)로 의사소통을 했다. Cavendish의 지적 능력은 그를 세계적인 지성인으로서 영국에서 갑부가 되게 해 줄 수는 있었지만, 사회적으로 그리고 정서적으로 정상적인 상호작용을 하는 것을 보장해 주지는 못했다.

정서지능을 이해하는 것은 특히 임상심리학, 교육심리학, 산업 및 조직심리학을 포함한 다양한 분야에서 중요하다(Goleman, 1995). 기업에서는 자신이 맡은 일을 효율적으로 할 수 있을 뿐만 아니라 팀 정신을 고양하고, 다른 사람들과 원활한 의사소통을 하고, 조직에 정서적으로 헌신할수 있는 직원을 필요로 한다. 직장에서 불필요한 논쟁을 하거나 다른 직원들과 함께 일하지 못하는 사람은 자신의 진정한 잠재력을 발휘할 수 없다. 정서지능은 흔히 사회적 역량 및 기술과 중첩된다. 일반적으로 정서지능은 인지적인 능력보다 가르치기 쉽다고 생각되기 때문에 회사에서 요구되는 사회적 · 정서적 능력을 직원들에게 훈련시킨다면 직원의 복지와 회사 이윤을 증가시키는 것이 가능할 것이다.

정서지능은 훈련이 가능하기 때문에 학생들의 정서적 역량을 키우기위해 교육과정에 포함할 필요가 있다. 학생들은 다른 사람과 공감하는 것뿐만 아니라 자신의 정서를 이해하고 조절하는 방법도 배워야 한다. 아이들이 홀린 듯 빠져드는 Wii, Facebook, iPad와 같은 기술의 발달은 다른 사람과의 면대면 접촉이 거의 없는 여가활동과 사회적 상호작용으로 문화적 형태가 변화했음을 보여 준다. 아이들이 다른 사람의 얼굴 표정과 몸짓 언어를 이해하는 것과 같은 사회적 그리고 정서적 기술 획득이 부진할 수 있기 때문에 정서학습의 필요성이 더 시급한 감이 있다. 실제로 '사회적·정서적 학습'이라고 부르는 프로그램들을 실험적으로 실시하는 학교들도 있다.

정서지능에 관심을 갖고 정서문맹 퇴치에 앞장서는 것은 임상심리학에서도 중요하다. 심리학자들이 IQ에 너무 많은 관심을 갖는다고 주장하는 분위기도 일고 있다. 클라이언트의 정서적 역량을 개발하기 위해 애쓰는 많은 심리치료사와 정신건강상담사들은 EQ에 큰 관심을 가질 필요가 있다. 최근의 많은 심리치료(약물치료와 반대되는)에서 보면 기본적으로 잘못된 사고 때문에 정서적 문제가 발생한다고 생각되지만, 명시적인 인지적 중재 없이 직접적으로 정서적 이해와 역량을 강화하는 것도 중요하다(Greenberg, 2011).

Goleman(1995)의 저서가 성공한 것에는 몇 가지 이유가 있다. 이 책은 일반적인 통념으로 심금을 울린다. 우리는 감정에 치우쳐서 방황하고 있는 많은 사람을 볼 수도 있고 자신의 감정을 잘 다스려야 했었다고 생각되는 기억들을 대부분 갖고 있다. 우리는 또한 감정을 조절하지 못해서 대인관계가 나빠진 경우를 쉽게 생각할 수 있다. 정서는 응용심리학 분야에도 적용되지만 그 밖에 범죄, 마약과 알코올 남용, 기타 사회적 질병 등에 영향을 미치는 것이 분명하다. 지적으로 우수한 아이에 대한 고정관념을 실수투성이의 우유부단한 괴짜로 바꿔 버린다거나 미국에서 '자기계발'의 선풍을 일으킨 Goleman의 수사학적 재능도 그의 성공에 기여한 바가 크다.

정서지능이 인기를 얻고 있는 것을 알고 있지만, 심리학자들은 또한 과학적인 증거가 없는 통념에 대해서는 의심해 보아야 한다고 생각한다.

Lilienfeld, Lynn, Ruscio와 Beyerstein(2009)은 인기 있는 50가지의 신화가 사실은 허구임을 과학적인 연구를 통해 밝혀냈다. 정서지능과 관련된 한 가지 통념은 부정적인 정서는 밖으로 표현하는 것이 좋다는 것이다. 사실, Bushman(2002)의 책 제목에서와 같이, 분노를 분출하는 것은 '불을 피우고' 공격성을 자극할 수 있다. Oprah나 Dr. Phil이 말하는 분노를 마음껏 표출하는 방식이 반드시 건강에 좋은 것이 아니다. 우리는 정서지능에 대하여 증거로 확인되지 않은 것이 많기 때문에 많은 주장들이 신화에 불과하다고 말했다(Matthews, Zeidner & Roberts, 2002).

이 책을 쓴 우리의 목적은 정서적 역량에 대하여 심리학이 무엇을 말해 주는지, 그리고 '정서지능'이 우리가 의미 있는 이야기를 할 수 있는 것인지 혹은 아닌지를 살펴보는 것이다. 따라서 과학에서는 어떤 종류의 증거가 중요하고, 정서지능을 연구하는 사람들에게 함정이 될 수 있는 어떤 문제점이 있는지 이제부터 간략하게 살펴보기로 한다.

정서지능 과학을 향하여

어떤 개인적인 성질을 연구하기 위해서는 최소한 우리가 연구하는 것이 무엇인지에 대한 어렴풋한 개념이라도 갖고 있어야 한다. 심리학에서는 '성격', '스트레스', '불안', '지능'과 같은 단어의 의미가 애매하듯이 용어를 정의하는 것은 보기만큼 쉽지 않다. 지능이 바로 그 예다. 환경에 성공적으로 적응한다는 의미에서 보면 아메바가 위족pseudopod으로 박테리아를 삼키는 것을 지능적이라고 말할 수 있다. Cavendish가 수소 가스를 분리하는 도구를 설계한 것도 마찬가지로 지능적이라고 할 수 있지만

그림 1.2 인간의 사고와 아메바의 적응적인 행동. 이 두 가지를 유사하다고 할 것인가?

통찰과 논리적인 분석력을 반영한다는 점에서 차이가 있다. 〈그림 1.2〉
는 이 두 가지 의미의 차이를 분명하게 보여 준다.

수많은 논쟁 없이 심리학자들이 구체적인 정의를 내리는 사례는 거의
없다. 사실 지능의 정의에 대해서는 아직까지 논쟁이 계속되고 있다(지능
의 정의에 대한 논의를 살펴보기 위해서는 Springer 출판사의 Psych
101 시리즈 중에서 **지능 101**과 **IQ 검사 101**을 참조하라). 하지만 연구를 시
작하기 위해서는 정서지능에 대한 최소한 초기의 조작적 정의가 필요하
다. 그런 정의가 없다면 10명의 연구자가 열 가지 다른 성질에 대하여 연
구하는 결과가 될 수 있다.

정서지능의 정의는 연구자들이 경험하는 어려운 일 중의 한 좋은 예다.
Goleman(1995)은 자기조절, 공감, 희망과 같은 바람직한 성격 특성들을
광범위하게 나열하는 산발적인 접근 방식을 채택했다. 이 방식에는 직접
적인 두 가지 문제점이 있다. 첫째는 이 여러 속성의 기저에 어떤 공통적

인 성질이 실제로 존재하는지다. 다른 사람에 대한 공감이 부족한 정신질 환자가 자신의 반사회성을 성공적으로 발휘하는 것을 생각할 수 있다. 두 가지 전혀 다른 성질을 '정서지능'이라는 이름하에 하나로 이해하는 것은 혼란만 초래할 뿐이다. 두 번째 문제점은 좋은 성격이란 지능과 다르다는 것이다. '더 지능적인' 사람은 덜 지능적인 사람에 비해 어떤 활동들에 있어서 객관적으로 우수하다고 간주된다. 보통 재능을 가진 대부분의 사 람들을 Goleman이 나열한 바람직한 성격 특성들을 갖고 있다고 해서 '지능적'이라고 하지는 않는다. 예를 들어 가상 인물인 Forrest Gump는 인지능력이 부족함에도 불구하고 경제적으로 그리고 사회적으로 성공한 다. 희망과 같은 긍정적인 정서를 경험하는 능력이 개인적인 성공에 도움 이 되는 경우도 있을 수 있지만, 희망이 반드시 현실적이라고 할 수는 없 다. 키가 158cm이고 근육조절 신경이 발달하지 않은 아이가 스타 농구 선수가 되겠다는 꿈을 갖는 것에 대해서 정서지능이 높다고 볼 수 없다. 일반적으로 심리학자들은 정의를 내리는 데 있어서의 어려움을 측정에 초점을 둠으로써 해결하려고 한다. 무엇이 성서지능이고 무엇이 정서지 능이 아니라는 개인적인 의견을 갖고 끝없이 논쟁하는 것보다 타당하고 신뢰할 수 있는 정서지능 검사를 개발하는 것이 정의를 내리기 위한 더 좋은 방법이 될 수 있을 것이다. 이 '조작적인' 접근은 이미 지능 연구에 서 성공적인 것으로 확인되었다. 'IQ'가 인간의 모든 지능적인 면을 반영 한다고 볼 수는 없지만(Sternberg, 2000), 표준화 지능 검사가 실제로 실 생활에서의 성공(예 : 직업적 성공)을 예측하고 인지과정과 뇌 기능을 성 공적으로 측정할 수 있다는 사실은 심리학자들에 의해 '지능'으로 이해되는 것이 연구되어야 하는 중요한 성격 특성이라는 것을 말해 준다. 개인의 정서적 역량의 어떤 부분을 측정한 검사가 IQ 검사만큼 높은 타당도를 갖고 있다면 그것은 심리학에서 그만큼 중요하다고 볼 수 있다.

사실 정서지능 과학에는 세 가지 필요한 기둥이 있다(Matthews et al., 2002). 앞에서 말했듯이, 첫 번째 기둥은 측정이다. 이것은 정서지능을 측정하기 위한 표준화 검사를 개발하고 사용하는 것을 의미한다. 측정을 위해서는 최소한 대략적인 정의가 필요하며, 측정이 발전하면 정의가 분명해질 것으로 기대한다. 이 지점에서 우리는 심리측정에서 중요한 용어로 사용되는 **구인**construct이라는 의미를 소개할 필요가 있다. "구인이란 추정되는 사람의 속성으로, 검사 수행에 반영된다고 가정하는 것이다." (Cronbach & Meehl, 1955, p. 283) 중요한 것은 구인이 사람의 키와 같이 우리가 직접적으로 관찰할 수 있는 성질의 것이 아니라 '추정되는' 혹은 가설적이라는 점이다. 앞으로 살펴보겠지만 정서지능을 측정한다고 말하는 검사는 많다. 하지만 그 검사가 측정한 것이 다른 것이 아닌 바로 '정서지능'이라고 확인해 줄 수 있는 연구가 필요하다.

두 번째 기둥은 검사 점수에 있어서 차이의 근원이 무엇인지, 그리고 이 차이에 따라 행동이 어떻게 다른지 설명할 수 있는 정서지능 이론을 개발하는 것이다. 이론을 개발하고 타당화하는 것은 아마도 과학의 가장 핵심적인 특성일 것이다(Kerlinger, 1973). 즉 한 사람의 정서지능을 구성하는 것이 무엇이고 정서지능의 역할이 무엇인가 하는 것이다. 이 과정을 구인 타당화라고 말한다. 검사 점수가 한 사람의 행동을 예측한다는 것을 보여 주는 것만으로는 정서지능 검사가 측정하는 심리적 과정과 구조에 대한 타당성이 입증되지 않는다. 예를 들어 전통적인 지능 연구에서 추론과 추상적 사고를 담당하는 뇌 발달에 대한 유전적인 영향과 환경적인 영향을 탐구할 수 있다. 또한 개인의 지능 수준이 그 개인의 교육적 성취, 직업적 성공, 건강에 어떻게 영향을 미치는지 연구할 수 있다(Deary, 2000). 심리학에서 이론 개발은 결코 끝이 없다. 성공적인 연구 프로그램은 기존 이론을 개선하고 수정하며, 새로운 연구 방향을 제시한다.

좋은 검사가 개발되고 검사 점수가 실제로 의미하는 것이 무엇인지 설명이 되고 나면, 정서지능 연구를 실생활 문제에 적용하는 세 번째 기둥을 생각하게 된다. 인류 초기부터 현명한 사람은 선을 위해 정서지능을 사용해 왔을 것이다. 정서지능에 대해 과학적으로 이해하게 되면 이 역량을 더 체계적으로 사용할 수 있을 것이다. 교사, 치료사, 관리자들에게 정서지능이 높은 동료가 갖고 있는 자발적으로 발달된 기술들을 훈련시킬 수 있을 것이다. 과학적인 접근을 사용하여 핵심적인 적성, 역량, 기술을 확인하고, 그것들을 향상할 수 있는 절차를 개발하고, 정서지능 향상을 위한 프로그램 훈련의 결과를 평가하는 것이 매우 중요하다.

개념화와 측정을 위한 전략

우리는 이미 정서지능 과학을 위해서는 신뢰성과 타당성이 있는 측정이 필요하다고 말했다. 측정은 "대상의 속성을 양으로 나타내기 위해 숫자를 할당하는 규칙이다."라고 정의할 수 있다(Nunnally, 1978, p. 3). 여기에서 대상은 사람을 말하고 속성은 정서지능의 수준을 말한다. 타당한 정서지능 검사를 개발하기 위해 우리는 검사 문항에 대한 반응과 정서지능의 관련성을 기술하기 위한 규칙이 필요하다. 이것을 어떻게 하는지는 직관적으로 분명하지 않다. 101 시리즈 중 하나인 불안 101(Zeidner & Matthews, 2011)은 심리측정에 대한 이슈들을 상세하게 설명하고 있다.

실제로 연구자들은 정서적으로 뛰어난 사람과 정서적으로 부족한 사람을 구별해 줄 수 있는 좋은 검사 문항을 만들기 위해 많은 노력을 해 왔다. 예를 들어 심하게 짜증 부리는 사람을 진정시키는 문제와 같이 어려운 정서적 상황에 대처해야 하는 '정서적인 문제'를 준 뒤 가장 좋은 해결 방법이 무엇인지 찾아보라고 한다. 이 접근은 '능력 검사'의 평가 철학을 사용한다. 전통적인 능력 검사에서와 마찬가지로 정서가 발달해야만 정확한 답을 할 수 있도록 하는 도전적인 검사 문항을 만드는 것이 중요하다.

대안적인 전략은 지능보다는 성격에 초점을 두고 주로 자기 보고식 문항으로 구성되는 질문지를 만드는 것이다. 피험자에게 해결해야 하는 문제를 주는 것이 아니라 자신의 개인적인 특성을 묘사하도록 한다. 만일 조작적 정의나 개념적인 정서지능 모델이 있다면, 정서지능을 구성하는 핵심 성분에 대해 하나하나 질문하는 것이 가능하다. 자신과 타인의 정서를 지각하는지, 자신의 정서를 잘 통제하는지, 그리고 다른 사람이 감정적일 때 생산적으로 반응하는지 등의 수준을 질문을 통해 밝힐 수 있다.

위의 두 경우 모두 문항을 구성하기 위한 조작적인 개념 모델이 필요하다. 이미 말했듯이, 사람들의 바람직한 성질에 포함될 수 있는 것들을 길게 나열한 목록은 별로 도움이 안 된다. 심리학 문헌에서 찾아볼 수 있는 정의들도 마찬가지다. 예를 들어 Bar-On(2000)은 "정서적 그리고 사회적 지능이란 일상의 요구와 압력을 적극적이고 효과적으로 대처하는 데 영향을 미치는 정서적·개인적·사회적 능력이 결합된 다중성분적인 집합체."라고 했다(p. 385). 이 정의는 너무 포괄적이라서 검사 개발을 위한 정확한 방향을 제시해 주지 못한다. 다음에는 좀 더 유용한 세 가지 정의를 살펴보겠다.

Mayer-Salovey의 정서지능 모델　　Jack Mayer와 Peter Salovey(1990)는 정서지능 연구에서 처음으로 체계적인 모델을 제시한 획기적인 논문을 발표했다. 그들은 적응적인 능력을 정서의 평가와 표현, 정서의 관리, 그리고 문제 해결에서 정서의 활용이라는 세 가지 유형으로 구분했다. 그들은 이 세 가지 정서지능 유형을 다시 세분화했다. 예를 들어 '평가와 표현'을 자신에 대한 것과 타인에 대한 것으로 구분하고, 비언어성 능력과 언어성 능력으로 구분했다. 그 후에 Mayer와 Salovey(1997)는 이 분류를 더 세분화하고 정서 이해라는 4번째 능력을 포함시켰다. 〈그림 1.3〉은

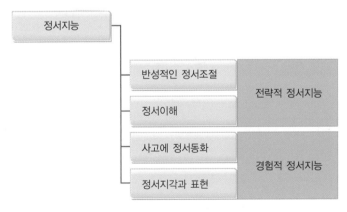

그림 1.3　네 가지 정서지능 위계 모델(출처 : Mayer, Caruso & Salovey, 2000, p. 269)

'네 가지' 정서지능 모델을 요약해서 보여 주고 있다. 곧 살펴보겠지만, 이것은 질문지(Schutte et al., 1998) 개발과 Mayer와 Salovey의 정서지능 검사(Mayer, Salovey & Caruso, 2000) 개발을 위한 초기 개념 모델을 제공했다. 이것에 대해서는 제3장에서 상세하게 설명한다.

Goleman 매트릭스   Goleman(1995)이 초기에 내린 정서지능의 정의는 불분명했는데, 후에 나온 책(Goleman, 2001)에서는 정서능력에 대한 조금 더 분명한 모델을 제시하고 있다. Goleman은 정서능력을 두 가지 차원으로 나누었다. 그것은 2×2 매트릭스로 나타낼 수 있으며 〈표 1.1〉에 수정된 형태로 제시되어 있다. 첫 번째는 개인적인 정서인가 아니면 다른 사람의 정서인가 하는 차원이다. 이것은 Gardner(1993)가 말한 개인 내 능력과 개인 간 능력으로 구분한 것과 유사하다. Gardner는 능력을 한 가지 일반 지능 혹은 'IQ'로 생각하지 않고 여러 가지 독립적인 능력으로 보는 것으로 유명하다. 두 번째는 정서에 대한 확인 대 행동을 말한다

표 1.1 2×2 정서역량 모델과 네 가지 역량 유형에 대한 예

	자기(개인적 역량)	타인(사회적 역량)
인식	자기인식 • 정서적 자기인식 • 정확한 자기평가 • 자신감	사회적 인식 • 공감 • 봉사 성향 • 조직적 인식
조절	자기관리 • 자기조절 • 신뢰성 • 성실성	관계 관리 • 소통 • 갈등 관리 • 팀워크와 협동

(입력과 산출의 구분과 대략 비슷하다). 자신이(혹은 다른 사람이) 불행하다는 것을 아는 것과 불행하기 때문에 어떤 행동을 하는 것은 다른 문제다. 각 구체적인 능력은 〈표 1.1〉이 보여 주는 네 가지 유형 중 하나에 포함될 수 있다.

Petrides-Furnham의 '도메인 추출'   Petrides와 Furnham(Petrides, Furnham & Mavroveli, 2007)은 정서지능 그리고 정서지능과 관련된 구인들에 대한 초기 모델들을 조사하고 2개 이상의 모델에 등장한 것들을 정서지능의 핵심적인 요인이라고 생각했다. 그들이 선별한 요인이 〈표 1.2〉에 제시되어 있다. 이 중에서 정서지각이나 정서조절과 같은 것들은 앞에서 설명한 Mayer-Salovey와 Goleman 모델의 핵심이다. 이 모델은 정서와 직접적인 관련성이 없는 적응력, 주장성, (낮은) 충동성과 같은 요인들을 포함시킴으로써 정서지능의 망을 확장하는 것으로 보인다.

　모델들을 비교해 보면 정서지능 주위에 분명한 경계를 표시하는 선을 긋기 어렵다는 것을 알 수 있다. 변화하는 환경에 대한 '적응력'은 분명히 바람직하다. 변화에 적응하기 위해 예를 들면 알려지지 않은 것에 대한 두려움을 관리하는 정서적 역량이 필요한 경우도 있다. 하지만 적응하기 위해서는 정서적 반응 이상의 많은 것들이 필요하다. 보통 사람들보다 변화에 대한 도전을 더 즐기는 사람도 있지만, 반대로 안정적이고 조용한 생활을 더 좋아하는 사람도 있다. 그렇지만 후자의 사람을 정서적 지능이 낮다고 말할 수는 없다. 예를 들어 새로운 직업 선택과 같이 변화를 관리

표 1.2 성인들에게서 추출한 특성 정서지능의 도메인

요인	고득점자들이 지각하는 자신의 모습
적응력	융통성이 있고 새로운 상황에 기꺼이 적응하려고 한다.
주장성	솔직하며 자신의 권리를 뚜렷하게 주장한다.
정서지각(자기와 타인)	자신과 다른 사람의 기분에 대하여 분명하게 인식한다.
정서표현	자신의 기분을 다른 사람에게 전달할 수 있다.
정서관리(타인)	다른 사람의 기분에 영향을 줄 수 있다.
정서조절	자신의 정서를 조절할 수 있다.
충동성(낮음)	반성적이며 충동에 쉽게 무너지지 않는다.
관계 기술	만족스러운 인간관계를 유지할 수 있다.
자존감	성공적이고 자신감이 있다.
자기동기	난관에 부딪혀도 쉽게 포기하지 않는다.
사회적 역량	사회적 기술이 뛰어나고 좋은 사회망을 형성한다.
스트레스 관리	스트레스를 이겨내고 조절할 수 있다.
특성적인 공감	타인의 관점을 이해할 수 있다.
특성적인 행복감	명랑하고 자신의 삶에 만족한다.
특성적인 낙관주의	자신감 있고 긍정적인 시각을 갖고 있다.

하기 위해서는 여러 직업에 일반화할 수 있는 인지적 기술이 요구된다. 그렇다고 해도 방사선과 의사나 마취 전문의와 같이 특수한 직업을 갖기 위해 전문적인 훈련에 전념하는 사람들을 반드시 정서지능이 부족하다고 간단하게 생각할 수 없다.

개념화와 측정에서의 도전

우리는 정서지능 측정을 향한 행로를 어렴풋이 보았다. 먼저 정서적이라고 할 수 있는 것에 영향을 미치는 성질에 대한 조작적 개념을 구성한다.

그 후에 그 모델을 근거로 해서 능력 검사의 문항을 만들거나 자기보고식 질문지를 만든다. 이제 이와 관련한 어떤 문제점이 있는지 살펴보자.

심리측정을 위한 검사를 개발하기 위해서는 표준화된 준거가 있어야 한다. Zeidner와 Matthews(2011)는 그 일반적인 기준에 대하여 상세하게 논의하고 있다. 검사는 신뢰할 수 있어야 한다. 다시 말해 그 검사 도구를 사용하여 정확하고 일관성 있게 측정할 수 있어야 한다. 우리는 여러 검사 문항이 기본적으로 공통적인 성질을 측정하고 있다는 것을 나타내는 크론바흐 알파 계수를 계산할 수 있다. 정서지능은 한 개인의 안정적이고 핵심적인 성질이라고 생각되기 때문에, 반복적으로 측정했을 때 한 개인의 점수가 비슷하게 나오는 정도를 의미하는 검사-재검사 신뢰도가 높은 것을 검증할 수 있다.

검사 점수는 또한 타당해야만 한다. 타당하다는 의미는 검사가 측정한다고 주장하는 것을 실제로 측정한다는 것이다. 정서지능을 측정하는 검사가 교육 수준이나 연구자를 즐겁게 해 주려는 동기와 같은 성질을 측정하는 것이 아니라 정서적인 능력, 역량 혹은 기술을 측정한다는 확신을 할 수 있어야 한다. 한 가지 중요한 타당도 유형은 검사 점수가 다른 외적인 준거와 상관이 있다는 것을 의미하는 준거 타당도다. 이를테면 정서지능 검사가 어떤 객관적인 정서지각 과제에 대한 수행과 상관이 있을 수 있다. 준거 타당도를 검증하는 것은 구인 타당도를 설정하는 더 큰 과정의 일부이며, 검사와 그 준거 간의 상관을 심리학적 이론을 바탕으로 설명할 수 있다.

모든 종류의 심리 검사를 개발하는 데 있어서 신뢰도와 타당도를 평가하기 위해 자료를 수집하는 것이 일반적이다. 하지만 정서지능 검사에는 특별한 문제점들이 있으며 아래에서 살펴본다.

정서지능이라는 것이 실제로 존재하는가?   우리는 정서지능이 실제로 존재한다는 것을 무조건적으로 받아들일 수 없다. 가끔은 지식인들조차도 실제로 아틀란티스 대륙이 있고 화성에 운하가 있고 51구역_{Area 51}에 외계인 살고 있다는 등의 잘못된 믿음을 갖고 있다. 인간의 마음은 유명한(그러나 별 타당성이 없는) 로르샤흐 잉크반점 검사와 같은 무작위 패턴 속에서 의미를 찾으려고 하는 경향이 있다. 정서지능은 환상이고 과학적 상상의 산출물에 불과할지 모른다.

주의해야 할 점은 낙관적인 기질, 다른 사람의 기분에 대한 민감성, 사회적 만남을 다루는 특별한 기술(예 : 면담 기술)과 같은 개인적인 성질을 '정서적으로 지적이다'라고 생각할 수 있다는 것이다. 이 성질들은 모두 같은 원천에서 출발했지만 서로 관련이 없을 수도 있다. 이런 종류의 질문은 예를 들면 인지적 지능과 관련하여 심리측정학이 잘 답할 수 있다. 하지만 오랜 시간이 걸리고 많은 자료 수집을 필요로 한다. 인지적 지능의 측정에 대한 결정적인 연구(Carroll, 1993)는 지능 검사에 대한 100년 이상에 걸친 연구에 기반하고 있다. 정서지능의 경우에는 연구자들이 여러 가지 측정 접근법을 사용하여 수많은 정서지능 검사 간의 관계를 조사해야 한다. 우리는 일반 지능과 비슷하게 모든 것을 아우르는 정서지능 요인이 진짜 존재하는지 혹은 관련되지 않은 여러 성질에 의해 인간의 정서가 작동하는지 아직 분명하게 말할 수 있는 지점에 도달하지 못했다.

또 하나의 관심을 못 받은 이슈는 상황의 역할이다. 전통적인 지능은 여러 가지 상황이나 환경에 적용될 수 있는 추상적인 추론과 관련이 있다. 만일 당신이 수학을 잘한다면, 백화점에서 물건 값도 잘 깎고, 어느 은행에 계좌를 개설하는 것이 가장 수익이 높은지 잘 알고, 또 회사에서 어떤 사업을 하면 많은 수익을 창출할 것인지를 잘 알 것이다. 흔히 정서 지능도 이와 비슷하다고 생각한다. 정서적인 천재는, 지혜롭게 부모를 감동시키고, 친구들을 매료해서 그의 지지자로 만들고, 친구들을 위한 튼튼한 기둥이 될 수 있다고 생각한다. 하지만 이런 생각이 옳지 않을 수 있다. 아내를 폭행하지만 환자에게는 친절한 의사나, 불륜을 저지르지만 투표권자들과 정서적으로 좋은 관계를 맺는 정치가와 같은 사례도 생각할 수 있다. 마찬가지로, 이성 친구와 완벽한 관계를 유지한다고 해서 대학 생활에도 정서적으로 완벽하게 적응하는 것은 아니다.

정서지능은 모든 상황에 관련되는 일반 능력과 무관하게 가정, 학교, 직장과 같은 특수한 환경에 연관되어 있을 가능성도 충분히 있다. 사실 만일 우리가 정서지능을 학습된 기술에 의존하는 것으로 생각한다면, 학습은 상황 구체적이기 때문에 정서지능도 특수한 환경에 연관되어 있다고 볼 수 있다. 그렇다면 실생활과 동떨어진 추상적인 상황에서의 정서 지능을 측정하는 방식으로는 일상생활 속에서 사용하는 정서적 기술을 제대로 측정할 수 없다. 특수한 상황의 한 가지 예가 문화다. 일상적인 사회적 관계를 쉽게 해 주는 정서능력은 국가(예 : 미국, 일본, 아제르바이잔)에 따라 다를 수 있다. 예를 들어 미국 전 대통령인 Bush의 딸이 텍사스에서 자신의 모교가 축구 시합에서 이긴 것에 대한 기쁨을 손가락으

그림 1.4 Jenna Bush : 사탄의 친구인가, 텍사스 롱혼[5] 미식축구팀의 열혈 팬인가?

로 표시한 것(그림 1.4 참조)이 노르웨이인에게는 악마 숭배를 지지하는 표시로 이해된 유명한 사건이 있다.

정서지능은 실제로 하나의 지능인가?   이 질문은 이상하게 보이지만 (Sullivan, 2007), 정서지능과 전통적인 능력은 쉽게 구별할 수 있다. Petrides 등(2007)은 정서지능을 한 가지 유형의 능력보다는 성격 특성으로 본다. 즉 정서지능은 어떤 수행의 우월성이라기보다는 전형적인 행동의 유형이다(그 유형은 적응적인 경향이 있다). Petrides 등(2007)은

_____

5) 역주 : 롱혼(Longhorn)은 텍사스종합대학의 로고이다.

'자기보고식으로 측정되는 정서와 관련한 성향과 자기지각'을 특성 정서 지능(trait EI)이라는 용어로 표현한다. 반대로 Mayer와 Salovey(Mayer et al., 2000)는 능력 정서지능 모델을 굳건히 믿는다. 정서능력이 실제로 하나의 능력이라면 인지능력에서와 마찬가지로 정서능력에서도 관련된 과제 수행에서 개인차가 나타나야 한다. 그런데 '정서지각'과 같은 구인이 많은 정서지능 연구에 사용되지만, 이 구인이 객관적인 능력인지 아니면 정확하지 않은 자기평가인지에 있어서 연구자들 간의 근본적인 갈등이 있다. 정서지능 구인을 어떻게 개념화할 것인가 하는 문제는 정서지능의 측정에 영향을 미치고 그 측정은 다시 연구 결과와 적용에 영향을 미칠 수 있다.

정서지능은 전통적인 지능이나 성격과 다른가? 검사 개발에서 하는 헛수고 중 하나는 이미 존재하는 것을 재발명하는 것이다. 신뢰할 수 있고 타당한 것인지 확인할 수는 있겠지만 기존의 검사와 마찬가지로 같은 성질을 측정한 결과가 된다. 이 경우에 새로 측정한 검사는 불필요한 반복이다. 기존의 검사가 더 철저히 연구되었으며 그것을 사용하는 것이 더 좋다는 결과가 된다. 정서지능 검사는 일반 지능 검사와 구별되어야 한다. 즉 검사 문제에 대한 옳은 답을 찾기 위해 추상적인 추론에만 의존해서는 안 된다. 하지만 정서지능이 일반 지능과 너무 달라서도 안 된다! 다중 지능 이론가들(Gardner, 1993)의 주장과는 반대로, 모든 정신 능력은 최소한 어느 정도의 정적 상관을 갖고 있다(Carroll, 1993). 만일 정서지능이 진짜 지능이라면, 인지능력과 상관이 너무 많지 않은 어느 정도의 상관을 보여 주어야 한다.

또 하나의 이슈는 정서지능과 성격 간의 중첩이다. 최근의 성격 이론가들은 대부분 다섯 가지 이상의 기본적인 차원이 있다는 데 동의한다. 가장 인기가 있는 모델인 5요인 모델Five Factor Model, FFM(Costa & McCrae, 2008)은 개방성, 성실성, 외향성, 친화성, 신경과민성(일반적으로 영문 첫 글자를 따서 OCEAN이라고도 부른다)의 '빅 파이브' 차원을 기술한다. 이 책에서 빅 파이브 요인을 자주 언급하기 때문에 〈표 1.3〉에서 각 요인을 간략하게 소개하고 있다. 빅 파이브에 대한 더 자세한 내용은 제2장에서 다루기로 한다.

이 차원들은 정서적으로 지능적인 성질과 중첩되는 것으로 보인다(McCrae, 2000). 예를 들어 성실한 사람은 자기조절력이 더 높고, 상냥한 사람은 다른 사람들과 공감을 더 잘한다. 우리는 정서지능 검사가 잘 알려진 이런 성격 특성들을 단순히 뽑아내는 것이 아님을 보여 줄 필요가 있다. 앞에서 기술한 특성 정서지능 관점(Petrides et al., 2007)은 정서지능을 성격의 일부로 가정하기 때문에 여기에서 혼란스럽게 된다. 이 경우에 우리는 정서지능 질문지와 FFM(5요인 모델) 질문지 간에 어느 정도의 상관을 기대할 수 있다. 다시 강조하지만 그 상관이 너무 크면 안 된다.

어떤 행동이 정서지능인지 어떻게 결정할 것인가? 정서적으로 지적인 특성을 묘사하는 것은 측정 가능하도록 드러나는 행동으로 그 특성을 기술하는 것보다 쉽다. 자신의 정서를 잘 통제하는 사람이 정서적으로 지적이

표 1.3 5요인 모델의 성격 요인 특징과 대표적인 질문

성격 요인	특징	대표적인 질문
개방성 (Openness, O)	지적 관심, 예술적 관심, 호기심, 비관습적인 가치관을 갖고 있으며 때로는 정서적 민감성을 갖고 있는 경향이 있음. 개방성이 낮으면 관습적이고 현실적인 경향이 있음	• 생생한 상상력을 갖고 있습니까? • 참신한 아이디어를 접하는 것을 좋아합니까? • 예술을 좋아합니까?
성실성 (Conscientiousness, C)	개인적인 성취를 위한 노력, 질서, 조직, 책임감, 그리고 이와 관련한 행동을 반영함. 성실성이 낮으면 자기수양이 부족하고 규율을 지키지 않고 성취하기 위한 노력이 부족함	• 일을 열심히 합니까? • 질적인 것을 추구합니까? • 계획한 것을 실천에 옮깁니까?
친화성 (Agreeableness, A)	협동적이고, 온정적이고, 공감하고, 열정적이며 타인에 대해 관대함. 친화성이 낮으면 불신하고 냉담하고 고분고분하지 않은 경향이 있음	• 다른 사람들을 존중합니까? • 다른 사람들의 감정을 공감합니까? • 다른 사람들을 있는 그대로 받아들입니까?
외향성 대 내향성 (Extraversion vs. Introversion, E)	외향적이고, 수다스럽고, 자기주장이 강하며 사교적임. 외향성이 낮으면 비활동적이고, 조용하고, 혼자 있기를 좋아하는 경향이 있음	• 사회적 상황을 잘 해결합니까? • 파티의 중심인물입니까? • 말을 많이 합니까?
신경과민성 대 정서적 안정성 (Neuroticism vs. Emotional stability, N)	만성적으로 정서가 불안정하고, 불안해하고, 심리적 스트레스에 취약하며 삶의 변화에 대처하는 능력이 부족한 경향이 있음. 신경증이 낮으면 감정적이지 않고, 침착하고 회복력이 있으며, 자신에 대해 편안하게 생각하는 경향이 있음	• 쉽게 당황합니까? • 감정 기복이 심합니까? • 걱정을 많이 합니까?

라는 데 대부분의 사람이 동의하겠지만, 한 사람의 통제 수준을 어떻게 판단할 수 있을 것인가? 감정 억제를 측정할 수 있는 실험적인 패러다임이 있지만(예 : 불쾌한 사건을 경험하고도 침착성을 유지하기), 감정 억제가 항상 좋은 것만은 아니다(Gross, 2002). 감정 표현도 측정할 수 있는 방법이 있지만, 과한 감정 표현이 해로울 수도 있다. 예를 들어 임상심리학자들은 감정을 과장해서 연극적으로 표현하는 것을 연극성 성격장애 histrionic personality disorder라고 한다. 감정 통제의 경우에 우리는 일반적으로 우리가 처한 상황에서 적절하게 감정을 표현하는 것이 정서지능과 관련된다고 생각하기 쉽다. 하지만 어떤 것이 '적절'하다고 누가 결정할 것인가? 그뿐만 아니라 '상황'에 따라서 적절함이 다르기 때문에 검사 문항을 만드는 것이 쉽지 않다.

이런 문제점은 Mayer 등(2000)이 주장하는 정서지능의 능력 모델에서 특히 심각하게 나타난다. 만일 우리가 OX 문제로 정서지능을 측정하려고 한다면, 무엇이 정답인지 분명하지도 않은 '정답'을 판단하는 방법이 필요하다. Mayer 등에 의해 개발된 정서지각 검사 중 하나는 응답자에게 사진이나 그림 속에 나타나 있는 정서를 평가하도록 한다. 루브르 박물관에 '메두사 호의 뗏목'이라는 Théodore Géricault가 그린 유화가 있다(그림 1.5 참조). 그림의 전체적인 분위기는 뗏목 위에 이미 죽은 사람들의 시체가 널브러져 있어서 어둡고 절망적인 한편 한 줄기 희망이 남아 있는 것으로 보인다. 그런 가운데 아직 살아 있는 사람들에게 어떤 비극적인 기운이 감돈다. 짧게 말해서, 대부분의 훌륭한 미술 작품에서 그러하듯이, 그 그림은 정서적인 복잡함과 애매함이 강하게 표현되어 있다.

그림 1.5 Théodore Géricault의 '메두사 호의 뗏목'

(모나리자 그림에서 모나리자가 알 듯 모를 듯한 미소를 짓고 있는 이유가 있다). 미술 감상은 선다형 정서지능 검사의 대상이 아니다.

다른 능력들에 대한 문제에도 같은 어려움이 있다. 예를 들어 화난 사람을 대하는 방식은 그 사람이 화난 이유가 타당한지, 그 사람을 얼마나 잘 알고 있는지, 신체적인 위협이 있는지, 당신에게 분노 관리 기술이 있는지 등과 같은 여러 가지 요인에 따라 다르다. 또한 문화적 요인도 영향을 미칠 수 있다. 예를 들어 동료를 위로하기 위해 술 마시러 가자고 하는 행동은 호주에서는 충분히 이해되는 행동이지만, 음주가 불법인 사우디아라비아에서는 심각한 문제를 일으킬 수 있는 행동이다. 결론적으로 말하면 아직까지는 정서지능을 정확한 기준에 따라 측정할 수 있는 검사가 없기 때문에 정서지능이 한 가지 능력으로 인정받기 위해서는 이 문제를 해결할 필요가 있다.

자기보고식 응답을 믿을 수 있는가?　　사람들은 자신의 정서적 기능을 완벽하게 알지 못할 뿐만 아니라 정직하게 응답하지도 않는다. 성격 질문지에 대한 연구(Paulhus, 2002)에서 사람들이 무의식적으로 자신의 성격에 대한 장점은 과장하고 약점은 최소화하는 것으로 나타났다. 특히 구직 활동과 같은 중대한 이해관계가 있는 상황에서 사람들은 자신의 성격에 대해 의도적으로 거짓말을 할 수 있다. 예를 들어 〈표 1.1〉과 〈표 1.2〉가 보여 주듯이 사회적으로 바람직하다고 생각되는 성격 특성들이 있기 때문에 자기보고식 응답을 확인해 보지 않고 그대로 믿을 수는 없다.

　또 다른 문제점으로는 정서지능의 중심에 자기인식이 자리 잡고 있다는 점이다. 정서지능에 대한 모든 정의는 '너 자신을 알라'는 옛말이 있듯이 자기 자신의 정서적 기능에 대한 통찰을 정서지능의 핵심으로 간주한다. 하지만 정서지능 질문지에 정확하게 응답하기 위해서는 비슷한 수준의 자기지식이 필요하다. 따라서 정서지능이 낮은 사람은 자신의 정서지능을 타당하게 평가할 수 없다고 하는 '정서지능 역설'이 생기게 된다(Zeidner, Roberts & Matthews, 2009). Dunning, Heath와 Suls (2004)는 직장인들에 대한 연구에서 무능한 직장인들은 자신의 무능함을 전혀 깨닫지 못할 수 있다는 결론을 내렸다. 만일 정말 정서지능이 낮은 사람이라면 질문지에 어떻게 의미 있는 반응을 할 수 있겠는가? 우리는 이런 이슈들에 대하여 제2장에서 정서지능 평가를 위한 질문지들을 살펴볼 때 자세하게 다룰 것이다.

측정에 초점을 맞추어야 할까?　　우리는 몇몇 논문(Matthews, Zeidner

& Roberts, 2004)에서 정서지능 분야가 발전하기 위한 주축이 측정과 관련한 문제라고 주장했다. 하지만 Oatley(2004)는 반대 입장을 제시하면서, 측정에만 집중하게 되면 측정하기 어려운 정서지능의 다른 측면들이 무시될 수 있다고 주장했다. Oatley는 또한 일상생활 속에서 개인적으로 경험하는 정서를 보고하도록 하는 '경험-표집'을 많이 사용하는 새로운 연구 접근 방식을 제안했다. 그는 특히 예술과 문학 분야에서 높은 정서지능을 갖고 있다고 생각되는 '전문가들'을 더 집중적으로 연구할 것을 제안했다. 이 관점은 성격 연구에서 개인적인 인간의 삶을 심도 있게 연구하는 **개별 기술적**ideographic 접근으로 알려져 있는 것으로, 개인보다는 집단에 적용되는 일반적인 원리를 찾으려고 하는 **법칙 정립적**nomothetic 접근과 반대되는 것이다.

우리는 심리측정 접근을 비판하는 Oatley(2004)에 어느 정도 의견을 같이 한다. 우리가 주장하고자 하는 점은 정서적으로 지적인 것은 상황 의존적이라는 것이다. 그리고 실험실 연구에서는 실생활의 사회적, 정서적 상황을 적절히 반영할 수 없다는 것이다. 그와 동시에 우리는 개개인의 정서지능 점수와 정서적 기능 모두에 대한 체계적인 비교를 요구하는 개별 기술적 접근을 사용하여 정서지능을 과학적으로 설명하는 방식의 가능성에 대해서도 제한적으로 본다(Zeidner, Roberts & Matthews, 2004). 우리는 또한 예술가들은 좀 특별한 유형의 정서지능을 갖고 있다는 점을 지적하고자 한다. 예술가와 작가들이 갖고 있는 정서를 이해하고 전달하는 재능이 무엇인지 몰라도, 그들은 높은 수준의 비정상적인 성격 특성을 나타내는 경향이 있다(Batey & Furnham, 2006).

이론 확립을 위한 전략

지금까지 우리는 정서지능의 근본적인 중요성 때문에 발생하는 측정과 문제점에 대하여 이야기했다. 정서지능의 이론적인 이슈에 대해서는 연구가 부족하기 때문에 적은 지면을 할애해서 논의할 것이다. 연구에 대한 노력이 상대적으로 부족한 이유 중에는 정서지능이 연구 주제로서 비교적 최근에 등장했고 따라서 연구자들이 이론보다는 이 새로운 구인을 사정하는 방법에 더 관심을 가졌던 것이 있다. 하지만 심리 검사는 그 점수가 실제로 의미하는 것이 무엇인지에 대한 이론적인 이해가 없으면 활용이 제한적일 수밖에 없다. 여기에서 우리는 정서지능 이론이 앞으로 나아가야 할 방향에 대하여 간략하게 설명해 보기로 한다.

우리는 우선 정서지능 이론의 대략적인 모습을 그려 볼 필요가 있다. 〈표 1.1〉과 〈표 1.2〉에 있는 유형을 묘사하는 구조는 이론이 아니라는 것을 분명히 할 필요가 있다. 이론이란 예를 들어 정서를 담당하는 뇌 시스템 속의 어떤 비정상적인 신경세포가 어떻게 어떤 정서적 상황에서 어떤 행동을 일으키는가 하는 것과 같이, 관찰된 현상을 구체적인 인과관계로 설명할 수 있어야 한다. 성질이나 기능을 나열하는 것은 이론적으로 애매하다. 즉 정서적 기능의 개인차를 설명할 수 있는 방식에는 여러 가지가 있다. 예를 들어 무엇이 '정서지각'을 잘할 수 있도록 해 주는가? 이론에서 다양하게 가능한 답을 구할 수 있다(그림 1.6 참조). 예를 들어 편도체에는 얼굴의 감정 표현에 반응하는 뇌 회로가 있다. 어떤 사람에게는 이 회로가 얼굴 자극에 특별히 예민하게 반응하도록 되어 있을 수 있다. 어떤 종류의 자극이라도 부호화하기 위해서는 주의가 필요하다. 한 대안적

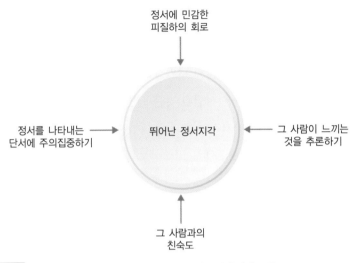

정서에 민감한
피질하의 회로

정서를 나타내는
단서에 주의집중하기

뛰어난 정서지각

그 사람이 느끼는
것을 추론하기

그 사람과의
친숙도

그림 1.6 실제 상황에서 정서지각 능력에 영향을 미치는 여러 가지 요인

인 가설은 다른 자극들은 무시하는 반면에 정서적 자극에 특별히 주의를
잘 하는 사람들이 있다는 것이다. 또한 어떤 사람과 사람의 환경에 대하
여 무언가 알고 있다면 그 사람의 정서를 읽기가 더 쉽다. 뛰어난 정서지
각은 또한 배경지식을 사용하여 정서의 단서를 잘 해석하거나 그 사람이
최근에 경험한 상황에 비추어 느꼈을 감정을 잘 추론하는 것에서 나올 수
있다.

　일반적으로 정서지능의 일면으로 단순히 '정서지각'을 나열하는 것은
정서적 자극을 처리하는 역량에 있어서의 개인차에 대하여 아무것도 설
명해 줄 수 없다. 정서지각을 이해하기 위해서는 그 개인차를 설명하는
이론과 그 이론에서 예측하는 것을 검증하기 위한 실험이 필요하다.

　지금까지 우리는 정서지능이 어떻게 행동과 경험에 영향을 미치는지

29

에 대한 이론들을 살펴보았다. 이 이론들은 특수한 상황에서 정서지능의 단기적인 영향에 관련한 것이다. 전형적으로 심리 실험은 그러한 단기적인 과정에 관심이 있다. 예를 들어 피험자들에게 당황스러운 연설을 하도록 한 후에 정서지능이 높은 사람과 낮은 사람 간에 어떤 반응의 차이가 있는지 관찰한다. 이런 단기적인 효과에 대한 이론 이외에, 우리는 또한 정서지능의 장기적인 발달에 대한 이론에도 주목할 필요가 있다. 정서지능(우리가 내린 정의에 따른)을 구성하는 적성, 능력, 기술에 영향을 미치는 요인들은 무엇인가? 전 생애에 걸친 정서지능 연구는 또한 개인의 사회적인 환경과의 상호작용에 있어서 정서지능이 어떤 역할을 하는지 말해 줄 것이다. 예를 들면 정서지능이 높은 사람이 친구와 인생의 반려자를 더 잘 선택하는지, 자녀를 위한 더 좋은 선택을 하는지, 그리고 직장이나 가정에서 갈등이 있을 때 더 잘 협상하는지 같은 질문을 할 수 있을 것이다. 살아가면서 이러한 삶의 선택은 다시 정서지능에 영향을 미칠 수 있다. 예를 들어 갱 집단에 들어가기로 마음먹은 한 십대는 자신의 정서적 기능을 향상하기 위한 노력을 게을리할 수 있다.

〈그림 1.7〉은 유아기 이후의 정서지능 발달에 영향을 미치는 주요한 구인들에 대해 생각해 볼 수 있는 개념적인 구성을 보여 준다(Zeidner, Matthews, Roberts & MacCann, 2003). 정서지능 발달의 선행 요인들로는 뇌 발달을 위한 유전자와 아동의 사회적 환경이 있다. 이 선행 요인들은 수개월 혹은 수년에 걸쳐 기본적인 신경계적·정서적·인지적 처리과정을 구성하는 데 영향을 미친다. 예를 들어 아주 어린 유아도 정서적 '기질'을 나타낸다. 우울한 성향이 있는 아이도 있고 밝은 성향이 있는

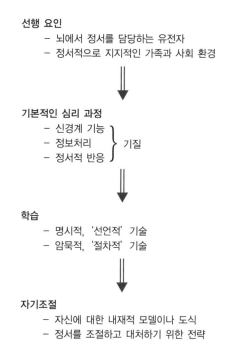

선행 요인
　　－ 뇌에서 정서를 담당하는 유전자
　　－ 정서적으로 지지적인 가족과 사회 환경

기본적인 심리 과정
　　－ 신경계 기능
　　－ 정보처리　　｝기질
　　－ 정서적 반응

학습
　　－ 명시적, '선언적' 기술
　　－ 암묵적, '절차적' 기술

자기조절
　　－ 자신에 대한 내재적 모델이나 도식
　　－ 정서를 조절하고 대처하기 위한 전략

그림 1.7 정서지능 이론을 확립하기 위한 블록(피드백 고리는 생략했음)

아이도 있다. 이런 처리 능력들은 종종 특수한 상황 속에서 다양한 종류의 학습을 하는 데 영향을 준다. 학습에는 어떤 아이가 슬퍼하는 이유를 설명할 수 있는 것과 같은 의식적이고 명시적인 기술도 있고, 화가 난 친구를 진정시키는 것과 같이 비언어적인 행동으로 나타나는 무의식적이고 암묵적인 기술도 있다. 명시적 기술은 '선언적(예 : 언어적으로 전달되는)' 기술이라고도 하며, 암묵적 기술은 다소 자동적인 정보처리 절차에 의존하기 때문에 '절차적' 기술이라고도 한다. 아동은 학령기에 자기지각이 크게 발달한다(Sarni, 2000). 자기지각은 특히 다른 사람과 관련하여 자신을 이해하는 것은 자기조절 능력에 도움이 되며, 자신과 다른 사람의 정서에 효과적으로 대처하기 위한 전략을 획득하기 위해서도 자기지식이 필요하다. 정서지능은 오랜 기간 동안 다양한 정서적·인지적·사회적 과정을 거치면서 발달하는 것으로 보인다. 다음에는 이론에 대한 몇 가지 가능한 방향에 대해 좀 더 상세하게 살펴보자.

기본적인 처리 과정   심리학을 위한 선도적인 패러다임이 인지신경과학에 의해 제공되었다. 인지신경과학은 사람을 자극을 부호화하고, 기억 속에 세상을 내적으로 표상화하고, 그 정신적 모델에 따라서 선택적으로 반응하는 정보처리자로 본다. 뇌손상 환자에 대한 연구와 뇌 활동 영상(예 : fMRI)과 같은 정신생리학적 기술의 발달 덕분에 뇌의 특수한 영역에서 지각, 기억, 의사결정과 같은 정보처리를 담당한다는 것을 알게 되었다. 이 접근은 또한 편도체와 대뇌 피질을 연결하는 회로와 같이 정서에 영향을 미치는 특수한 뇌 영역을 확인해 준다(LeDoux, 1996). 아울러 사회적 자극에 대한 반응을 통제하는 뇌 체계를 연구하는 '사회적 뇌과학'(Cacioppo, 2006)에 대한 관심이 높아지고 있다.

이 일반적인 패러다임 내에서 정서지능에 영향을 미치는 특수한 처리 과정을 찾아볼 수 있다(예 : 특수한 뇌 영역). 이미 말했듯이, 편도체 기능의 차이 때문에 정서지각 능력에 차이가 있다고 생각할 수 있다. 또 하나 살펴볼 곳은 전두엽 피질이다. 이 영역에 손상을 입은 환자는 사회적 의사결정을 잘 못하고 종종 정서적 불안정성을 나타낸다(최근 연구는 편도체와 복내측시상하핵 전전두엽 피질을 포함하는 회로를 암시한다;

Tranel & Bechara, 2009). 이 뇌 영역들의 일반적인 변화가 관찰되는 정서지능에 반영된다고 할 수 있다.

뇌 영역과 무관하게 인지적 기능을 탐색할 수도 있다. 인지심리학의 방법을 사용하여 정서적 자극에 대한 지각과 주의, 정서적 기억의 회상, 스트레스하에서의 의사결정 등에 대한 개인차를 연구할 수 있다. 예를 들어 Austin(2005)은 아주 짧은 시간 동안 얼굴 모습을 보여 주고 그 표정을 구분하도록 하는 '탐색 시간 패러다임'을 사용했다. Fellner 등(2007)은 여러 가지 정서를 나타내는 얼굴들 속에서 '목표 정서(예 : 화난 얼굴)'를 찾아내는 속도와 정확성을 조사했다. 역설적이게도 두 연구 모두 특성 정서지능과 수행 간에 강한 상관을 보여 주지 못했다.

특수한 과정과 마찬가지로, 기질을 기본적인 개인의 성질로 볼 수도 있다. 어떤 특별한 기질을 갖고 있는 아동이 성인이 되어서 정서지능의 부족을 나타내는 결과를 경험하는 경향이 있다. 뉴질랜드에서 수행된 놀라운 종단적 연구인 Dunedin Study(Koenen, Moffitt, Poulton, Martin & Caspi, 2007)는 3세에 측정된 기질이 성인기의 사회적 · 정서적 문제를 일으키는 것을 예측할 수 있다는 것을 보여 주었다. 걸음마를 하는 시기에 적절한 통제를 받지 못한 아기는 청소년기와 성인기에 문제행동을 일으키거나 반사회적 행동이나 비행을 저지르는 경향도 다소 높았다. 감정을 드러내지 않는 아동은 자라서 정서적인 문제를 일으키는 경향이 있었다. 여기에서 문제가 되는 것은, 보상이나 벌에 대하여 생물학적으로 자극을 받는 예민한 감수성과 관련이 있는 기본적인 기질(Corr, 2009)을 '지능'으로 생각할 것인가 하는 점이다.

정서지능과 기술 획득　　최소한 몇 가지 사회적·정서적 기술은 배울 수 있고 체계적으로 훈련받을 수 있다는 데는 의심의 여지가 없다(제6장 참조). 주장성, 분노 관리, 사회적인 문제 해결과 같은 기술을 훈련하는 프로그램들의 성공적인 결과(Durlak & Weissberg, 2005)는 정서지능의 잠재적인 학습 가능성을 보여 준다. 기본적인 적성과 기술 습득 간에 어떤 관련성이 있다는 생각도 가능하다. 즉 어떤 사람들은 다른 사람들에 비해 더 쉽게 사회적·정서적 기술을 습득한다. 이와 비슷하게, 전통적인 지능 이론에서도 유동성 지능(추상적 추리에 대한 적성)과 결정성 지능(교육에 의해 육성되고 우리 문화 속에 잠복해 있는 특수한 인지적 기술)으로 구분하고 있다(Horn & Hofer, 1992).

정서지능을 '결정성'으로 생각한다면 어떤 중요한 기술들이 포함될 수 있을까? 우선 사회적인 것들을 생각할 수 있다. 다른 사람의 정서를 이해하기, 정서를 효과적으로 표현하고 전달하기, 다른 사람의 정서를 자신이나 다른 사람에게 이롭도록 관리하기 등을 생각할 수 있다. 또한 다른 사람을 조종하기 위해 감정 표현을 사용하는 마키아벨리적인 기술도 생각할 수 있다. 그런 기술들은 비즈니스 협상 계획과 같이 분명한 것도 있고, 적절하게 비언어적인 행동으로 나타내는 것과 같은 암묵적인 것도 있다. 이 기술들은 비즈니스에서 사용하는 기술이나 임상의clinician가 치료를 하기 전에 환자를 안심시키기 위해 사용하는 기술과 같이 맥락적인 경우가 많다.

여기에서 한 가지 문제점은 정서지능과 사회적 지능이 실제로 다른가 하는 것이다. 간단하게 답할 수는 없지만 어떤 기술은 개인 내적이라기보다는 대인관계적이라고 할 수 있다. Mayer 등(2000)의 모델에 정서이해가 포함되어 있는데, 이것은 정서의 원천에 대한 다소 학술적인 지식을 의미한다. 정서에 대한 대학 강의에서는 이런 기술들을 훈련해야 한다. 기분 조절을 위한 개인 내적 기술—1에서 10까지 숫자 세기와 같은—들이 있지만 이런 것들은 자기조절이라는 제목하에서 다루는 것이 더 좋다.

정서지능과 자기조절   자신의 정서적 상태를 관리하기 위해 사용하는 전략과 관련한 정서조절에 대한 연구(예 : Gross, 2002)가 활발해지고 있다. 정서조절 연구는 더 오래되고 더 광범위한 스트레스 연구와 중첩되며, 두 연구 모두 대처 전략에 초점을 맞춘다(Zeidner & Saklofske, 1996). 정서지능 이론의 또 다른 접근은 정서지능이 정서조절과 대처를 위한 효과적인 전략들과 관계가 있다고 생각하는 것이다. 이것에 대해서는 제4장에서 더 논의할 것이다.

정서조절은 최소한 두 가지 요소의 능력을 반드시 필요로 한다. 첫째, 자기 자신의 정서상태를 확인할 수 있고 이해할 수 있어야만 한다. 둘째, 이해를 바탕으로 해서 생산적인 방향으로 정서를 변화시킬 수 있어야 한다. 불안하게 느끼는 이유에 대한 이해는 자신을 안정시키기 위한 필수조건이다. 그 과정은 또한 순환적이기 때문에 기분을 조절하기 위해 노력한 후에는 자신의 정서상태를 재평가할 필요가 있다.

이 과정들은 겉으로 드러나는 행동이 아니기 때문에 연구하기 어렵지만 기존의 연구에서 어떤 단서를 얻을 수는 있다. Salovey 등(1995)은

Trait Meta-Mood Scale(TMMS)이라고 부르는 기분 조절을 평가하기 위한 질문지를 개발했다. 그것은 '입력(명료화와 주의집중)'과 '산출(기분 개선)'이라는 2개의 차원으로 되어 있다. 항상 그렇듯이 자기보고식을 해석할 때는 주의해야 하지만, TMMS의 타당성은 입증되었다. 자신의 정서에 대한 통찰력이 있고 나쁜 기분을 개선할 수 있는 능력이 있다고 보고하는 사람들은 정서조절을 더 잘하고 스트레스에 생산적으로 대처할 수 있는 것으로 보인다(John & Gross, 2007).

부적응적인 자기조절 유형을 확인하는 임상 연구에서 자기조절에 대한 어떤 통찰을 얻을 수 있다(Wells & Matthews, 1994). 예를 들어 정서적 문제에 대해 과하게 골몰하고 반추하는 것은 불안이나 우울장애와 관련이 있다(Nolen-Hoeksema, Wisco & Lyubomirsky, 2008). Wells (2003)는 초근심 — 걱정하는 것에 대해 걱정하는 것 — 과 자신의 정서 상태에 대한 여러 가지 초인지가 정서장애에 영향을 미친다는 것을 보여 주었다. 따라서 자신의 근심을 최소한 일시적으로라도 '떨쳐버리고' 더 행동 지향적인 대처 전략에 집중하는 것이 핵심적인 기술로 보인다.

이론에 대한 도전   정서지능 이론은 아직 초보 단계이기 때문에 이론에 대한 비판적인 논의를 길게 하지는 않을 것이다. 독자들은 이미 알고 있겠지만, 우리가 '이론'이라는 이름하에 설명한 것은 여러 상이한 심리학 영역에서 발견한 것들로 구성되어 있어서 정서지능에 대한 좀 더 일반적인 이론이라고 할 수 있다. 이제 몇 가지 일반적인 이슈를 간략하게 살펴보겠다.

첫째, 우리가 측정하고자 하는 것이 무엇인지 말해 주는 더 좋은 측정 모델이 나오기 전까지는 상세하게 이론화하는 것은 시기상조다. 물론 좋은 측정 방법이 나오기 위해서는 좋은 이론이 있어야 한다는 것은 두 말할 필요가 없다.

둘째, 지능이나 성격에서와 마찬가지로 정서지능에서도 다중 수준의 이론이 가장 필요하다. 만일 정서지능이 신체와 신경 처리 과정, 학습된 기술과 높은 수준의 자기조절에 나타나는 것이라면, 이런 다양한 처리 과정에 모두 관련된 어떤 공통적인 이론 체계를 찾아낼 수 있을 것이다.

셋째, 측정 문제와 함께, 다른 구인들과 차별화되는 정서지능만이 갖고 있는 독특한 무엇을 찾는 것이 중요하다. 앞에서 이미 시사했듯이, 예를 들어 병리에 영향을 미치는 정보처리와 자기조절에서의 이상성 abnormalities을 나타내는 임상적 불안에 대한 이론을 구성할 수 있다(Wells & Matthews, 2005; Zeidner & Matthews, 2011). 하지만 이 이상성을 정서지능과 관련시키는 것이 어떻게 더 잘 이해하도록 도와주는가 하는 문제는 분명하지 않다. 불안 이론은 정서지능이 나오기 전에 이미 잘 정립되어 있었다. 또한 정서조절 이론을 스트레스와 대처 이론으로부터 분리하는 것이 이로운지도 분명하지 않다.

넷째, 아마도 가장 필요로 하는 것일 수 있는데, 그것은 정서지능의 속성이 실제로 적응적이라는 것을 확인할 필요가 있다. 즉 정서지능이 실생활 속에서 사람들에게 긍정적인 면으로 도움이 된다는 사실을 입증해야 한다. 이것은 기정사실이 아니다. 예를 들어 실험실 실험에서 얼굴 사진을 보고 빠르고 정확하게 감정을 알아차리는 능력이 반드시 실생활에서도 이롭게 작용한다고 가정할 수 없다. 스트레스에 대한 연구 결과(Zeidner & Saklofske, 1996)는 조심스러운 메시지를 전하고 있다. 여기에서 한 가지 질문은 어떤 대처 전략이 가장 성공적인가 하는 것인데, 많은 연구가 있지만 아직 분명한 답을 제공하지 못하고 있다. 한 전략이 얼마나 잘 작동하는지는 스트레스의 원천과 개인이 그 전략을 얼마나 잘 수행할 수 있는지에 달려 있다.

이 외에 중요한 생활사건들은 넓은 영역에 걸쳐서 영향을 미치기 때문에 한 가지 결과가 반드시 다른 결과보다 '더 좋다'고 판단하기가 쉽지 않다. 예를 들어 직장에서 마키아벨리적인 전략을 사용하는 것이 단기적으로는 이로울 수 있지만 장기적으로는 해가 될 수도 있다(만일 동료 직원들이 당신이 하고 있는 것이 무엇인지 알게 된다면). 정서지능의 속성들도 양면의 성질을 갖고 있을 수 있다. 다른 사람과 친해지기 위해서 공감이 도움이 되기도 하지만 다른 사람이 갖고 있는 고통의 짐을 당신에게 지게 할 수도 있다. 임상 문헌에서 볼 수 있듯이(Wells, 2000), 자신의 정서상태에 너무 집중하면 반추하게 되고 지속적으로 문제를 의식하게 된다. 따라서 정서지능과 관련된 특수한 과정을 확인하는 것도 중요하지만 그 과정들이 실생활 속의 안녕감을 위해 어떻게 적용되는지 탐색하는 것도 중요하다.

적용

정서지능이 관심을 받고 있는 가장 큰 이유는 개인적인 그리고 사회적인 문제를 해결하는 데 도움이 될 것이라는 가능성 때문이다. 여기에서 한 가지 가정(Goleman, 1995)은 개인적으로나 집단적으로 현대 서양 문화는 주지주의가 팽배해서 정서를 경시하는 경향이 있다는 것이다. 우리는 정서적으로 성취하는 목표(전형적으로 원래 사회적인 성질)를 버리고 나서 많은 정서적인 문제점들에 자신을 노출시키게 되었다. 사실 다양한 연구 영역의 심리학자들이 비슷한 문제점을 지적해 왔다. Twenge와 Campbell(2009)은 과도한 자기애(과장된 자기상)가 공동체의 유대관계를 약화시키고 불안과 기타 정서장애에 대한 취약성을 증가시킨다고 주장한다. Halpern(2006)은 일과 가족 간의 갈등이 커지면서 나타나는 사회적 안녕감에 대한 압력이 증가하는 것에 주목했다.

따라서 많이 회자되는 이야기가 비록 과장된 것이라 할지라도, 정서적 기능의 개선과 관련한 사회적인 이슈에 대하여 심리학자들이 할 수 있는 것이 무엇인지 살펴보는 것은 타당한 일이다. 중요한 문제는 실생활 속에서 정서지능을 이해하고 나아가 정서지능을 변화시키는 것이 과연 생산적인 전략인가 하는 것이다. 이것에 대해서는 나머지 장들에서 자세히 다룰 것이다. 여기서는 직업심리학, 임상심리학, 교육심리학에 적용될 수 있는 문제들을 간단하게 살펴본다.

직업심리학

직업심리학의 관점은 1930년대식의 생산라인 의식구조에 의해 만들어진 것으로 보인다. 근로자들은 여러 가지 세부적인 과제에 대하여 상세하게 기술한 직무 설명서를 갖고 있다. 직업심리학자들의 주된 과제는 근로자의 기술과 직무 요건을 최적화하는 것이다. 이것은 근로자들을 잘 뽑고 훈련해서 필요한 기술과 흥미를 갖도록 하거나 혹은 과제를 잘 설계해서 기존의 근로자들이 능숙하게 그리고 충분한 동기를 갖고 일할 수 있도록 함으로써 가능하다.

더 최근에는 직무에 대한 이런 기계적인 관점이 정서의 중요성에 대한 인식이 증가함에 따라 도전을 받았다(Pekrun & Frese, 1992). 직장과 관련해서는 재정적인 문제와 개인적인 야망이나 자존감이 가장 큰 관심거리다. 승진을 하거나 퇴직을 할 때 혹은 승진이나 퇴직을 앞두고 있을 때는 강한 정서를 경험한다. 특히 불경기를 맞아서 직원들이 해고위기 속에서도 평정을 유지하면서 일을 해야 하는 상황에 어떻게 대처하는가 하는 것은 개인과 조직 모두에게 중요한 문제다.

직장은 또한 사회적 동기를 실현하기 위한 장이기도 하다. 두 가지 기본적인 사회적 동기(Wiggins, 2003)는 (1) 다른 사람들과의 친애와 교류, (2) 지배나 영향력이다. 사람들은 사회적 지지를 제공해 주는 직장 동료들과 교제를 한다. 또한 직장은 사람들이 개인적인 이익을 추구하는 장소이기 때문에 경쟁적인 면도 있다. 만일 사회적 동기를 성취하는 것이 안녕감에 중요하다고 가정한다면(Oatley & Bolton, 1985), 직장에서의 사회적 성공과 실패는 전반적인 삶에서 중요한 역할을 담당하게 되고 직무 만족감과 삶 만족감 간에는 높은 상관이 있다.

다시 말하면 직무 활동 그 자체가 그 사람에게 정서적 요구를 반영할 수 있다. 산업 및 조직심리학자들 사이에서는 '상황적 수행contextual performance'이라고 부르는 것에 대한 관심이 증가하고 있다(Motowidlo, Borman & Schmit, 1997). 그것은 공식적인 직무 기술의 일부는 아니지만 그 조직의 성공을 위한 매우 중요한 활동이다. 상황적 수행 활동에는 다른 직원들을 위해 정보를 제공해 주는 지지, 다른 사람들과의 효과적인 소통, 그리고 맡은 일이 아니어도 기꺼이 하려고 하는 훌륭한 팀플레이 정신 등이 포함된다. 다시 말해서 사회적·정서적 기술이 요구된다.

감정노동emotional labor(Wharton, 2009)이라는 개념은 정서를 표현하는 것도 준형식적인 작업 조건이 될 수 있다는 것을 의미한다. 서비스 산업에 종사하는 사람들은 고객에게 친절하고 서비스를 제공할 수 있어야 (자신의 실제 기분이 어떠하든 관계없이) 한다. 하지만 때로는 감정노동이 지나치게 요구되는 경우가 있다. Steven Slater라고 하는 제트블루 항공사 승무원이 2010년 8월 어느 날 하루아침에 유명해진 사건이 있다. 그는 한 까다로운 승객에게 더 이상 친절하게 대할 수 없게 되자 비상 탈출구를 펴고 맥주 두 병을 손에 든 채 미끄러져 탈출했다. 사실 항상 가식적으로 정서를 표현해야 하는(표면 연기라고 알려져 있는) 곳에서는 소진burnout이나 우울증 같은 심리적인 문제들이 뒤따른다(Wharton, 2009).

직장인들은 또한 외부의 정서적 문제를 직장에서 분출하는 '파급효과 spillover'라고 하는 행동을 할 수도 있다. 직장인들이 직장에서 폭력적인 행동을 하고, 도둑질을 하고, 약물을 남용하는 일들이 있다. 2010년 2월 앨라배마대학교 헌츠빌캠퍼스의 생물학 교수인 Amy Bishop에게 종신 재직권이 거부되어 학자로서의 진로가 잠정적으로 끝이 나게 되었다. 그녀는 권총을 들고 교수회의에 나타나 총을 발사해 3명을 죽였다. 그녀는 그의 오빠에게 우발적으로 총을 쏜 사건과 한 식당에서 싸운 사건[6]까지 폭력적인 사건의 전력이 있었다. 이와 같은 사례에서 비정상적인 성격은 역기능적인 정서반응을 일으킨다.

직장에서 정서적으로 극적인 사건들이 발생하고 있는 상황으로 미루어 볼 때 정서지능이 맡아야 할 역할이 있다는 것을 알 수 있다. 정서적으로 지적인 직원은 다른 사람들과 일하고 관계를 맺는 속에서 보람과 성취감을 느낀다. 그는 정서적 부담이 큰 일들도 효과적으로 처리하고 직장 밖의 생활에서도 불안, 실망, 분노에 대해 생산적으로 대처한다. 그는 힘들어 하는 다른 직원들에게 도움을 줄 수도 있다. 그렇다고 하면 조직으로서는 두 가지 방책을 생각할 수 있다. 조직에 도움을 줄 수 있는 정서적인 강점이 있는 인물을 채용하려고 할 것이다. 또한 기존의 직원들이 서로 간에 그리고 조직에 대해서 협조적이도록 하고, 다른 한편에서는 흉기로 난폭한 행동을 하지 않도록 훈련하는 것이 가능할 것이다.

우리는 이런 종류의 노력에 대하여 제6장에서 더 상세하게 살펴볼 것이다. 여기서는 간단하게 몇 가지 문제점을 짚어 보기로 한다. 첫째, 정서지능에 관심을 가지면 유익한 점을 찾을 수 있다고 말하면서 정서지능의 존재를 단정하고 있다. 우리가 제시한 바와 같이 만일 '정서지능'이 실제로 다양한 기본적인 적성과 학습된 기술이라고 한다면, 특수한 기술들을 훈련하는 것이 일반적인 의미에서 정서지능이라는 것을 향상시키려고 노력하는 것보다 더 효과적일 것이다. 둘째, 정서지능을 실제로 적용하기

6) Retrieved 9/17/2010 from http://chronicle.com/article/ScienceViolence-The-C/64308/

위해서는 타당한 정서지능 검사가 필요하다. 정서지능을 정확하게 측정할 수 있는 방법이 없다면 회사에서는 가장 정서적으로 지적인 지원자를 뽑을 수가 없다. 마찬가지로, 정서지능 향상을 위한 훈련 프로그램이 효과가 있는지 평가하기 위해서도 정서지능 검사가 필요하다. 셋째, 직무에 적용했을 때 효과가 있다는 증거를 보여 주는 것이 매우 중요하다. 예를 들어 검사 점수가 실제로 직무 수행(혹은 관련된 생산적이고 바람직한 직장 행동)을 예측한다는 것이 연구 결과로 나타나야만 지원자를 뽑기 위해 정서지능 검사를 사용하는 것이 정당화된다.

마지막으로 지적할 문제점은 직업 심리학자들의 상업적인 유행에 대한 취약성이다. Murphy와 Sideman(2006)이 지적하듯이, 관리자들은 손글씨 분석(프랑스에서는 아직까지 많이 사용되고 있다)부터 총체적 질관리Total Quality Management에 이르기까지 특히 만병통치약으로 보이는 것들에 쉽게 속는다. 간단하게 돈을 벌 수 있는 '비결'이나 성공한 이야기에 대한 자기계발서들이 인기를 얻게 되면서 정서지능에 대한 관심이 높아지기 시작했다(Furnham, 2006). 순식간에 정서지능은 상업적인 성공을 거두고 출판사들의 배만 불려 주었다. 제5장에서 더 자세히 살펴보겠지만, 정서지능에 대한 사실적인 연구 결과와 속임수나 사기와 구분하기 위해서는 신중한 연구가 필요하다.

임상심리학

이 책의 독자들에게는 정신장애를 치료하기 위해 정서의 중요성을 더 이야기할 필요가 없을 것이다. 심한 부정적인 정서는 불안과 기분장애(예 :

우울증)의 특징이다. 부정적인 정서는 다른 다양한 장애에서도 나타난다. 예를 들어 신체형 장애(예 : 의학적으로 설명이 되지 않는 통증)의 원인은 정서적 스트레스다. 거식증과 같은 섭식장애는 종종 우울증을 동반하고 신체상body image에 대한 불안 때문에 생길 수도 있다. 다른 장애들은 부정적인 정서에 대한 간단한 취약성 이외의 정서지능의 어떤 측면과 관계가 있을 수 있다. 효과적으로 정서를 조절하고 무모하고 충동적인 행동을 회피하는 자기통제가 한 가지 측면이다. 임상의들은 도벽광(강박적인 절도), 방화광, 혀 꼬기tongue twister, 발모광(자신의 털을 뽑는 강박적 충동)을 포함한 몇 가지 충동조절장애가 있다고 말한다. 품행장애가 있는 사람들은 폭력적인 행동을 하기 쉽고 충동조절에 어려움이 있다. 다른 장애들도 또한 낮은 정서지능의 특징이라고 할 수 있는 사회적 단절social disconnection을 나타낸다. 이와 같은 예로 자폐증이 있다. 자폐증의 일종인 아스퍼거 증후군으로 진단받은 사람들은 인지적 지능은 정상이지만 다른 사람을 이해하고 상호작용하는 데 있어서는 큰 어려움이 있다. 앞에서 언급한 Henry Cavendish도 자폐증을 갖고 있었을 것으로 생각된다.

그렇다면 정신장애가 있는 여러 사람들이 정서지능이 부족하다고 말할 수도 있을 것이다. 문제는 정서지능이라고 하는 정서적 기능에 대한 새로운 생각이 어떻게 정신과 의사나 임상심리학자들에게 도움을 줄 수 있을 것인지다. 최근 임상심리학에서는 신경의 이상성에 대한 심리생물학적 모델과 인지심리학적 모델이 지배적이다. 이런 상황에서 우리는 정서에 대한 관심이 부족한 것이 아닌지 의심해 보아야 한다. 전통적인 인지행동치료CBT(Clark & Beck, 2010)에서는 정서를 잘못된 사고나 정보

처리의 부산물로 본다. 예를 들어 우울증은 자신이 쓸모가 없다거나 자신의 미래에 희망이 없다는 잘못된 생각에 원인이 있다고 본다. 심리치료사가 할 일은 정서를 뛰어넘어 잠재되어 있는 인지적 기제를 찾는 것이다. 반대로, Greenberg(2006)는 직접적으로 정서에 초점을 맞춘 심리치료 접근을 주장했다. 심리치료사는 내담자가 우울한 정서를 경험하고 다시 긍정적인 정서로 변화할 수 있도록 도와주어야 한다.

정서지능 또한 어떤 정신장애에 대한 정서조절의 역할을 설명할 수 있다. 어떤 환자들은 불안하거나 우울한 기분을 무익하고 반복적인 생각과 같은 비생산적인 방식으로 조절하는 것으로 보인다(Wells, 2000). 또 다른 예로 '감정표현불능증alexithymia'을 들 수 있다. 이것은 정신장애가 아니라 자폐증, 신경성 식욕부진증, 우울증과 같은 장애를 갖고 있는 사람들에게서 흔히 나타나는 특성이다. 감정표현불능증인 사람은 자신의 기분을 알고 표현하는 것에 어려움이 있다(Parker, 2000). 인지와 정서가 '서로 이야기를 주고받는 것'에 어려움이 있는 것으로서, Mayer 등(2000)의 모델에서 말하는 정서와 사고의 동화와 일치한다. 정서를 인지적으로 재구조화하는 것은 치료에 도움이 되는 것으로 보인다. Pennebaker(1997)는 간단하게 스트레스 사건에 대한 글을 쓰는 것만으로도 안녕감이 개선된다는 흥미 있는 연구 결과를 보여 주었다. 외상 후 스트레스장애PTSD의 심리치료에서도 어떤 사건에 대한 기억을 정상적인 인지적·정서적 과정과 통합하는 방법을 사용한다(Foa, Keane, Friedman & Cohen, 2008).

여기에서 중요한 것은 정서지능이 새로운 무엇을 제공한다는 것을 보여 주는 것이다. 방금 논의한 정서조절에 대한 아이디어는 정서지능에 대한 관심이 나타나기 전에 이미 있었던 것이다. 따라서 '정서 중심의' 임상의들은 정서지능이 기존의 개념에 다른 이름을 붙인 것이 아니라 그 이상이라는 것을 보여 줄 필요가 있다. 그 밖에 장애의 종류가 매우 다양하며 그 원인과 결과도 다른 것으로 보인다. 모든 장애의 원인을 정서지능에 돌리는 것은 너무 거친 접근이다. 이런 문제들을 설명하기 위해서는 정서지능에 대한 타당한 검사가 필요하고 정서적으로 잘 기능하지 못하는 사람이 '정상적인' 사람에 비해 정서적 기능 점수가 낮다는 것을 보여 주는 증거가 필요하다. 또한 그와 관련된 근원적인 과정을 세밀하게 분석할 필요가 있다. 정서지능과 관련한 새로운 심리치료 방법이 나올 수도 있다는 가능성을 열어 놓고 있어야 하며, 이 주제에 대해서는 제6장에서 다시 논의할 것이다.

교육심리학

앞에서 언급한 주제들을 중심으로 정서지능과 교육의 관련성을 살펴볼 수 있다. 직장에서와 마찬가지로 학교에서의 주된 관심은 학생들의 인지적 수행(즉 학습)과 성취를 향상하는 것이다. 미국에서는 약 60%의 학생들이 학교를 중도에 그만두고 있다. 학생들의 학교 중퇴를 막는 데 정서지능이 중요한 역할을 할 수도 있을 것이다. 아동의 정서적 문제가 수업에서의 집중과 노력에 영향을 미칠 수 있기 때문에 부정적인 정서를 잘 관리하면 학습 능력을 향상시키는 것도 가능할 것이다. 그 밖에 학교 공부가 반드시 내재적으로 재미있는 것은 아니기 때문에 학교 공부에 대한 긍정적인 태도를 유지할 수 있는 학생들이 공부를 더 잘할 것이다. 학생들을 빈 배와 같다고 생각하고 지식을 주입하려고만 하는 구시대적인 사고방식으로부터 교육자들의 생각은 많이 변했다. 아동이 적극적으로 학습 과정에 참여하도록 하는 것이 중요하다. 따라서 자기동기화, 자기통제, 효과적인 자기조절과 같은 정서적 기술들이 중요한 위치를 차지하게 되었다(Zins et al., 2007).

임상심리학에서와 같이 교육자들도 정서기능의 이상에 대한 관심을 갖고 있다. Natasi, Moore와 Varjas(2004)는 미국 아동과 청소년 중 약 20%가 정신건강치료를 필요로 하는 정신적인 장애를 갖고 있다고 한다. 이런 장애들은 정서적 기능상에 문제가 있는 경우가 대부분이다. 교사들은 두 종류의 문제 학생들을 만날 수 있다(Zeidner & Matthews, 2011). '내재화internalizing' 장애를 갖고 있는 아동은 성인에게 나타나는 불안이나 우울증과 비슷한 과도한 부적 정서를 경험한다. 이것은 아동이 교실에서 학습에 집중하는 능력과 문제를 해결할 때 작동기억을 사용하는 능력에 영향을 미친다. 반대로 '외현화externalizing' 장애를 갖고 있는 아동은 문제를 일으키기가 더 쉽다. 충동 조절을 잘 못하고 공격적인 성향이 있는 아동은 교실에서 가장 산만하고 다른 학생들과 잘 싸운다.

성적을 향상시키고 필요한 경우에는 심리치료를 받도록 하는 것 이외에 교육심리학자와 학교심리학자는 아동의 개인적 발달에 대한 깊은 관심을 갖고 있다. 아동은 학교에서 학문적인 것보다 훨씬 더 많은 것을 배운다. 그중에서 아마도 다른 아동이나 어른과의 관계를 위한 사회적·정서적 기술이 가장 중요할 것이다. 이런 학습은 일반적으로 교실과 운동장에서 비형식적으로 일어난다. 그러한 기술에 대한 체계적인 훈련을 교육 과정에 포함한다면 아동에게 더 도움이 될 것이다. 제5장에서 우리는 갈 등 해결 방법이나 마약에 대한 또래 압력을 거부하는 자기조절 방법을 포 함하는 대인관계 기술을 향상시키기 위한 프로그램들에 대해 살펴볼 것 이다. 아동의 전인적인 발달에 관심을 갖는다는 점에서 보면 개인의 성장 과 자아실현self-fulfillment을 중요하게 생각하는 '긍정심리학'과 일맥상통 한다고 말할 수 있다.

정서지능 과학의 가치는 이제 분명해졌다. 원칙적으로 설명하면, 아동 의 정서지능을 향상시키기 위한 훈련 프로그램이 학교 성적을 향상시키 고, 정서장애를 완화하고(심리치료를 통해서), 다른 사람과 성숙하고 생 산적인 관계를 형성할 수 있는 성인으로 자라는 데 도움이 되어야 한다. 이런 좋은 목표는 우리가 이미 언급했던 정서지능의 과학과 측정이 아직 유아 단계에 있다는 문제점을 갖고 있다. 또한 학습할 교과 내용이 많은 교육과정 속에 사회정서적 학습을 위한 시간을 배당하기 어려운 제한점 이 있다. 행정가, 교사, 부모의 지속적인 지지와 노력이 요구되지만 쉽지 않은 것으로 보인다. 이 시점에서 아동의 삶과 자신의 안녕감에 대하여 성인에게 요구되는 정서문식성emotional literacy 수준의 즉각적인 이득을 창 출하지 않는 프로그램을 기꺼이 지지할 것인가에 대한 질문을 해 보아야 한다. 비즈니스에서와 같이 득보다 실이 더 많은 위험이 따를 수도 있다. 예를 들어 아동의 실제 행동과 무관하게 자아개념을 높이기 위한 운동은 득보다는 실이 더 많은 것으로 비판을 받았다(Twenge & Campbell, 2009).

요약 및 결론

정서지능이 기초심리학자나 응용심리학자 모두에게 잠재적인 흥미로운 새로운 개척 영역이라는 것은 의심할 바가 없다. 그러나 밝은 전망에도 불구하고 정서지능은 신화와 전설로 가득 차 있기 때문에 조심스럽게 발을 내딛을 필요가 있다. 긍정적인 면은 심리학자들이 이미 정서, 능력, 성격을 포함한 관련 주제들을 꽤 잘 이해하고 있다는 것이다. 과제는 정서지능이 기존의 것들로 설명할 수 없는 어떤 구별되는 능력임을 보여 주는 증거를 찾는 일이다. 이런 연구에 방해가 되는 것들 중 하나는 대중문화에서 보는 정서의 역할이다. 가장 나쁜 것은 대중적인 인기에 영합하는 연구자들이 정서지능의 개념을 일관성 없이 사용하고, 구인 타당도도 없는 쓰레기 같은 질문지를 만들고, 일시적으로 인기를 얻을 수 있는 자기계발 기술을 만들고 있다. 그럼에도 불구하고 심리 학계에서 무시되고 있는 정서능력과 기술에 관심을 갖도록 인기 있는 상업적 작가들이 공헌한 점은 높이 평가해야 한다. 정서지능을 실생활에 적용할 수 있다는 것을 타당하고 신뢰할 수 있게 보여 주는 심리과학으로 발전시키기 위한 방향을 제시하면 다음과 같다.

1. 어떤 종류의 정서지능 연구를 위해서라도 신뢰할 수 있고 타당한 정서지능의 측정이 무엇보다 중요하다. 표준화된 측정 도구가 없으면 심리학자들이 할 수 있는 일은 의견을 제시하는 것으로 끝난다. 정서지능의 측정을 개선하는 일은 정서지능에 대한 만족할 만한 정의를 내리고 개념화하는 어려운 과제와 직접적인 연관이 있다. 무엇이 정서지능

이고 무엇이 정서지능이 아닌지 말해 줄 수 있는 일관된 정의가 측정 도구를 개발하기 위해 우선적으로 필요하다. 이런 도구들의 심리측정 속성들에 대한 연구는 다시 정서지능의 정의를 개선할 수 있다. 최근 정서지능 연구자들은 두 가지로 분류할 수 있다. 정서지능을 진짜 능력으로 보는 사람들은 전통적인 지능 검사와 같이 정답과 오답이 있는 객관적인 검사를 개발하는 데 관심이 있다. '특성 정서지능'을 능력보다는 성격에 더 가까운 것으로 보는 연구자들은 정서적 기능에 대한 자기보고식 질문지 검사를 선호한다. 전반적인 문제는 정서적 역량이 서로 관련성이 없는 독립적인 요인들로 이루어지는 것이 아니라 모두를 연결해 주는 상위의 정서지능이 실제로 존재하는가 하는 문제가 밝혀져야 한다는 점이다.

2. 정서지능에 대한 대부분의 설명이 서술적이다. 많은 연구자들이 정서지능과 관련된 개인적인 성질에 대해 이야기하고 있지만, 정서적 역량을 설명해 주는 신경학적 · 인지적 · 사회적 과정들에 대해서는 심도 깊게 분석하지 못하고 있다. 이론은 전 생애에 걸친 정서지능 발달을 설명해야 하고 또한 정서지능이 분이나 초 단위의 짧은 시간 동안에 어떻게 영향을 미치는지 설명해야만 한다. 이론적으로 설명할 수 있는 몇 가지 방법이 있다. 하나는 정서와 정서 자극을 처리하는 인지 과정에 대한 뇌 시스템의 작용과 같은 기본적인 과정에 대해 연구하는 것이다. 또 다른 접근은 정서적 경험을 의식적으로 혹은 무의식적으로 처리하기 위한 학습된 기술들을 분석하는 것이다. 이론은 자기조절 모델 주위를 맴돌 수도 있다. 모든 사례에서, 실생활

에서 오는 압력과 기회에 적응하기 위한 정서조절에서의 개인차의 결과를 연구할 필요가 있다.

3. 현재로서는 정서지능의 적용에 제한점이 있다. 응용심리학을 위한 정서 지능의 밝은 전망을 달성하기 위해서는 더 든든한 개념화, 측정 도 구, 이론이 필요하다. 만일 연구자들이 이론을 확립할 수 있다면 실 제로 많은 유익한 결과를 가져올 수 있을 것이다. 직장에서 정서지 능을 훈련하면 직원들이 더 생산적으로 일하고, 동료들과 더 좋은 관계를 형성하고, 직장에서 더 큰 개인적인 만족을 찾을 수 있을 것 이다. 임상심리학에서는 감정표현불능증과 같이 병적으로 정서적 문식성이 결핍된 원인을 이해하게 된다면 불안, 우울증, 자폐증, 충 동조절장애 등에 대한 치료의 개선에 도움이 될 수 있을 것이다. 교 육적인 문제에서는 사회적 · 정서적 학습 프로그램이 아동의 성공적 인 학업 성취에 도움이 되고 아동이 개인적으로나 사회적으로 잘 적 응하는 성인으로 자라는 데 도움이 될 것이다. 하지만 정서지능이 적용될 수 있는 이런 영역들에서의 엄격한 연구가 부족하고 실천가 들은 일시적인 유행에 취약성을 드러내고 있는 실정이다. 정서지능 이 기존의 개념을 그럴듯하게 새로운 이름으로 포장한 것 이상이라 는 것을 앞으로 분명하게 보여 주어야 할 필요가 있다.

2

성격 특성으로서의 정서지능

제1장에서 살펴보았듯이 정서지능에 대하여 심리과학에서는 몇 가지 관점으로 접근하고 있다. 제2장에서는 정서지능이 더 넓은 성격 영역의 일부라는 생각을 탐색해 볼 것이다. 다시 말해서 정서지능이란 한 가지 능력이라기보다는 세상을 경험하는 전형적인 행동과 방식을 말한다. 성격 연구는 예를 들어 외향성이나 신경과민성과 같은 한 개인의 전형적인 정서적 삶을 묘사하는 다양한 안정적인 특성들을 이미 밝혔다. 또한 다양한 특성을 확인하고 측정할 수 있도록 해 주는 타당성이 검증된 성격 구조 모델들이 있다(de Raad, 2009; Matthews, Deary & Whiteman, 2009).

정서지능(혹은 '특성 정서지능')을 이렇게 잘 정의되어 있는 성격 영역의 일부로 이야기하고 싶다면 몇 가지 단계를 통과해야만 한다. 첫째, 많은 성격의 여러 측면 중에서 어떤 측면이 정서적 기능과 관련이 있는지 말해 주는 정서지능의 조작적 정의가 필요하다. 둘째, 성격 영역 중 어떤 제한된 부분이 정서지능에 속한다고 했기 때문에 특성 정서지능의 주요 속성을 구성하기 위한 몇 개의 특수한 특성, 즉 하위 차원이 필요한지 결정해야만 한다. 셋째, 이 특성들을 측정할 평가 도구를 개발할 필요가 있다. 현실적으로 이 목적을 이루기 위해서는 자기보고식에 따른 문제가 있음에도 불구하고 특성 정서지능을 측정하기 위한 질문지가 개발된다. 넷째, 개발된 질문지는 관련된 심리학 이론을 기반으로 해서 정서적 역량을 나타내는 행동과 결과를 예측할 수 있다는 것을 입증해야만 한다. 또한 이 추정적인 특성 정서지능을 측정한 것이 표준화 성격 검사에서 우리가 이미 알고 있는 것 이상의 무엇을 설명해 준다는 것이 중요하다. 이미 발명한 것을 다시 발명하는 것은 의미가 없다. 만일 정서지능 구인의 연구에서 성격에 대한 새로운 어떤 통찰도 얻지 못한다면, '도대체 무엇 때문에 정서지능을 연구하는가'라는 질문에 도달하게 될 것이다.

이 장에서는 특성 정서지능에 대한 타당한 질문지를 개발하기 위한 연구들을 살펴볼 것이다. 먼저 배경지식으로서 성격 특성에 대한 간단한 설명으로 시작한다. 그다음에 '특성 정서지능'의 개념과 질문지 개발에 대하여 살펴본다. 또한 특성 정서지능 질문지의 타당성에 대한 증거를 간단하게 살펴보고, 특성 정서지능이 기존의 성격 차원들을 교묘하게 재포장한 것이 아닌가 하는 민감한 문제를 논의한다. 마지막으로 특성 정서지능 관점에 대한 일반적인 비판으로 이 장을 마무리한다.

성격과 정서

성격 차원 모델

흔히 그렇듯이 심리학자들이 의미하는 '성격'은 일반 사람들이 생각하는 것과 다르다. 심리학자들은 사람의 속성을 어떤 사람에게도 의미 있게 적용될 수 있도록 양적인 차원으로 기술함으로써 성격을 설명한다. 성격심리학에서 기본적인 가정은 다음과 같다(Matthews et al., 2009).

1. 성격 차원은 연속체를 따라 경험된다. 예를 들어 우리는 인간을 한 집단은 내향적인 사람들 그리고 또 한 집단은 외향적인 사람들로 구분할 수 없다. 각 개인은 외향성에 대한 양적 척도 위의 어떤 지점에

위치하지만 많은 사람들은 어느 정도는 외향적이면서 또 어느 정도는 내향적인 것을 나타내는 척도의 중간 지점에 집중적으로 위치한다.

2. 성격 차원은 불변하는 것이 아니라 시간에 따라 변한다. 변화의 속도는 일반적으로 느리지만 매우 빠른 경우도 있다(예 : 외상적 사건 후). 성격 속성은 일반적으로 수년에 걸쳐서 꽤 안정적이다. 여기서 '특성 정서지능'을 성격의 일부로 보는 관점과 정서지능은 쉽게 호전될 수 있다고 보는 관점 간에 갈등이 생긴다.

3. 개인의 성격은 유전자와 환경적 요인 간의 상호작용에 의해 조성되며 따라서 성격은 부분적으로 뇌 기능의 개인차에서 비롯된다. 정서지능을 신경학적으로 접근하는 연구도 많이 있으며, 정서지능은 학습된 사회적-정서적 기술 이상의 무엇인 것으로 보인다.

4. 행동에서의 개인차는 안정적인 성격 특성과 상황적 요인 모두를 반영한다. 떠들썩하고 흥이 오른 파티에서는 내향적인 사람들도 말이 많아지고 사교적으로 변한다. 그 사람이 갖고 있는 잠재적인 행동과 그 사람의 정서적 역량을 겉으로 나타내도록 자극하는 상황의 조건이 합쳐져서 정서적으로 지능적인 특수한 행동으로 나타난다. 2006년 월드컵에서 프랑스 선수 Zinedine Zidane은 그의 누이를 모욕하는 말을 한 상대팀 선수를 박치기하고 퇴장당한 사건으로 유명하다. 정서적으로 바보 같은 이 사건은 Zidane이 기질적으로 화를 잘 내기 때문일까, 참을 수 없는 도발행위 때문일까, 아니면 가능성이 가장 높은 두 가지 모두의 상호작용 때문일까?

5. 특성은 개인의 삶의 여정을 꾸미는 데 있어서 현실적인 영향을 미친
   다. 특성은 스트레스에 대한 취약성, 정신적·신체적인 병, 직무 수
   행과 만족감, 교육 성취 등과 관련이 있는 것으로 나타났다. 이와 동
   시에, 성격이 곧 운명은 아니다. 특성이 널리 영향을 미치기는 하지
   만 그 영향력이 그렇게 크지 않다. 방금 지적했듯이, 특성의 효과는
   종종 환경적인 영향에 따라 다르게 작용한다.

이 원리에 따라 개발된 가장 잘 알려진 성격 모델은 5요인 모델FFM
(McCrae & Costa, 2008; 또한 곧 출판될 심리학 101 시리즈 중 한 권인
성격 101도 참조하라)이다. 5요인 모델은 〈표 1.3〉에서 이미 설명했듯이
개방성, 성실성, 외향성, 친화성, 신경과민성의 다섯 가지 특성을 제안한
다. 5요인 모델은 위계적인 요인 모델이다. 즉 주요 상위 요인이 있고 각
상위 요인 아래에는 서로 상관이 있는 하위 요인이 있다. 예를 들어 외향
성은 주장성, 사교성, 긍정적인 정서 등 어떤 공통적인 성질을 갖고 있다.
그러나 긱 하위 요인들도 고유한 성질을 갖고 있다. 다시 말해서 주장성
은 외향성을 구성하는 하위 요인이기는 하지만 주장성에는 외향성의 속
성에 포함되지 않는 성질도 있다. 잠재적으로, 특성 정서지능은 한 가지
비슷한 위계 모델을 사용하여 설명할 수도 있다 — 상관은 있지만 서로
구별되는 몇 가지 낮은 수준의 정서지능 특성들로 정의되는 정서지능의
일반 요인. McCrae와 Costa(2008)에 의해 개발된 NEO-PI-R 질문지
는 5개의 상위 수준 요인이 각각 6요인의 척도를 갖고 있다(다섯 가지 주
요 특성에 대한 하위 요인들을 나열한 표 2.1을 참조하라).

표 2.1 NEO-PI-R 질문지에 의해 평가된 5요인 모델

개방성(O)	성실성(C)	외향성(E)	친화성(A)	신경과민성(N)*
환상	역량	따뜻함	신뢰성	적대감
심미성	질서	사교성	솔직함	자의식
기분	충실성	주장성	이타성	불안
행동	자기규제	활동성	순응성	충동성
아이디어	신중성	흥분감 추구	겸손	우울
가치관	성취	긍정적 정서	다정함	취약성

* 정서안정성은 신경과민성의 하위 6요인에서의 낮은 점수를 의미한다.

   5요인 모델이 널리(비록 세계적이지는 않지만) 인정받는 이유에는 여러 가지가 있다. '빅 파이브'의 신뢰도와 타당도를 지지하는 수많은 심리측정적 증거가 있고, 부분적인 유전 가능성과 신경학적인 관련성에 대한 증거도 있으며, 통문화적cross-cultural 일반화에 대한 증거도 있고, 또한 임상심리, 조직심리, 교육심리를 포함한 여러 분야에서의 적용 가능성이 확인되었기 때문이다(McCrae & Costa, 2008). 그 증거는 빅 파이브에 의해 정의된 성격 구성이 개인의 삶의 궤도에 다양하게 영향을 미치는 결과로 나타나기 때문에 정서지능의 '결과 타당도'를 확인해 준다(Mc-Adams & Pals, 2006). 즉 5요인으로 정의되는 성격 구성은 개인의 인생 경로의 다양한 측면에 영향을 준다.

정서역량과 5요인 모델(FFM)

5요인 모델은 정서적 기능의 개인차를 어떻게 설명하고 있을까? 사실, 할 이야기가 많다! 외향성(E) 차원은 긍정적 정서와, 신경과민성(N; 혹은 낮은 정서안정성) 차원은 부정적 정서와 꽤 높은 상관이 있다(Lucas &

Diener, 2000). 외향성이 어느 정도 긍정적 정서의 중심 역할을 하고 신
경과민성이 어느 정도 부정적 정서의 중심 역할을 하는지에 대한 논란이
계속되고 있다(Ashton, Lee & Paunonen, 2002). 외향적인 사람이 일반
적으로 행복한 기분을 느끼고 신경이 예민한 사람이 불안하고 불행하다
고 느끼는 다양한 메커니즘이 있다. Matthews 등(2009)은 다음과 같이
말하고 있다.

1. 기본적인 기질. 외향성과 신경과민성은 정서를 통제하는 뇌 체계와
   직접적으로 연결되어 있다. 예를 들어 행복감은 외향성의 본질이다.
   이 메커니즘에서 정서반응 가설이 나왔다. 성격은 사건에 대한 즉각
   적인 정서반응을 통제하는 뇌 체계의 민감성과 관련되어 있는 것으
   로 보인다(Corr, 2009). 따라서 외향적인 사람들이 모든 상황에서
   내향적인 사람들보다 반드시 행복한 것은 아니지만, 어떤 긍정적이
   고 보상이 잠재되어 있는 사건이 지각될 때 내향적인 사람들보다 외
   향적인 사람들의 뇌의 보상 체계가 더 크게 활성화된다. 마찬가지로
   처벌 자극을 관장하는 뇌 체계는 신경이 덜 예민한 사람들보다는 더
   예민한 사람 사람들에게서 상대적으로 더 큰 반응을 나타낸다.

2. 인지적 평가와 대처. 성격은 세상을 해석하고 세상의 요구와 압력에
   대처하는 스타일과 관련이 있는 것으로 알려져 있다. 이런 평가하고
   대처하는 인지 과정들은 정서반응에 큰 영향을 미치며(Lazarus,
   1999), 실제로 정서지능에 영향을 미칠 수 있다(Scherer, 2007). 외
   향적인 사람들은 요구가 많은 사건을 도전적인 것으로 해석한다. 그

들은 또한 직접적이고 문제 중심적인 대처 전략을 사용하는 경향이 있다. 이러한 인지적 처리 유형을 갖고 있는 사람들은 어려운 상황에서도 긍정적인 정서를 유지하는 경향이 있다(Shaw et al., 2010). 마찬가지로 매우 신경이 예민한 사람들은 사건을 위협적이고 개인적으로 통제할 수 없는 것으로 평가하고, 자기비판과 같은 부적응적이고 정서 중심적인 대처를 함으로써 부정적인 정서를 경험하기가 쉽다(Connor-Smith & Flachsbart, 2007). 결정적으로, 평가와 대처는 고도의 융통성을 갖고 있어서 그 상황의 성격에 따라 다르고 또한 그 사람이 그 상황을 얼마만큼 알고 있는지, 그리고 그 상황과 관련한 자신의 역량을 어떻게 지각하고 있는지에 따라 다르다(Wells & Matthews, 1994). 다시 말해서 외향성과 신경과민성에는 기본적인 기질 이상의 것이 있다. 특성이란 세상을 이해하고 세상에서의 자신의 위치를 이해하는 틀이다. 어떤 의미에서 고도로 신경이 예민한 사람이 갖고 있는 불행은 부정적인 자기신념과 정서를 일으키는 실존적 불안감을 반영한다.

3. **감정조절.** 평가와 대처는 좋은 방향이든 나쁜 방향이든 간에 외적 사건에 영향을 미친다. 사람들은 또한 자신의 내적 정서상태를 감시하고 통제하거나 조절하려고 한다. 예를 들어 부정적인 감정에서는 벗어나고 집중하기 위해서는 들뜬 기분을 가라앉히려고 한다. 논리적으로, 감정조절은 자신의 현재 정서상태와 기분을 바꾸기 위해 사용된 전략의 효과에 달려 있다. 정서지능 연구자들은 감정조절의 개인차에 많은 관심을 가졌다. 예를 들어 기분장애를 갖고 있는 임상 환

자는 자주 자신의 정서를 인식하고 확인하고 이해하는 데 어려움이 있는 '감정표현불능증'을 나타낸다(Parker, 2000). 하지만 감정조절의 개인차는 또한 성격 특성의 한 속성인 외향성이나 신경과민성으로 볼 수도 있다. 외향적인 사람은 내향적인 사람보다 긍정적인 기분을 더 잘 유지하고 부정적인 기분을 더 잘 개선하는 것으로 보인다(Lischetzke & Eid, 2006). 신경이 매우 예민한 사람은 걱정을 너무 많이 하고 부정적인 기분에 빠지거나 증폭시키면서 비생산적으로 문제를 계속 생각하는 경향이 있다(Matthews & Funke, 2006).

4. **환경적 상호작용.** 인지적 정서 이론(Lazarus, 1999)은 사람과 환경 간의 역동적인 상호작용(혹은 교류)의 중요성을 강조한다. 우리는 정서에 미치는 성격의 영향을 성격 특성이 (의식적으로 혹은 무의식적으로) 끌리는 환경과 분리할 수가 없다. 외향적인 사람들은 더 활발하고 다양한 사회생활을 즐기는데, 이런 다양한 사회적인 활동은 긍정적인 기분을 상승시키는 것으로 알려져 있다. 따라서 외향적인 사람들이 더 행복한 이유는 부분적으로는 사회적 노출이 더 많기 때문이다(Lucas, Le & Dyrenforth, 2008). 마찬가지로, 신경이 매우 예민한 사람은 대인관계에서의 갈등을 포함한 부정적인 기분을 일으키는 여러 가지 문제에 자신을 빠뜨리는 경향이 있고, 이것은 다시 부정적인 정서를 상승시키게 된다(Ormel & Wohlfarth, 1991).

외향성과 신경과민성은 정서적 반응과 가장 큰 관련성이 있는 반면에 5요인 모델의 나머지 특성들은 연관성이 미미하다. 성실한 사람들은 과제 중심적인 대처 전략을 사용하는 경향이 있는 것으로 보이며, 그 전략은 그 상황에서 가장 긍정적인 기분을 일으킬 수 있는 것이다(Matthews et al., 2006). 성실성이 수명을 의미 있게 예측한다는 것을 보여 주는 연구(Friedman, Kern & Reynolds, 2010)는 두말할 것도 없고, 최근 연구들은 또한 성실성이 일반적으로 삶에 있어서 스트레스를 방어하는 역할을 한다는 것을 지지한다(Bartley & Roesch, 2011). 친화성은 협동적인 상황에서는 즐거운 기분을 일으키는 경향이 있지만 사람들 간에 불화가 조성되는 상황에서는 정서적 스트레스를 일으킨다(Coté & Moskowitz, 1998). 개방성의 정서적인 측면은 거의 알려져 있지 않지만, 예술적이고 지적인 사람들은 창의적인 활동을 통해서 어떤 유쾌한 전율을 즐긴다고 생각할 수 있다. 〈표 2.2〉는 5요인 모델과 정서지능의 여러 측면 간에 존재하는 유사점들을 요약하고 있다(de Raad, 2005; McCrae, 2000).

정서지능에서 얻은 연구 결과는 기존의 성격에 대한 연구 속에서 이해해야만 한다. 만일 간단하게 긍정적인 정서를 외향성과 연결하고 부정적인 정서를 신경과민성과 바로 연결할 수 있다면 정서지능이 그 그림에 무엇을 더 첨가할 수 있을까?

또 다른 이슈는 정서지능과 정서의 연구에 의하면 잠재되어 있는 여러 기능들이 같을 수 있다고 하는데, 그것들이 모두 '정서적으로 지적'이라고 할 수는 없다. 정서성emotionality에서 중요한 역할을 하는 것이 뇌 체계다. 만일 어떤 사람이 자극에 매우 민감하게 반응하는 뇌 보상 체계를 갖고 있다면 그는 더 큰 행복을 즐기는 경향이 있겠지만, 그가 정서적으로 더 지적이라고 말하기는 어렵다. 정서지능의 개념은 정서에 대한 통찰과

표 2.2 5요인 모델과 특성 정서지능 측면들 간의 유사점

개방성	• 창의적 사고 • 정서에 대한 심미적 평가
성실성	• 과제 동기 • 인내 • 충동 통제
외향성	• 긍정적 감정 • 낙관주의 • 사회적 기술 • 다른 사람들의 정서에 대한 적응적인 조절
친화성	• 공감 • 대인관계 • 이타주의
정서적 안정성	• 낮은 수준의 부정적인 정서 • 임상적 불안과 우울로부터의 자유
(낮은 신경과민성)	• 스트레스 저항 • 정서의 적응적인 자기조절

이해를 포함하고 있으며 그것은 성질이 다르다. 반대로 높은 정서지능을 가진 사람이란 상황을 생산적으로 평가할 수 있고, 자신의 기분을 처한 상황에 맞도록 조절할 수 있고, 삶의 질을 높일 수 있는 상황과 활동을 선택할 수 있는 사람이라고 말하는 경우도 있다.

질문지를 사용한 정서지능 평가

몇몇 논평가들(O' Sullivan, 2007)이 지적했듯이, 질문지를 사용하여 능력을 측정하는 것은 좀 부절절한 면이 있다. 자기보고식으로 측정한 전통적인 지능은 객관적으로 검증된 검사를 사용하여 측정한 것과 약 0.3 정

도의 상관이 있을 뿐이다(Paulhus, Lysy & Yik, 1998). 자신의 정서적 역량은 자신이 잘 안다고 생각하는 것이 타당할까? 자기보고를 의심하는 데도 몇 가지 이유가 있다. 사람들이 최대한 정직하게 질문지에 응답을 한다고 가정한다 해도, 자신의 능력을 다른 사람들의 능력과 비교하는 방법에 대한 지식이 부족할 수 있다. 사실 자신의 정서지능에 대한 문제에 답하기 위해서는 정확하게 반응할 수 있는 충분한 정서지능을 갖고 있어야 한다. 따라서 정서지능이 낮은 사람이 의미 있는 반응을 할 수 있을 것이라고 기대하기는 어렵다. 제1장에서 언급했듯이, 이 수수께끼를 '정서지능 역설'이라고 부른다(Zeidner, Matthews & Roberts, 2009).

이 문제에 유의해야 한다는 주장에는 실증 연구의 뒷받침이 있다. Dunning(Dunning, Heath & Suls, 2004)은 사람들이 스스로 평가하는 정서적, 사회적 역량은 그들의 실제 기능과 많이 다르다는 것을 보여 주었다. 직장에서의 업무 역량이 매우 부족한 사람들이 자신을 그 조직에서 절대로 없으면 안 되는 사람이라고 믿는 경우도 있다. 또한 성격에 대한 자기평가에서 의식적 그리고 무의식적인 왜곡이 있다는 것을 많은 연구에서 보여 주고 있다(Ziegler, MacCann & Roberts, 2011). 우리는 나중에 정서지능 질문지가 그런 왜곡에 취약하다는 증거를 살펴볼 것이다.

정서지능 질문지 : 첫 번째 물결

사실 초기의 설문지 개발에는 다양한 이유가 있었을 것이다. 정서지능에 대한 개념이 형성되기 전부터 사람들은 자신의 정서상태를 조절하는 방식에 관심을 갖고 있어서(Koriat, Melkman, Averill & Lazarus, 1972) 많은 질문지가 개발되었다. 예를 들어 Thayer, Newman과 McClain (1994)은 다른 사람에게 이야기하기, 생각 통제하기, 운동하기, 음악 감상하기 등을 포함하는 기분 개선을 위한 전략들을 구분하는 척도를 개발했다. 또한 문제에 대한 과도한 반추와 부정적인 생각과 느낌에 대한 압력과 같은 반생산적인 전략의 측정에 대한 임상심리학 문헌도 있다(Wells & Davies, 1994). Salovey, Mayer, Goldman, Turvey와 Palfai (1995)는 자신의 기분에 대한 주의집중, 기분에 대한 생각의 명료화, 부정적인 기분의 개선에 대한 척도들로 구성되어 있는 Trait Meta-Mood Scale (TMMS)을 출판했다. TMMS는 성격 요인을 통제한 후의 안녕감과 정신 생리학적 스트레스 인덱스까지도 꽤 효과적으로 예측하는 것으로 보인다(Extremera & Fernández-Berrocal, 2005; Salovey, Stroud, Woolery & Epel, 2002). 하지만 TMMS가 유용한 연구 도구이기는 하지만 정서지능을 평가하기에는 기반이 약하고 부족한 것으로 보인다.

초기에 과학적으로 섭근한 Mayer와 Salovey의 연구들(Salovey & Mayer, 1990)은 Goleman(1995)의 인기 높았던 책과 함께 더 종합적인 척도 개발에 관심을 갖도록 하는 첫 번째 물결을 일으켰다. 예를 들어 Schutte 등(1998)은 Mayer-Salovey의 정서지능의 개념 틀 속의 여러 하위 요인에 해당하는 하위 척도를 포함하고 있는 질문지를 개발했다. Bar-On(2000)은 사회적 그리고 정서적 능력을 평가하기 위해 질문지를 사용하는 다른 근거를 제시했다. 그는 정서지능을 개념화하는 '혼합 모델'을 제안했다. 이 모델은 정서지능을 객관적으로 정의할 수 있는 역량과 정서지능의 표현을 촉진하는 더 넓은 의미의 성격 특성들로 구성되어 있다. 다른 성격 모델들과 마찬가지로 Bar-On 모델은 낮은 수준의 특수 요인들이 모여서 높은 수준의 요인을 구성하는 위계를 갖고 있다. 그의 EQ-i 척도에는 15개의 하위 척도가 있고 그 위에 다섯 가지 차원인 개인 내, 개인 간, 스트레스 관리, 적응성과 일반 기분의 더 광범위한 상위 척도가 있다. 다른 척도들과 공통적으로 하위 척도들 간의 상관이 있어서 정서지능의 전체적인 '일반 요인'의 평가가 가능하게 되어 있다. Bar-On 은 이것을 IQ와 비슷하게 EQ라고 부른다. 여기에서 열거할 수 없을 정도로 많은 질문지가 이 초기의 방식을 따랐으며, 그중에는 특별히 산업체에서 사용하게끔 개발된 것들도 있다(예 : Sala, 2002).

초기 질문지들은 연구를 활성화시켰다는 점에서는 분명히 성공적이었다. 연구 결과에 대해서는 아래에서 더 상세하게 평가하겠지만, 이 지점에서는 1990년대 말에서 2000년대 초까지 실시된 연구들의 몇 가지 하이라이트를 간단하게 살펴보자. 긍정적인 면에서 보면 상대적으로 좋은 질문지들은 표준화된 몇 가지 심리측정 기준에 맞았다. 대부분의 척도와 하위 척도는 신뢰할 수 있고 정확한 측정이라는(측정하는 것이 그 무엇이든) 것을 의미하는 내적 일관성이 확인되었다. 또한 '준거 타당도'를 갖고 있는 것도 확인되었다. 즉 질문지 점수가 다른 독립적인 정서기능의 점수와 유의미한 상관이 있었다. Schutte 등(1998)의 독창적인 논문은 낙관주의와 충동성 통제와 같은 다양한 관련 측정치와 정서적 지능 간에 상관이 있다고 보고했다. 더 최근의 연구도 또한 질문지-정서지능과 안녕감 간에 연관성을 입증했다. 제4장에서 논의되겠지만 최근의 메타분석에서는 정서지능의 자기보고식 측정치가 주관적인 자기보고식 안녕감과 상관이 있는 것으로 나타났다.

독자들이 관련된 연구 결과들을 정확하게 이해하기 위해서는 피어슨 상관계수(약자 r로 표시)를 이해할 필요가 있다. 피어슨 상관계수 r은 두 변인 간의 선형 연합의 강도를 나타낸다. 즉 두 변인이 '함께 가는' 경향성의 정도를 말한다. 상관의 크기는 0에서 1까지이며, 대략 다음과 같이 해석할 수 있다.

1. 무상관 혹은 미미한 상관(r의 절댓값 = 0.00 ~ 0.09)
2. 작은 상관(절댓값 r = 0.10 ~ 0.29)
3. 보통 상관(절댓값 r = 0.30 ~ 0.49)
4. 큰 상관(절댓값 r = 0.50 ~ 0.69)
5. 아주 큰 상관(절댓값 r = 0.70 ~ 1.00)

상관은 부적일 수도 있고 정적일 수도 있다. 부적 상관은 한 변인의 값이 커지면 다른 변인의 값이 더 작아지는 관계를 말한다(예 : 성실성은 게으름과 부적 상관이 있다).

첫 번째 물결 질문지의 한계점

측정의 타당성을 확보하기 위해서는 점수들이 다른 비슷한 측정치들과 상관이 높은 경향이 있어야 한다. 높은 상관이 있다는 것은 기저에 공통적인 성질이 있다는 것을 나타낸다. 초기 질문지들은 서로 상관을 나타내는 경향이 있었으며(Brackett & Meyer, 2003), 그것은 '수렴 타당도'의 증거를 제시해 주었다. 한 메타분석(여러 연구들에 나타난 상관을 평균을 냄)의 결과에 의하면 척도들 간의 상관이 0.71로 상당히 중첩되는 것으로 나타났다(Van Rooy, Viswesvaran & Pluta, 2005).

동시에 질문지 평가에서의 결점이 나타나기 시작했다. 심리측정 수준에서 그 척도들의 요인 구조를 세부적으로 재생산하는 것이 힘든 것으로 나타났다. 심리학자들은 검사에 의해 측정될 수 있는 여러 가지 차원을 분리하고 확인하기 위한 요인 분석이라고 부르는 기법을 사용한다. 앞에서 언급했듯이 Bar-On(1997)은 EQ-i의 15개 하위 척도를 상위 수준의 5개 차원으로 묶을 수 있다고 주장했다. 하지만 Matthews, Zeidner와 Roberts(2002)는 Bar-On(1997)의 자료를 재분석하고서 그 하위 척도의 대부분의 변량을 자존감, 대인관계 민감성, 충동 통제라고 하는 세 가지 차원으로 설명할 수 있다는 것을 발견했다. 비슷한 문제가 Schutte 등(1998)이 주장한 정서지능의 4차원을 재생산하는 데 있어서도 발견되었다(Austin, Saklofske, Huang & McKenney, 2004). 이런 문제점들은 질문지에 의해 평가된 정서지능의 성분들이 분명하지 않다는 것을 보여 준다.

정서지능 척도의 타당도 문제도 등장했다. 이미 보았듯이, 질문지는 다양한 준거를 예측한다. 하지만 대부분의 이 준거는 질문지 평가에 의해 그것들 스스로 정의된다(예 : 주관적 안녕감이나 사회적 기술). 회의적으로 생각하는 사람은 정서지능 척도와 안녕감 준거 모두가 단순히 자신에 대한 긍정적인 의견을 반영할 뿐이고, 그것은 객관적인 역량 측정에서는 반영되지 않는 것일 수 있다고 주장할 수 있을 것이다. 그러한 제한점 외에도 개념적인 기반이 더 약한 몇몇 측정치(예 : EQ-i)에 긍정적인 기분에 대한 하위 척도와 낙관주의와 같은 관련된 성질의 하위 척도가 포함된다는 문제다. 만일 정서지능 점수 자체가 긍정적인 기분을 반영한다면, 그 점수가 높은 안녕감과 연관되어 있는 것은 당연하다(이 문제는 '준거오염'으로 알려져 있다).

타당도 개선

정서지능 질문지를 다른 질문지와 상관을 내는 것보다 타당도를 검증하기 위한 더 좋은 방법이 두 가지 있다. 첫 번째 방법은 실험실 실험 방법이다. 정서지능이 정서자극을 처리하는 과제의 수행과 같은 정서역량을 객관적으로 예측하는지 검사한다. 예를 들어 정서를 정확하게 인식하는 것은 정서지능의 핵심 요인으로 생각된다(Mayer, Salovey & Caruso, 2000). 따라서 정서지능 질문지는 정서확인을 요구하는 과제에서 더 잘하는 것을 예측할 수 있어야 한다. 예를 들면 행복한 얼굴 표정을 보고 정확하게 '행복' 하다는 것을 알 수 있는 것이 예측 가능해야 한다.

사실, 잘 정립된 정서이론에 기초한 타당성이 있는 얼굴 표정 인식 검사들이 있다(Scherer, 2007). Fellner 등(2007)은 선도적인 정서이론가인 Paul Ekman(2003)에 의해 만들어진 0.2초 동안 얼굴 표정이 나타나는 비디오 장면들을 보여 주고 '미세한 표정'을 인식하는 연구를 했다. 그 연구에는 Schutte 등(1998)의 척도를 포함하여 몇 가지 정서지능 질문지가 포함되었다. 아무것도 정서인식을 예측하지 못했다. 역설적이게도 한 지능 검사(유추문제 해결을 기초로 만든)가 정서과제 수행을 잘 예측했다. Fellner 등(2007)은 또한 피험자들에게 행복한 얼굴과 분노하는 얼굴을 포함한 여러 얼굴을 탐색하게 함으로써 정서지능이 얼굴 표정에 주의 집중하는 것과 관련이 있는지 검사했다. 그러나 이 역시 정서지능은 탐색의 속도나 정확성과는 상관이 없고 전통적인 지능이 더 높은 상관이 있었다.

위에서는 한 연구 결과에 대해서만 기술했다. 다른 연구들에서는 가끔 정서지능 질문지와 수행 측정치 간에 작지만 유의미한 상관이 있는 것으로 나타났다(Austin, 2005). 따라서 객관적인 예측변인으로서 그 척도의 활용성을 완전히 무시해서는 안 된다. 하지만 여러 가지 근거를 종합해 보면(Zeidner et al., 2009), 전체적으로 볼 때 질문지-정서지능은 정서자극의 처리를 요구하는 과제 수행에 대한 좋은 예측변인이 안 된다는 것이다.

두 번째 타당화 전략은 질문지 측정치가 공식적인 정신병 진단, 직장에서의 승진, 학교에서의 좋은 성적과 같이 실생활에서 의미 있는 결과와의 상관을 분석하는 방법이다. 연구 결과는 일치하지 않는 것으로 나타났다. 실제로 어떤 연구는 여러 가지 정서적 장애가 있는 집단이 질문지 점수에서 낮은 점수를 받는 경향을 보여 주었다. 한 가지 예만 들자면, Riley와 Schutte(2003)는 Schutte 등(1998)의 척도를 이용해 마약 사용자와 음주자를 대상으로 임상적으로 타당한 선별 검사를 했다. 여기서 약물 남용자들이 낮은 정서지능 점수를 받았으며 이 결과는 자기조절력이 부족하기 때문에 마약을 사용한다는 관점과 일치한다. Schutte 등(1998)은 이미 마약 남용자들이 심리치료사들보다 정서적으로 덜 지적이라고 했다

(심리치료사들에게는 마땅하고도 다행한 결과). 그렇지만 또 다른 연구 결과도 보고되었다. Hemmati, Mills와 Kroner(2004)는 폭행, 절도와 같은 범죄로 유죄 판결을 받고 미국 연방 감옥에 수감 중인 119명의 남자 죄수들에게 EQ-i를 실시했다. 범죄자들은 평균보다 기대 이상으로 높은 점수를 받았다. 비록 Hemmati 등(2004)은 범죄자들이 질문지 문항을 일반인들과 다르게 해석한다고 설명하지만, 범죄자들의 정서적인 재간 (ingenuity)이 일반적으로 생각하는 것보다 높을 수도 있다.

직장에서의 EQ-i의 타당도는 영국의 한 소매 회사에서 일하는 매니저들을 대상으로 한 연구에서 확인되었다(Slaski & Cartwright, 2002). 그 연구에서 정서지능과 매니저의 직속상관에 의한 직무평가 점수 간에 낮지만 유의미한 0.22 상관이 있는 것으로 나타났다. 교육 현장에서 질문지의 타당도를 검증하는 것은 더 어려웠다. 한 비교적 초기 연구(Newsome, Day & Catano, 2000)는 캐나다 대학생들의 EQ-i와 평점 간에 0.01의 상관밖에 없는 것을 발견했다. 몇몇 예외적인 연구 결과(Parker, Saklofske, Wood & Collin, 2009)도 있지만, 후기 연구는 일반적으로 질문지를 사용한 정서지능 평가가 학업성취와 상관이 없음을 발견했다 (Tok & Morali, 2009). 그럼에도 불구하고 정서지능과 실생활에서 요구되는 정서적 기능 간에 자명한 관련성이 있다고 주장하는 많은 증거들이 있다.

재발견 : 정서지능과 성격의 중첩

이제 정서지능 질문지의 가장 충격적일 수 있는 단점을 살펴보자. 그것은 바로 정서지능 질문지가 표준화 성격 차원과 중첩된다는 점이다. 심리학적 평가에서는 **수렴적 증거**와 **판별적 증거**를 구별한다. 한 척도는 관련된 측정치와는 상당한 상관이 있어야 하지만(수렴 타당도) 다른 성질들의 측정치와는 약한 상관이 있거나 전혀 상관이 없어야 한다(판별 타당도). 전통적인 지능 검사들은 타당도에 대한 이러한 준거를 쉽게 만족시킨다. 대부분의 경우에 지능을 웩슬러 검사, 스탠포드 비네 검사, 혹은 카우프만 검사(모두 선도적인 IQ 검사 도구들이다; Kaufman, 2009) 중 그 어느 것으로 측정해도 마찬가지 결과로 나타난다. 만일 어떤 사람이 한 검사에서 천재로 판정을 받는다면 다른 검사들에서도 예외적으로 뛰어난 점수를 받을 확률이 매우 높다. 그 밖에 지능은 성격 척도와 기껏해야 미미한 상관이 있을 뿐이다. 빅 파이브와 중첩되는 부분은 아주 적다(Austin et al., 2011).

따라서 대안적인 정서지능 측정치들은 서로 상관이 있어야 하지만(수렴 타당도) 성격 측정치와의 상관은 아주 낮아야 한다(판별 타당도). 앞에서 보았듯이 여러 질문지-정서지능 측정치들 간에는 상관이 있다(Van Rooy et al., 2005). 하지만 이 메타분석에서 '질문지-정서지능'과 능력 검사로 측정된 정서지능 간의 상관은 0.12밖에 되지 않는 것으로 나타났다. 그 두 종류의 검사는 본질적으로 다른 구인을 측정하고 있다고 말할 수 있다. Zeidner, Shani-Zinovich, Matthews와 Roberts(2005)의 연구는 바로 이 놀라운 수렴의 실패를 보여 주었다. 그들은 이스라엘에 있는 학업영재 고등학생들과 일반 고등학생들에게 유명한 정서지능 질문지인 Schutte Self-Report Inventory(SSRI; Schutte et al., 1998)와

Mayer-Salovey-Caruso Emotional Intelligence Test(MSCEIT) 능력 기반 검사(Mayer, Salovey, Caruso & Sitarenios, 2003)를 실시했다. 영재 학생들이 일반 학생들보다 MSCEIT에서는 더 높은 점수를 받았지 만 SSRI에서는 더 낮은 점수를 받았다. 학업 재능이 높은 정서역량과 관 계가 있는가 아니면 낮은 정서역량과 관계가 있는가 하는 문제에 대한 답 은 정서지능 질문지를 사용했는지 아니면 정서지능의 능력기반 측정을 사용했는지에 전적으로 달려 있다.

우리는 또한 정서지능이 일반 지능과 수렴하는지 그리고 수렴한다면 어느 정도 수렴하는지 알고 싶었다. 그것은 관점에 따라 다를 것인지도 알고 싶었다. 여러 가지 독립적인 지능이 있다는 관점(Gardner, 1983)에 서는 정서능력과 인지능력을 독립적인 것으로 본다. Goleman(1995)이 비유적인 예로 사용하는 높은 IQ에 낮은 EQ를 갖고 있는 넋 나간 교수의 경우에는 부적 상관을 나타낼 것이다. 하지만 능력 연구에서 오랫동안 구 축되어 온 원리(어떤 사람들은 지능의 제1원리라고 한다)는 여러 능력은 정적 상관을 이룬다는 것이다. 이 원리를 따르면, 정서지능은 IQ와 구별 되어야 하지만 어느 정도는 상관이 있어야 한다(Mayer, Caruso & Salovey, 1999). 사실 정서지능의 질문지 측정치는 크게 인지능력과 상 관이 없다는 분명한 증거가 있다(Van Rooy et al., 2005). 이 연구 결과 가 측정치의 타당도 문제를 지적하고 있는가 혹은 문제가 되지 않는가 하 는 판단은, 정서지능을 다른 특수한 능력들과 마찬가지로 일반 지능과 상 관이 있어야 한다고 믿는지 아니면 일반 법칙에 대한 예외라고 믿는지에 달렸다고 한다. 하지만 일반적으로 과학에서 규칙을 거스르는 것은 문제로 간주되기 쉽다.

　성격 연구로 돌아가서, 새로 개발된 정서지능 척도는 기존의 성격 측정치와 높은 상관이 있는 것으로 곧 밝혀졌다(Barchard & Hakstian, 2004). Dawda와 Hart(2000)에 의한 한 영향력 있는 연구는 EQ-i에서의 점수가 낮은 신경과민성, 외향성, 성실성, 친화성의 점수와 상당한 상관이 있는 것을 발견했다. 사실 신경과민성은 정서지능과의 상관이 남성($r = -0.62$)과 여성($r = -0.72$) 모두에게서 높게 나타났다. 정서지능이 정서적으로 안정적인 기질을 주로 반영하는 것으로 보인다. 이와 마찬가지로 Newsome 등(2000)은 EQ-i와 특성 불안 간에 큰 부적 상관($r = -0.77$)이 있는 것을 발견하였으며 이 결과는 이 두 가지 측정치가 같은 차원의 거의 정 반대편 끝에 존재한다는 것을 보여 준다. 사실 EQ-i의 대부분의 점수 분포는 5요인 모델(Matthews et al., 2002)로부터 예측이 가능하기 때문에 실제로는 5요인 모델로 평가되는 더 매력적인 개인의 성질을 함께 섞어 놓은 것에 지나지 않는다. 이것은 EQ-i와 다른 정서지능 질문지로 평가한 특수한 성질들이 5요인 모델과 개념적으로 많이 중첩되는 것을 보여 준다는 점으로 미루어 볼 때 예측 가능한 결과다(de Raad, 2005; 표 2.2 참조).

　EQ-i는 성격과 다르다는 점을 보여 주는 데 크게 실패했다. 다른 선두적인 질문지 척도 중에는 조금 더 성공적인 것도 있었다. 예를 들어 Saklofske, Austin과 Minski(2003)가 연구한 Schutte 등(1998)의 질문지에 대한 연구에서 빅 파이브와 가장 상관이 높은 것은 외향성으로 0.51이었으며 나머지 성격 차원들과는 낮은 상관을 보이는 데 그쳤다.

낮은 판별타당도를 의미하는 꽤 많은 중첩이 여전히 남아 있지만, 질문지는 빅 파이브를 넘어서는 어떤 개인의 성질을 측정한다고 볼 수 있다(Saklofske et al., 2003).

초기 질문지의 실패

지금까지 우리는 정서지능 질문지를 개발하기 위해 많은 연구자들이 참여하고 방대한 자료를 수집하는 등 많은 노력이 있었다는 것을 살펴보았다. 초기의 이런 노력들의 중요한 결실은 관련된 척도들이 주관적 안녕감을 꽤 잘 예측한다는 점과 다소 낮은 수준이지만 직무수행 평가와 같은 실제적인 준거를 예측한다는 것을 실증적인 결과로 보여 주었다는 점이다(Slaski & Cartwright, 2002). 하지만 그 연구들은 또한 척도의 두 가지 중대한 한계점도 제시했다. 첫째, 통제된 실험 연구에서 객관적인 수행 측정과 신뢰할 수 있는 상관을 보여 주는 데 실패했다. 이 증거의 부족은 다시 정서지능이 행동에 영향을 미칠 수 있는 인지적 과정과 정서적 과정을 이론적으로 설명하는 것을 어렵게 만들었다. 사실 공통된 비판은 질문지가 기반으로 하는 '이론'이 바람직한 성격 특성들의 목록에 지나지 않는다는 점이다(Matthews et al., 2002).

둘째, 주요 질문지들이 실제로 기존의 성격 차원, 특히 빅 파이브와 상관이 있었다. 그것들의 예측 타당도는 이런 중첩의 결과일 수 있다. EQ-i와 같은 척도가 주요 성격 차원인 신경과민성 및 특성 불안과 약 0.70의 상관을 나타내기 때문에 이런 특성들과 관련이 있는 다방면에 걸친 준거들과 상관이 있는 것은 당연하다. 신경과민성이 낮은 정신건강, 대인

관계 갈등, 낮은 직무 만족과 상관이 있다는 것은 이미 입증되었다 (Matthews et al., 2009). 질문지-정서지능과 신경과민성 간의 중첩은 정서지능이 비슷한 준거들과의 상관을 보장하는 것과 마찬가지다.

질문지에 의해 정서지능이 다시 살아나기 : '특성 정서지능'

척도의 1차 물결의 연구 결과는 정서지능 질문지가 실제로 무엇을 측정하는지에 대하여 다시 평가할 필요가 있다는 점을 제안했다. 다음과 같은 점에 비추어 볼 때 정서지능 질문지가 정서적 능력이나 역량을 평가한다는 주장에 제한점이 있다.

- 우선, 자기보고식 방법은 능력을 측정하기에 적절하지 않다.
- Mayer 등(2003)의 정서지능 능력 검사를 포함해서 질문지-정서지능은 다른 능력들보다 성격과 더 강한 상관성이 있다.
- 질문지-정서지능은 성격과 중첩되는 부분을 제외하면 실험실이나 실제 상황에서 나타나는 뛰어난 정서적 역량과 강한 상관이 있다는 증거가 거의 없다.

Petrides와 Furnham(2003)은 '질문지에 의해 측정되는 정서지능'을 능력이 아니라 성격의 일부로 보는 급진적인 관점을 선택했다. 그들은 경험과 행동의 개인차를 의미하는 '특성 정서지능'이라는 용어를 만들었다. 그들은 EQ-i를 구성하는 것과 같이 특성 정서지능을 구성하는 다양한 차원이 성격의 더 광범위한 개념으로 통합될 수 있다고 제안했다. 즉 특성 정서지능은 빅 파이브(Petrides et al., 2007)의 몇 가지 높은 수준을 구성할 수 있는 더 낮은 수준의 성격 구인이다. 표준 성격 특성과 마찬가지로, 외향적인 사람이 내향적인 사람보다 때때로 우수한 사회적 기술을 나타내는 것과 같이, 특성 정서지능은 어떤 상황에서의 객관적인 정서적 역량과 관련이 있을 수 있다(Uziel, 2007). 하지만 표준 지능이 인지적 역량을 발휘하는 정서적 상황에서 특성 정서지능이 체계적으로 수행에 영향을 미칠 것으로 기대되지는 않는다.

정서지능에 대한 이 새로운 관점은 무엇을 말해 주는가? 직접적으로는 성격 특성(혹은 특성들)을 '지능'이라고 이름을 붙이는 이상한 입장에 처하게 되었으며, 그것은 용어학상으로 적절하지 않은 것 같다(O' Sullivan, 2007). 사실 지능도 한 가지 특성이기 때문에 정의를 내리는 문제가 더 복잡하게 되었다. 따라서 새로 탄생한 '특성 정서지능'이라는 용어를 풀어서 쓰면 '특성 정서특성trait emotional trait'이 된다. 이런 정의에 대한 수수께끼 식의 문제를 극복했다고 가정하면, 특성 정서지능 접근은 방금 나열했던 질문지-정서지능의 문제점들에서 해방시켜 준다.

- 성격 연구에서는 질문지를 사용한 측정이 인정을 받는다. 따라서 이 방식으로 특성 정서지능을 평가할 수 있고 따라서 5요인 모델의 특성들을 평가하는 것이 가능하다(물론 새로운 특성 측정치들은 관련된 결과와 준거에 대한 타당도 검증을 반드시 해야 한다).
- 만일 특성 정서지능이 진짜 능력이 아니라 성격 영역의 일부라면, 성격 특성과 높은 상관이 있고 능력과는 낮은 상관이 있는 것으로 나타난 결과에 대한 이해가 가능하다.

- 표준 성격 특성도 행동 준거와 관련한 복잡한 패턴을 보인다 (Matthews, 2009). 특성 측정을 타당화하기 위해서는 연구 방법과 성격이 연구되는 상황에 대한 세심한 주의가 필요하다. 따라서 정서 지능에 대한 질문지가 관련된 준거를 종종 잘 예측하지 못하는 것은 놀라운 일이 아니라는 것을 알 수 있다. 앞으로의 연구가 특성 정서 지능이 정서적 기능을 예측하는지 혹은 예측하지 못하는지 결정하는 상황적 요인들을 밝혀 줄 것으로 기대할 수 있다.

이제 우리는 특성 정서지능에 대한 연구를 계속해 나갈 수 있는 기본적인 몇 가지 이유를 가질 수 있게 되었다. 이 접근이 정서적 역량의 개인차를 이해하는 데 기여할 수 있는지에 대한 문제는 여전히 앞으로의 연구를 통해 입증되어야 한다. 중요한 것은 특성 정서지능이 표준 성격 특성보다 실험실에서나 적용된 실제 상황에서 정서적 기능을 더 잘 예측하느냐 하는 점이다.

특성 정서지능 척도 개발

'더 강화된' 특성 정서지능의 척도에 대한 검증은 표준 성격 특성과 중첩되는 것을 검사하는 데서 시작한다. 중첩되는 부분이 더 많을수록 성격 및 정서와 관련하여 우리가 갖고 있는 특성 정서지능에 대한 관점을 변화시키기가 더 어렵다. 우리는 이미 질문지 평가에서 성격과 많이 중첩되는 제한점을 확인했다. 더 최근에 개발된 척도는 과거의 단점을 개선해서 특성 정서지능과 기존의 성격 차원들 간의 상관의 정도를 조금이라도 낮출

표 2.3 고수준의 TEIQue 요인과 저수준의 특성 정서지능 척도

안녕감	자기통제	정서성	사회성
자존감 특성 행복감 특성 낙관성	정서조절 스트레스 관리 충동성(낮음)	정서지각(자기와 타인들) 정서표현 관계 기술 공감	사회적 역량 정서관리(타인들) 주장성

수 있기를 기대해 본다.

Petrides와 Furnham(2003)은 특성 정서지능을 분명하게 성격의 일부로 보는 관점에서 질문지를 개발했다. 그들은 그것을 TEIQue(Trait EI Questionnaire, '테이퀘이'로 발음)라고 했다. 최근의 TEIQue는 서로 상관이 있는 15개의 척도로 구성되어 있다. 15개 척도 중에서 13개는 〈표 2.3〉에서 보여 주듯이 정서성, 자기통제, 사회성, 그리고 안녕감의 4개의 고수준 요인으로 구분할 수 있다. 또한 이 척도들의 각 점수를 합해서 전체 특성 정서지능 점수로 계산할 수 있다. TEIQue의 요인 구성은 꽤 튼튼하다. 사실 TEIQue는 영어뿐만 아니라 독일어(Freudenthaler, Neubauer, Gabler, Scherl & Rindermann, 2008), 프랑스어(Mikolajczak, Luminet, Leroy & Roy, 2007), 네덜란드어(Petrides et al., 2010)를 포함한 여러 언어로 번역되어 사용되고 있다.

TEIQue가 5요인 모델과 어떻게 다른가 하는 질문이 당연히 있을 수 있다. 〈표 2.4〉는 632명의 미국과 캐나다인을 대상으로 조사한 빅 파이브와 TEIQue 고수준 요인들 간의 상관을 보여 준다(Vernon, Villani, Schermer & Petrides, 2008). 그들은 Costa와 McCrae(1992)의 NEO-

표 2.4 TEIQue의 4개 고수준 요인과 5요인 모델 성격 특성들 간의 상관

	안녕감	자기통제	정서성	사회성	총 정서지능
신경과민성	-.60**	-.74**	-.18**	-.30**	-.61**
외향성	.49**	.09*	.31**	.57**	.51**
개방성	.25**	.01	.29**	.31**	.32**
친화성	.28**	.35**	.27**	-.14**	.32**
성실성	.34**	.48**	.22**	.25**	.47**

주 : *p < .01, **p < .05

PI-R 질문지, 빅 파이브에 대한 '황금 표준'을 완성했다. 4개의 특성 정서지능 요인 중 3개는 빅 파이브 차원들과 꽤 높은 상관이 있었다. 신경과민성은 총 특성 정서지능뿐만 아니라 자존감 및 자기통제와 높은 부적 상관이 있었다. 그 밖에 외향성은 안녕감, 사회성과 높은 상관이 있고, 성실성은 자기통제와 상관이 높았다. 5요인 모델의 이 2개의 특성은 또한 특성 정서지능과 높은 상관이 있었다. 다른 연구들에서도 비슷한 결과를 나타냈다.

〈표 2.4〉에서 우리가 얻을 수 있는 한 가지 메시지는 질문지-정서지능과 빅 파이브 간의 중첩이 여전히 문제로 남는다는 것이다. 그와 같은 상관 데이터를 더 분석하기 위해서는 다중 회기와 같은 기법을 사용하여 총 특성 정서지능에서 빅 파이브로 예측할 수 있는 변량이 얼마나 되는지 예측할 수 있다. TEIQue 연구들을 검토하고서, Petrides 등(2007)은 빅 파이브가 척도의 50~80%나 되는 큰 변량을 설명한다는 결론을 내렸다!

하지만 〈표 2.4〉는 중첩의 문제는 우리가 그 특수 요인들 중 무엇을 보느냐에 달려 있다고 말해 준다. 안녕감과 자기통제는 빅 파이브와 상관이

높은 반면에, 정서성은 상관이 낮다(가장 큰 상관이 0.31). 표면적으로 보면 정서성의 이런 결과는 놀랍게 생각된다. 앞에서 논의했듯이, 기질적인 정서성은 신경과민성(부정적 정서)과 외향성(긍정적 정서)의 핵심이다. 이 수수께끼에 대한 답은 Petrides 등이 의미하는 '정서성'은 일반적으로 사용하는 의미와 다르다는 것이다(독자들이 주목할 점 : 성격 척도에 대한 이름이 오해를 불러일으킬 수 있다). 〈표 2.3〉으로 돌아가 보면 TEIQue 의 정서성은 정서적 경험의 강도를 의미하지 않는다. 대신에 정서의 지각, 이해, 사회적 관계 속에서 정서의 공감을 의미한다. 이런 개인적 성질은 5요인 모델에서와는 다른 정서적 기능을 말한다. 이런 사회적 '정서성' 요인의 점수가 높은 사람들이 진짜로 정서를 지각하고, 이해하고, 공감하는 능력이 우수한지에 대해서는 앞으로의 연구에서 밝혀져야 한다.

정서지능 질문지의 첫 번째 물결과 마찬가지로, 전체적인 특성 정서지능의 하위 차원들을 기술하는 좋은 방법이 분명하지 않다. TEIQue에 대한 Petrides 등의 요인 모델은 그 특별한 도구에 대해서는 적절한 것으로 보인다. 하지만 특성 정서지능에 대한 다른 요인 모델들도 개발되었다. Tett, Fox와 Wang(2005)도 철저하고 체계적으로 설문지를 개발하여 특성 정서지능의 여러 가지 측면에 대한 10개의 상관이 있는 척도들을 만들었다. 항상 그렇듯이, 1개의 일반 특성 정서지능 요인이 있다. 그리고 그들은 3개의 고수준 요인을 제안했다. 자기지향 요인과 타인지향 요인은 각각 자기와 타인에 대한 정서의 인식과 조절을 포함한다. 세 번째 요인인 정서적 공유는 공감, 비언어적 표현, 기분 조정한 주의집중에 대한 척도들로 정의된다. 이 요인들은 TEIQue 고수준 요인들(정서성, 자기통제,

사회성, 안녕감)과 간단한 방식으로 일치시키기가 어렵다. 이런 일치성의 부족이 문제가 된다.

속임수와 사회적 바람직성

특성 정서지능과 관련한 또 하나의 문제는, 더 일반적으로 말하자면 정서지능에 대한 자기보고식의 문제이기도 한, 속임수의 문제다(Ziegler et al., 2011). 당신이 꿈의 직장으로 생각하는 회사의 채용시험에서 "당신은 한 동료가 당신에게 욕설을 할 때 당신의 정서를 잘 통제할 수 있습니까?"와 같은 질문을 받는다고 가정해 보자. 당신이 친구들에게 욕설을 한 긴 역사를 갖고 있다고 할지라도, 당신이 그 직장에 입사하기를 원하거나 다른 사람의 눈에 나쁜 사람으로 보이고 싶지 않다면 이 질문에 완전히 정직하게 답할 수 있을까? 짧게 말해서 정서지능의 자기보고식 측정은 속임수와 사회적으로 바람직한 반응에 특히 취약한 것으로 보인다. 많은 연구가 속임수와 사회적 바람직성 때문에 정서지능의 자기보고식 측정의 타당도가 심각하게 훼손된다는 것을 보여 주었다(Day & Carroll, 2008; Grubb & McDaniel, 2007; Kluemper, 2008). 특히 한 연구에서 Grubb와 McDaniel(2007)은 응답자들에게 속임수를 쓰라고 지시했을 때 EQ-i 점수가 표준편차 점수로 거의 1점이 향상되는 놀라운 결과를 보여 주었다. 이런 종류의 연구 결과는 특성 정서지능이 연구자들에게는 흥미롭겠지만, 그 검사 결과를 중요한 결정을 내리기 위한 기준으로 사용하는 사람에게는 더 문제가 된다. 이런 문제는 능력 중심 정서지능 측정에서는 발생하지 않는 것으로 보인다(Day & Carroll, 2008).

특성 정서지능 척도의 타당화

만일 특성 정서지능의 척도가 표준화 성격 특성보다 무언가를 더 설명해 줄 수 있다면 그것은 5요인 모델보다 정서적 역량에 대한 준거를 더 잘 예측해야 한다. 그 증거는 일치하지 않는다. 일반적으로 특서 정서지능 질문지는 안녕감 질문지의 측정치를 잘 예측한다. 최근의 한 메타분석 (Martins, Ramalho & Morin, 2010)은 67개의 연구를 대상으로 특성 정 서지능과 정신적 안녕감 간의 상관 평균이 0.36이라고 했다. SSRI, TEIQue, TMMS 모두 안녕감을 잘 예측하는 것으로 나타났다. 물론 이 질문지들이 신경증이나 외향성과 같은 부정적인 정서와 긍정적인 정서와 관련이 있는 기질 요인들과 중첩되기 때문에 안녕감과 높은 상관이 있는 것을 예측할 수 있다. 하지만 몇몇 연구에 의하면 특성 정서지능이 5요인 모델보다 안녕감을 더 잘 예측하거나(Petrides, Furnham & Mavroveli, 2007), 최소한 어느 정도는 예측한다(반대되는 관점은 Day, 2004를 참 조하라).

분명히 기분과 정서에 대한 성격 예측의 연구에서 특성 정시지능 척도를 사용하는 것을 정당화하는 충분한 증거가 있다. 하지만 몇 가지 주의해야 할 점이 있다. 첫째, TEIQue 측정은 전체 정서지능에 영향을 미치는 주요한 요인 중 하나로 안녕감(행복과 낙관주의에 대한 척도에 의해 정의된)을 포함한다. 만일 TEIQue가 부분적으로 그것 자체가 안녕감 측정치라면, 그것이 안녕감 준거를 예측하는 것은 놀랍지 않다! 다시, '준거 오염'의 문제가 있다. 다른 TEIQue 요인들에 대한 검사는 더 미묘한 차이를 제공할 수 있다. 불행하게도 관련된 몇몇 연구(Petrides, Pérez-

González & Furnham, 2007)는 간단하게 전체 정서지능 점수를 사용하기 때문에 그 하위 요인들의 역할이 불분명하다.

두 번째 문제는 특성 정서지능 척도를 5요인 모델과 비교할 때 반드시 비슷한 것끼리 비교하지 않고 있다. 빅 파이브는 어느 정도 다른 다양한 특성들을 함께 묶는 넓은 차원들이며, 그것은 정서와 차별적으로 연결될 수 있다. 예를 들어 Morrone-Strupinsky와 Lane(2007)은 외향성 안의 주장성 성분은 사회적 따뜻함 성분보다 긍정적인 정서반응에 더 관련되어 있다는 것을 발견했다. 즉 특성 정서지능 척도가 정서성과 관련된 특성을 더 사세하게 설명할 수 있으며 그런 상황에서는 더 광범위한 빅 파이브보다 더 잘 설명하는 것이 당연하다.

안녕감에 대한 많은 연구들은 다른 질문지들의 상관 연구에만 관심을 갖는다. 더 강력한 타당화 기법은 객관적인 측정의 사용을 요구한다. 여기에서도 데이터는 일치하지 않는다. 더 설득력 있는 증거가 벨기에 루뱅대학교의 Moira Mikolajczak에 의해 보고되었다. 한 연구에서 대중 연설을 하도록 하는 것을 실험적인 스트레스원으로 사용했다(Mikolajczak, Roy, Luminet, Fille & de Timary, 2007). 이런 종류의 스트레스원은 코르티솔이라고 하는 호르몬 분비를 촉진하는 경향이 있다. 이 연구에서 특성 정서지능이 높은 사람은 더 적은 코르티솔 반응(적은 스트레스를 의미)을 나타내는 결과로 나타났다. 게다가 그 효과는 빅 파이브로 통제하고서도 나타나, 특성 정서지능이 생리적인 스트레스 반응의 한 성분을 유일하게 예측한다는 것을 보여 준다. 또 다른 연구(Mikolajczak, Roy, Verstrynge & Luminet, 2009)는 넓은 TEIQue 4요인 중 하나인 자기통제가 주의 및 기억 수행과 관련된 것을 보여 주었다. 성격 연구에서 그렇듯이, 그 관련성은 스트레스와 정서적 내용에 따라서 복잡하게 나타난다.

반대로, Fellner 등(2007)은 지각 및 주의가 정서적 자극과 TMMS, Schutte 등(1998)의 척도, TEIQue의 '정서성' 척도와 유의미한 상관을 발견하지 못했다. 그 이후의 연구는 정서지능의 질문지 측정과 정서적 단서를 사용하여 테러리스트와 테러리스트가 아닌 사람을 구분하는 능력 간에 어떠한 관계가 있는 것도 확인하지 못했다. 특성 정서지능은 정서적인 자료를 처리하는 능력에 일반적으로 영향을 미치지 않는 것으로 보인다. 그래도 특성 정서지능(혹은 더 정확하게 말해서 정서지능의 특수한 측면들)이 특수한 인지적 처리 과정에 어떤 간접적인 영향을 미칠 수 있을 것이다.

정서지능 질문지를 사용한 연구에서 우리는 무엇을 배웠는가?

지금까지 살펴본 꽤 방대한 질문지 기반 연구에서 얻은 결론은 무엇인가? 정서지능 척도들은 성격 특성들을 재포장한 것에 지나지 않는가? 아니면 정서지능 질문지를 사용하면 기존의 성격 측정에서는 확인할 수 없었던 정서적 기능에 대한 무언가를 알아낼 수 있는가? 연구는 아직 진행 중이기 때문에 우리가 제안했던 문제에 대한 정확한 답을 얻지는 못했다. 하지만 잠정적인 결론을 다음과 같이 요약할 수 있다.

1. 성격이 정서에 영향을 미친다(하지만 이미 알고 있던 사실이다). 정서지능에 대한 질문지 척도를 사용한 많은 연구는 성격과 정서에 대한 기

존의 지식을 반복했다. 특성들이 상황적 요인들과 함께 정서에 영향을 미친다는 것은 이미 잘 알려져 있다. 외향성 및 정서적 안정성(낮은 신경과민성)과 같은 성격 특성들과 중첩되는 정서지능 척도가 정서상태, 안녕감, 스트레스하에서의 탄력성과 관련이 있는 것은 놀라운 일이 아니다.

2. EQ에 대해 의심하자. 일반적으로 질문지는 Bar-On(2000)이 기술했던 전체적인 정서지능 점수를 EQ로 계산하는 것을 가능하게 한다. 일반적으로 'EQ'는 외향성과 낮은 신경과민성, 그리고 친화성과 성실성을 덤으로 혼합한 혼합물이다. 문제는 기존의 획립된 특성들을 이런 방식으로 섞은 긍정적 그리고 부정적 정서성이 독립된 차원이라는 정서연구의 핵심적인 통찰의 일부를 버리게 된다는 것이다. 행복한 상태는 부정적인 정서가 없는 것과 다르다. EQ는 심리학적으로 의미가 거의 없고 단지 다른 형태의 안녕감에 영향을 미치는 특성의 조잡한 전반적인 지표에 지나지 않는다.

3. 특성 정서지능은 성격과 정서에 대한 더 세심한 이해에 도움이 될 수 있다. 위계적 성격 모델(de Raad, 2009)에서 5요인 모델과 같은 포괄적인 요인들은 여러 가지 측면의 저수준 특성으로 정의된다. 특성 정서지능 연구의 한 가지 공헌은 정서적 기능에 있어서의 개인차의 이해에 도움이 될 수 있는 특수한 요인들을 확인하는 것이다. 특히 TEIQue '정서성(예 : 정서지각)' 과 Tett 등(2005)에 의해 발견된 몇 가지 저순위 측면은 5요인 모델과 미미한 상관이 있을 뿐이다. 이 특성 정서지능 차원들의 잠재력을 현실화하는 데는 심리측정학적 어려

움이 있다. 첫째, 정확한 요인 구조가 불분명하다. 예를 들어 Petrides, Furnham과 Mavroveli(2007)의 모델과 Tett 등(2005)의 모델은 다르다. 둘째, 저수준 정서지능 차원들이 5요인 모델에 어떻게 섬세하게 배열되는지 분명하지 않다. 어떤 차원들은 바로 특수한 요인들에 배치될 수 있지만(예 : 공감은 친화성의 한 요인이다) 다른 차원들은 분명하지 않다.

4. 질문지-정서지능은 행동보다 경험을 더 잘 예측한다. 정서지능 척도는 안녕감의 다양한 주관적인 지표를 꽤 효과적으로 예측하며 어떤 경우에는 5요인 모델보다 더 낫다. 그것들은 실생활에서의 직무 수행 (Van Rooy & Viswesvaran, 2004)이나 과제 수행을 잘 예측하지 못하는 경향이 있다. 특성 정서지능은 정서적 자극이나 상황을 처리하는 데 있어서 어떠한 영향도 주지 않는다. 하지만 성격 측정과 마찬가지로 엄격한 실험 설계에서는 특성 정서지능이 신뢰할 수 있는 객관적인 상관을 발견할 수 있다(Mikolajczak, Roy et al., 2007).

5. 질문지-정서지능 측정은 중요한 의사결정을 위해서는 사용하지 않아야 한다. 정서지능의 질문지 측정이 속임수 및 다른 반응 편향에 취약하다는 꽤 강력한 증거가 있다. 예를 들어 응답자에게 똑같이 매력적인 두 가지 답 중에서 선택을 강요하는 것과 같이 속임수를 제한하기 위한 방법들이 있다(Ziegler et al., 2011). 이런 기법이 질문지에 적용되고 그 효과에 대한 연구 결과가 나오기 전까지는 정서지능의 질문지 측정은 덜 결정적인(예 : 자기계발을 위한) 상황이나 연구에만 사용해야 한다고 생각된다.

요약 및 결론

우리가 '정서지능'이라고 부르는 것의 많은 부분은 기존의 5요인 모델의 차원들로 설명할 수 있다. 외향성은 긍정적 정서 및 사회적 역량과 관계가 있고, 정서적 안정성은 침착성(낮은 부정적 정서) 및 탄력성과, 친화성은 공감 및 대인관계 민감성과, 성실성은 자기동기 및 충동 통제, 개방성은 정서의 예술적 표현과 관련이 있다. 하지만 이 특성들은 각각 강점과 약점이 복잡하게 연관되어 있기 때문에, 이 특성들을 어떤 일반 정서지능과 연관 지어 이해하는 것은 잘못된 일이다.

특성 정서지능의 실문지를 개발하는 노력에는 두 가지 큰 장애물이 있다. 첫 번째는 자기보고가 능력의 타당한 측정을 제공한다는 것을 많은 반대 증거를 물리치고 보여 주어야 한다는 것이다. 이 장애물은 넘기 어려운 것으로 보인다. 몇몇 최근의 질문지 개발자들은 질문지-정서지능을 '특성 정서지능'으로 재정의하고 그 구인을 능력이 아니라 확고하게 성격으로 간주한다. 성격 특성을 '지능'으로 부르는 것은 용어학상으로 혼란스럽기는 하다. 두 번째 장애물은 특성 정서지능이 5요인 모델과 같은 기존의 성격 척도들과 중첩되는 부분이 많다는 것이다. 이를 극복하기 위해서는 특성 정서지능이 기존의 성격 척도와 다른 새로운 유용성이 있다는 것을 보여 주어야 한다.

특성 정서지능 척도의 유용성에 대한 평가는 복잡하다. 부정적인 면으로는 전체 정서지능 혹은 특성 EQ의 중요성이 의심스럽다, 특성 정서지능의 차원적인 구조가 불분명하다, 많은 특수한 차원이 대부분 기존의 성격 차원들의 반복으로 보인다, 객관적이고 실생활에 대한 준거 타당도가 별로 인상적이지 않다는 점 등이 있다. 긍정적인 면으로는 연구자들이 5요인 모델과 단지 미미한 상관밖에 없는 몇 가지 차원을 확인했다는 것과 성격의 정서적 역량에 대한 역할을 좀 더 새롭게 이해할 수 있게 했다는 점이 있다. 어떤 연구자들은 성격의 이 새로운 측면들이 기존의 구인들보다 더 잘 예측할 수 있다는 것을 보여 주기 시작했다.

앞으로의 연구에서는 다음 두 가지 문제가 밝혀져야 할 것으로 보인다. 첫째, 특성 정서지능의 차원적인 구조, 그리고 그 구조와 5요인 모델의 관계가 밝혀져야 한다. 기존의 5요인 모델 척도로 설명할 수 있는 몇 가지 차원이 있는 것으로 보이지만 정확하게 그것들이 무엇인지 모른다. 또한 설문지 개발자들이 특성 정서지능 측정에서 어떤 것이 새로운 것이고 어떤 것이 재활용한 것인지 더 직접적으로 말해 준다면 도움이 될 것이다.

둘째, 제1장에서도 언급했듯이 이 분야가 발전하기 위해서는 탄탄한 이론이 뒷받침되어야 한다. 특성 모델은 아직 일관성 있는 이론적 틀이라기보다는 연구자가 주관적으로 특성에 대해 갖고 있는 인상에 따라 조성되는 것으로 보인다. 기존의 성격 연구는 정서에 대한 뇌 회로, 인지적 평가와 처리 과정, 감정조절과 환경적 상호작용 등을 포함한 질적으로 다른 정서처리 과정에 따라 개인차를 설명한다. 특성 정서지능 연구자들은 특성 정서지능을 이러한 특수한 메커니즘에 연결하려는 노력을 거의 하지 않았다. 긍정적인 면으로는, 우리가 살펴본 어떤 연구들은 만일 연구자들이 애매한 EQ보다 특수한 역량에 집중한다면 이론에 기반을 둔 연구들이 나올 것이라는 밝은 전망을 제시하고 있다.

3

새로운 형태의
인지능력으로서의
정서지능

모든 젊은이들과 마찬가지로 나도 천재가 되어 보려고 길을
나섰으나 웃음이 먼저 나타나 길을 막아버렸다.

– Lawrence Durrell, 1960

제1장과 제2장에서 보았듯이 정서지능을 개념화하는 여러 가지 심리학
적 관점이 있다. 제2장에서는 정서지능이 더 넓은 성격 영역의 일부라는
아이디어에 대해 살펴보았다. 이 장에서는 정서지능이 새로운 형태의 지
능(혹은 인지능력)이라고 하는 Jack Mayer와 Peter Salovey의 아이디
어를 중심으로 살펴본다(Mayer, Caruso & Salovey, 1999). 우리는 정
서지능이 정서를 통해 행동하고 세상을 경험하는 방식이 아니라 진짜 능
력이라는 문제를 다루기로 한다. 인지능력에 대한 연구는 이미 언어 이
해, 양적 추리, 유동적 능력 등과 같은 한 사람의 인지적 능력을 묘사하
는 서로 다른 차원들을 확인했다. 또한 다양한 인지적 기술을 확인하고
분류하고 측정할 수 있는 타당한 인지구조 모델들이 있다(Carroll, 1993;
Kaufman, 2009; McGrew, 2005; Roberts & Lipnevich, 출판 중).

　정서지능(혹은 '능력 정서지능')을 이런 잘 정의된 인지능력들 중 일부
로 받아들이기 위해서는 제2장에서 주장했듯이 몇 가지 절차를 거쳐야
한다. 첫째, 정서적 기능과 관련이 있으면서 사회적인 그리고 개인 내적
인 성공과도 관련이 있는 지능의 많은 성분들을 설명해 줄 수 있는 정서
지능에 대한 조작적 정의가 필요하다. 둘째, '능력 정서지능'이라는 영역
이 확보된 후에는 그것의 주요 특성을 구성하는 특수한 차원이 몇 개인지

결정해야 한다. 셋째, 이 인지능력들을 측정하기 위해 신뢰할 수 있는 검사를 개발해야 한다. 이 목적을 달성하기 위해서는 객관적인 수행 기반 평가 도구를 만드는 것이 중요하다. (대학에 입학하기 위해 자신의 인지능력에 대하여 자신이 간단하게 자기보고만 하면 된다면 얼마나 좋겠는지 생각해 보자!) 넷째, 이 평가들은 정서지능을 나타내는 행동과 결과를 잘 예측한다는 검증을 받아야 한다. 성격에서와 마찬가지로, 이것은 심리학 이론이나 인지적 기술에 관련한 학문을 기반으로 검증되어야 한다. 능력 정서지능 측정은 또한 기존의 지적 능력에 대한 표준화 평가로는 알아낼 수 없는 인지적 능력에 대한 새로운 무언가를 말해 주어야 한다. 정서지능과 성격의 자기평가를 논의했을 때와 마찬가지로, 기름이 잘 쳐져서 충분히 잘 돌아가고 있는 바퀴를 다시 발견하는 것은 의미가 없다.

이 장에서는 능력 정서지능에 대한 타당한 수행 기반 평가를 개발하기 위한 연구를 탐색한다. 우선 배경지식으로서 인지능력 모델에 대한 간략한 설명으로 시작한다. 그다음에는 '능력 정서지능' 구인과 이 개념의 객관적인 지표를 개발하기 위한 다양한 시도를 살펴본다. 우리는 또한 수행 기반 정서지능 검사의 타당도와 관련한 증거들을 간단하게 살펴본다. 마지막으로 능력 정서지능 관점이 더 강력한 과학적인 모델이 되기 위해 해결해야 할 문제점들을 제시하는 것으로 마무리한다.

인간의 인지능력

먼저 인지능력의 측정에 대한 연구 결과들을 살펴보고 정서지능이 최근의 모델과 어떻게 관련될 수 있는지 살펴보기로 한다. 능력을 흔히 'IQ' 라고 부르는 하나의 일반 요인으로 설명하는 것이 유용할 때가 종종 있다. 하지만 최근 연구자들은 더 구체적으로 정의된 여러 가지 능력으로 구분한다. 심리측정에 대한 연구(심리측정학)는 능력의 다양한 차원이 무엇이고 그것들이 어떻게 연관되어 있는지 정확하게 기술하는 것을 목적으로 한다. 이런 종류의 한 모델을 **구조 모델**structural model이라고 부른다.

최근의 구조 모델은 능력을 '낱알'들이 여러 수준의 층으로 배열된 모습으로 묘사한다. 상황에 따라서 세분화되어 있는 여러 가지 능력의 묶음(예 : 외국어 학습 능력)으로 사용할 수도 있고 결정성 지능과 같이 조금 더 폭넓은 능력의 개념으로 사용할 수도 있다. 다층 모델을 사용하면 정서지각과 같이 정서지능을 구성하는 더 좁게 정의되는 특수 능력들뿐만 아니라 일반 정서지능(다소 더 광범위한 능력)으로 나누어 생각해 볼 수도 있다.

구조적 인지능력 모델

흔히 그렇듯이 전문가들이 의미하는 '지능'은 실생활에서 의미하는 것과 상당히 다르다. 온라인상의 여러 가지 사전을 살펴보면 지능을 '지식을 획득하고 적용하는 능력', '새로운 것을 처리하는 능력', '이해력, 지성, 마음' 등으로 정의하고 있다. 이와 대조적으로, 유명한 심리학자들은 지능에 대한 더 구체적인 정의를 내리려고 노력했다. Boring(1923)은 지능을 '지능 검사가 검사하는 것'이라고 정의했다. Spearman(1923, 1927)은 '관계 및 연관성의 추출eduction'(eduction은 인쇄상 오류가 아니라 잠재해 있거나 숨어 있는 무엇을 밖으로 끌어내는 것을 의미한다). 웩슬러 성인용 지능 검사나 웩슬러 아동용 지능 검사와 같은 인기 있는 지능 검사들을 개발한 Wechsler(1974)는 지능을 '목적적으로 행동하고 자신의 환경을 효과적으로 처리하기 위한 개인의 총체적인 능력'이라고 정의했다. 이런 정의들은 모두 제한점을 갖고 있다. 예를 들어 Spearman(1927)의 지능에 대한 정의는 행동의 기저에 있거나 행동을 설명하는 어떤 힘의 존재를 전제로 하고 있어서 비과학적이다(Ryle, 1949). 우리 뇌 속에 있는 아주 작은 사람이 우리의 행동을 통제한다는 것은 흥미로운 발상이기는 하지만 이미 과거에 묻힌 아이디어다. 조작적 정의도 또한 부적절하다. 무엇이 지능 검사인가라는 질문에 대한 답을 제시해야 하는 문제점을 갖고 있다.

지능의 정의에 대한 논쟁은 만일 지능이 하나가 아니라 비교적 독립적인 여러 가지 유형의 지능이 존재한다는 것을 받아들인다면 해결될 수 있다(Roberts & Lipnevich, 출판 중). 이 주장은 일반 사람들을 대상으로 한 여러 연구의 지지를 받고 있다. 여러 문화권에서 사람들은 시능이 약 3~6개 능력으로 구성된다고 믿는 것으로 나타났다(예 : 언어 능력, 문제 해결 능력, 대인관계 지능, 개인 내 지능, 지적 자기높임, 지적 자기낮춤)(Sternberg, Conway, Ketron & Bernstein, 1981; Yang & Sternberg, 1997). 이 주장은 또한 Carroll(1993)이 약 500개의 연구를 재분석한 주요 결과와 일치한다. Carroll은 각 데이터를 재분석해서 3수준(혹은 3층) 모델을 제시했다. 첫 번째 수준에는 어휘 이해와 수 기능과 같은 협의의 다양한 기본 정신 능력들이 있다. 두 번째 수준은 유동성과 결정성 지능 그리고 기억과 지각 과정에 관련된 광의의 인지능력들이 있다(Cattell, 1963, 1987; Horn & Hofer, 1992; Horn & Noll, 1994; Roberts & Stankov, 1999). 마지막으로, 가장 높은 수준은 하나의 일반 지능 요인이다. 〈그림 3.1〉은 이런 수준들을 보여 준다(전문가들은 이를 위계 모델이라고 부른다).

이 모델은 〈표 3.1〉에 제시되어 있는 자료들과 함께 〈그림 3.1〉을 참조하면 가장 잘 이해할 수 있다. 이 표는 그 이론의 주요 성분들의 개념을 정의하고 각 인지 요인을 이해하는 데 도움이 되는 샘플 검사들도 보여 준다. 지면을 절약하기 위해 〈표 3.1〉의 I층에 있는 개념들에 대한 정의는 제시하지 않았다. 기본 정신 능력에는 여러 가지가 있으며(Carroll은 약 66개가 있다고 했다), 연구자들은 앞으로도 더 많은 요인을 찾아낼 것이다(예 : 특히 미각 및 촉각과 관련된 능력들). 하지만 일반적으로 이 위계에서 아래에 있는 요인들은 위에 있는 요인들보다 덜 중요하다. 모델은 대략 화학의 주기율표와 비슷하다. 한 특별한 형태의 지능의 구성을 확인하기 위해 그리고 관련된 인지적 기술들을 모두 다루는 종합 검사로 만들기 위해 그것을 참고할 수 있다(Flanagan McGrew & Ortiz, 2000). 예를 들어 일반 지능 g는 광의의 인지능력(예 : II층)에 의해 측정된 구인들로 다양하게 구성되어 있다. 대조적으로 유동성 지능은 대부분 언어, 그림, 수를 가지고 추론하는 훨씬 더 제한된 능력들로 구성되어 있다.

3층 개념의 중요성은 교육적 중재, 검사에 대한 공공정책, 그리고 사회적 이슈에까지 확장된다. 예를 들어 Carroll은 성취에 차이가 있을 때 모든 광의의 인지능력에서 그만한 차이가 나는 것은 아닐 것이라고 했으며,

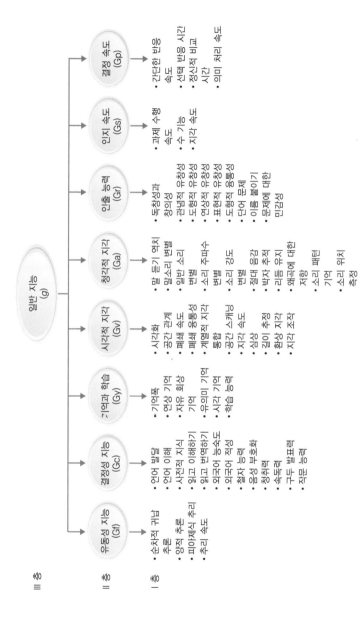

그림 3.1 인지능력의 구조(출처 : Carroll, 1993)

97

표 3.1 3층 이론의 주요 구인에 대한 정의와 Carroll(1993)에 의해 정의된 대표적인 주요 정신 능력, 그리고 샘플 검사와 문항(출처 : Roberts & Lipnevich, 출판 중)

구인	정의	샘플 검사와 문항
*III*층 일반 지능(*g*)	귀납, 추리, 시각화, 언어 이해 등의 과제를 수행하면서 숙달할 수 있는 난이도 수준을 강조하는 요인	• 원칙적으로, 신뢰할 수 있고 타당한 모든 검사 점수는 *g*를 측정한다. • 2층 구인들과 일반 지능과의 관계에는 자연스러운 순서가 있는데, Gf는 Gc보다 *g*에 더 가깝고 Gc는 Gy보다 *g*에 더 가깝다.
*II*층 유동성 지능 (Gf)	형식적 학습과 사회적 영향을 거의 받지 않는 인지능력	• 귀납추론 : 다음에 나올 숫자는 무엇과 무엇인가 : 2 9 4 7 6 5 8 3 10 1 ? ?(답 : 12, −1) • 넌센스 삼단논법 : 다음 주장은 참인가 거짓인가 : 모든 채소는 고래다. 모든 고래는 컴퓨터다. 고로 모든 채소는 컴퓨터다.(답 : 참) • 상징 : 다음 중 나머지 것들과 어울리지 않는 것은?(ABCD, GHIJ, DERS, UVWX, MNOP)
결정성 지능 (Gc)	형식적 학습과 사회적 영향을 반영하는 인지능력(교육 포함)	• 어휘 : 'cantankerous' 단어의 뜻은 무엇인가?(답 : 다루기 어렵거나 까다로운) • 일반 지식 : '모비 딕'의 저자는 누구인가?(답 : 허먼 멜빌) • 유추 : 아인슈타인 대 물리학은 프로이트 대 ?(답 : 심리학)
기억과 학습 (Gy)	짧은 시간 동안 사물을 보존하는 인지능력(보통 30초 이내)	• 순서대로 숫자 외우기 : 1초 간격을 두고 몇 개의 숫자를 불러 주고 난 후에 순서대로 외워 보라고 하기(예 : 2 4 6 7 5 9) • 거꾸로 숫자 외우기 : 위와 같이 숫자를 불러 주고 난 후에 순서를 거꾸로 외워 보라고 하기(답 : 9 5 7 6 4 2)

(계속)

광의의 시각화(Gv)	시각적 형태를 지각하는 인지능력	• 종이 접기 : 네모 난 종이를 두 번 혹은 세 번 접은 후에 가위로 작은 구멍 하나를 오려 내는 그림을 보여 준다. 그 후에 종이를 펴면 어떤 모양이 될지 여러 가지 그림 중에서 선택하도록 한다. • 숨은 그림 : 복잡한 형태의 그림 속에 숨어 있는 그림을 기하학적인 다섯 가지 모양 중에서 선택하도록 한다.
광의의 청각수용(Ga)	말이나 소리의 청각적 패턴을 지각하거나 변별하는 인지능력	• 청각적 폐쇄 : 어떤 소리를 생략하고 단어를 들려 주고서 완성된 단어를 말해 보라고 한다(예 : 'door/ep')(답 : doorstep). • RST 검사 : R, S, T를 무작위로 반복적으로 들려 주고 나서 각각 몇 번 들었는지 말하도록 한다(예 : 'R-S-S-T-R-T-R-S-R'을 들려 준다)(답 : R 4번, S 3번, T 2번).
인출 능력(Gr)	먼 과거에 학습한 자료를 보존하는 인지능력	• 관념적 유창성 : 2분 동안에 주어진 문제에 속하는 답을 가능한 한 많이 나열하기. 나열한 개수로 점수를 매김(예 : '타는 액체에는 어떤 것들이 있는가?') • 주제 : 4분 동안에 주어진 주제에 대하여 가능한 한 많은 아이디어 쓰기(예 : '리얼리티 쇼')
광의의 인지속도(Gs)	정보를 빠르게 처리하는 인지능력	• 수 비교 : 나열한 숫자 묶음 2개가 같은지 혹은 다른지 판단하기(예 : '367954381937-367954381937')(주의 : 정확성보다 걸린 시간이 더 중요한 기준이 된다) • A 찾기 : 90초 안에 글 속에 적혀 있는 모든 A 찾기
광의의 결정속도(Gp)	기본적인 감각운동 자극을 빠르게 처리하는 인지능력	• 카드 분류 : 카드 한 벌을 갖고 색깔, 모양, 혹은 숫자로 분류하기 • Posner 과제 : 두 글자가 같은 의미를 갖고 있는지(예 : Aa-예) 아니면 모양이 같은지(Aa-아니요) 판단하기

결정성 지능은 유동성 지능보다 더 쉽게 향상시킬 수 있다는 강력한 증거가 있다(Kyllonen, Roberts & Stankov, 2008). Carroll의 모델은 또한 지능 검사와 성취 검사의 개발에 검증된 영향력을 갖고 있다. 따라서 널리 알려진 스탠포드-비네, 웩슬러, 카우프만, 우드콕-존슨 지능 척도들의 최근 개정판에서는 이 프레임워크를 사용하고 있다(Kaufman, 2009). Carroll 모델의 특성은 거의 모든 인지능력 모델들을 그 모델의 넓은 우산 아래에 포함할 수 있다는 것이다. 그 모델들 모두를 설명하는 것은 이 장의 범위를 벗어나기 때문에(Kaufman, 2009), 3층 모델과 연관 지어 각 모델이 갖고 있는 특징들을 정리해서 〈표 3.2〉에서 보여 주고 있다.

이 이론의 주요 차원 간의 차이점들이 여러 연구의 실증적인 증거에 의한 지지를 받고 있다. 그 자료들은 다음과 같이 보고한다.

1. 다양한 사람을 대상으로 구인들을 요인분석한 결과 반복적으로 같은 결과가 나타났다. 요인분석은 다변량 자료들 속의 기저 차원들을 확인하기 위한 통계적 기법이다. 탐색적 요인분석(EFA)에서는 '주먹구구식'으로 데이터를 탐색한다. 반대로 확인적 요인분석(CFA)에서는 연구자가 데이터에 대한 정보를 갖고 있는 상태에서 특수한 가설을 검정한다. 탐색적 요인분석과 확인적 요인분석 둘 다 〈표 3.1〉에 있는 각 인지능력 구인들의 존재를 지지한다. 1925년부터 무려 20개국에서 6~100개까지의 변인을 갖고 있는 연구들의 자료를 분석한 결과 3층 모델의 구인들이 확인되었다. 그 연구들은 유치원생, 중·고등학생, 대학생, 영재, 자원봉사자, 재소자, 청각장애자, 그 외 많

표 3.2 주요 지능 모델, 주요 지능 모델과 Carroll(1993)의 3층 모델과의 관계 및 정서지능에 대한 전망

이론	주요 연구자	Carroll 모델에서 일치하는 층	특징	정서지능에 대한 전망
일반 지능(g)	Spearman (1923)	3층	정신 검사 수행에서의 두 요인: 일반 요인(g, 모든 지능 검사에 공통적이다)과 특수 요인(s, 인지 검사에 따라 다른 성질을 가지고 있다)	문제점: 정서지능이 인정을 받기 위해서는 최소한 다른 하나의 지능(예: 이성적 지능)을 필요로 한다.
기본적인 정신 능력	Thurstone (1938)	1층	일곱 가지 기본 정신 능력(어휘 이해, 어휘 유창성, 수 기능, 공간 시각화, 기억, 귀납적 추론, 연역적 추론, 실제적인 문제 해결, 지각 속도의 힘)이 지능을 구성한다.	가능성: Thurstone이 원래 일곱 가지 능력으로 분류한 것이 그 후 66개로 늘어났기 때문에 정서지각, 정서관리라 같은 구인들은 그 리스트에 첨가될 가능성이 있다.
지능의 구조(SOI)	Guilford (1967, 1988)	1층(모든 구인과 일치하는 것은 아님)	모든 인지 과제는 세 가지 차원을 갖고 있다: 5 조작, 5 내용 유형, 6 산출물 형식. SOI는 각 셀마다 기본 정신 능력을 나타내는 150개의 셀로 구성되는 육면체의 모습이다.*	현재: 관련이 있는 구인-행동적 지식(사회적 지능)은 SOI 모델의 일부분이다.
다중 지능	Gardner (1983)	2층(모든 구인과 일치하는 것은 아님)	일곱 가지 독립적인 유형의 지능: 언어, 공간, 논리-수학, 음악, 신체-운동, 개인 간, 개인 내	현재: 개인 간 지능과 개인 내 지능은 사람, 행동, 동기, 그리고 정서를 이해하는 것과 관련이 있다.

* 역주: 최종적으로는 180개의 셀로 늘어났다.
† 역주: 자연친화, 영성을 포함하여 총 아홉 가지다.

은 사람들을 대상으로 수행되었다(Carroll, 1993). Carroll의 작품이 완성된 이후로 많은 연구들이 6~90세까지 표본을 대상으로 확인적 요인분석을 사용하여 이 이론에 기초한 일반 구조를 반복적으로 확인했다(Roberts, Goff, Anjoul, Kyllonen, Pallier & Stankov, 2000; Taub & McGrew, 2004; Tirre & Field, 2002; Tulsky & Price, 2003).

2. 인지 과정과의 의미 있는 차별적 관계. 각 요인들은 독특한 인지 과정과 기능을 갖고 있다. 예를 들어 유동성 지능은 작동기억과 연결되어 있고(Kyllonen & Christal, 1990) 결정성 지능은 장기기억과 연관이 있다(Horn, 2008; Horn & Masunaga, 2000).

3. 차별적인 기각검정 관계test-criterion relation. 직무 수행, 학업 수행, 삶의 질, 장기고용 상태, 심리적 안녕감과 같은 많은 결과들에 대한 각 요인들의 예측 타당도가 다르다(Lee, 2008). 여기에는 어떤 논평가들이 궁극적인 타당도라고 생각하는 사망률의 예측도 포함한다(O'Toole & Stankov, 1992).

4. 훈련과 여러 중재 형식에 대한 차별적 민감성. 각 구인은 영양 및 건강을 포함한 다양한 중재 형식(Eilander et al., 2010; Kyllonen, Roberts & Stankov, 2008; Stankov, 1986)에 대한 민감성이 다르다(Benton, 2008). 전 생애에 걸쳐서 일반적으로 지각 처리에 연결된 많은 인지적 요인들이 그렇듯이, 유동성 지능은 결정성 지능보다 중재에 덜 민감하다. 이런 요인들은 특히 성인기 이전에 더 유연하고 변화시키기가 쉽다.

5. 다른 학습, 다른 발달 경로, 다른 유전적 성분. 3층 모델의 다양한 요인
들은 또한 학습과 유전의 영향을 받는다(Horn & Hofer, 1992;
Horn & Noll, 1994). 또한 여러 인지능력은 구별되는 신경학적 · 생
리학적 메커니즘을 갖고 있다는 증거가 있다(Stankov, Danthiir,
Williams, Gordon, Pallier & Roberts, 2006). 특히 인간 발달과
노인학 분야에서 중요한 것은 유동성 지능이 인격이 형성되는 시기
에서 20대 후반까지 꽤 신속하게 향상된다는 일관성 있는(거의 법
칙이라고 할 만큼) 연구 결과다. 그 후에는 천천히 조금씩 계속해서
감소한다. 반대로 그리고 이 책의 저자들에게 용기를 주는 사실은
결정적 지능은 아주 늦은 나이가 될 때까지 계속해서 증가한다는
점이다.

정서지능과 광범위한 인지능력들

3층 모델은 합의 모델이라는 점에서 제2장에서 다룬 빅 파이브 모델과 비
슷하다. 즉 빅 파이브가 인성을 둘러싼 사실들을 이해하고 체계화하기 위
한 가장 효과적인 모델로 인정받고 있듯이, 3층 모델도 지능 연구에서 최
첨단의 훌륭한 모델로 인정받고 있다. 그러므로 Carroll(1993)이 종합적
인 심리측정 문헌에서 논평한 정서지능의 개념에 대해 주목하는 것은 매
우 중요하다. 특히 Carroll(1993)은 그의 모델 중에서 다른 구인들과 비교
적 독립적인 행동 지식behavioral knowledge 영역에 대한 증거가 있다고 주장
한다. 이 영역은 사회적 그리고 정서적 내용을 번역하고 처리하는 데 중
요한 것으로 보이는 능력들을 평가하는 것이다. Carroll은 또한 앞으로는

행동 지식에 관련한 더 신중하고 체계적인 연구가 필요하다고 주장한다. 짧게 말해서, 3층 이론은 기존 연구에 지금까지 밝혀지지 않은 새로운 형태의 지능에 대한 가능성을 열어 두고 있다.

사실 정서지능을 체계적으로 연구하기 시작한 것은 1990년대 초로 거슬러 올라갈 수 있다는 논평가들의 주장이 타당하기도 하지만(제1장 참조), 정서지능은 현존하는 거의 모든 인지능력 모델에서 한 구인으로서 다루어져 왔다. 〈표 3.2〉를 다시 살펴보면 이 점을 잘 알 수 있는데, 특히 마지막 열을 주의해서 볼 필요가 있다. 인기 있는 지능 모델 속에서 정서지능이 어떤 관계를 맺을 수 있는지(혹은 그 모델에 포함될 수 있는지)를 보여 준다.

놀랍게도 Spearman을 제외한 모든 모델들이 정서지능 요인을 포함하고 있는 것으로 보이며, 이 결과는 일반 독자들뿐만 아니라 자칭 전문가부터 진짜 전문가까지 놀라운 것이었다. 사실 Thurstone 모델에서는 가능성을 발견할 수 있고, 나머지 모델들은 정서지능과 매우 비슷한 특수한 구인들을 포함하고 있다. 사실 Spearman조차도 의심했을 수 있다. 그래서 Spearman은 1947년 런던대학교에 있는 그의 실험실에서 최근의 정서지능 개념과 유사한 '심리적 능력psychological ability'에 대한 연구를 수행했다. 이 구인은 '개인이 가지고 있는 감정, 기분, 동기를 정확하게 판단하는 능력'(Wedeck, 1947, p. 133)으로 생각되었다. Wedeck(1947)은 많은 검사를 통해서 '심리적 능력'을 조작했는데, 그것은 오늘날의 수행 기반의 정서지능 측정과 놀라우리만큼 비슷하다(예 : 웃음, 의심, 혼란 등의 얼굴 표정을 나타내는 그림 사용). 대규모 연구 결과를 근거로,

Wedeck은 '심리적 능력'은 언어성 그리고 비언어성 지능 검사와는 다른 무엇을 나타낸다고 주장했다.

요약하면, 이미 많은 구인들 속에 정서를 포함하고 있는 것으로 보이는 성격과는 달리(제2장 참조), 기존 지능 모델과 3층 모델에 정서지능이 포함되어 있거나 그 가능성이 있는 것으로 보인다. 이런 관점에서 보면 정서지능의 구성과 정서지능과 관련된 요인들을 밝히는 연구와 이 구인을 확인해 주기 위한 최고 수준의 검사 개발이 중요하다는 것을 알 수 있다. 이제 다음 절에서는 능력 정서지능의 측정과 그와 관련한 연구 프로그램에 대하여 살펴본다.

최대 수행 접근을 사용한 정서지능 평가 : 첫 번째 물결

능력 모델은 일반적으로 정서지능을 최대 수행 검사(예 : 개인이 수행하는 최고 한계를 평가하는 검사)에 의해 가장 잘 평가될 수 있는 지능의 한 유형으로 생각한다. 그런 검사는 표준화 지능 검사에서와 같이 정답과 오답이 있는 문항으로 구성되어 있고 검사에서 최상의 수행을 조사함으로써 개인이 얼마나 능숙한지 평가한다. 그 검사는 자신의 능력에 대한 개인의 믿음보다는 개인의 실제 능력을 측정할 수 있다. 개인 내적인 그리고 개인 간의 사건에 관련된 능력도 평가할 수 있다(예 : 어떤 사건에 대한 자신의 정서반응 예측 대 다른 사람의 정서반응 예측). 최대 수행 검사는 예를 들면 비언어적 단서(예 : 얼굴 표정, 자세)와 언어적 단서(예 : 목소리 높낮이, 어조)를 통해 다른 사람의 정서를 지각하는 개인의 능력을 평가한다. 이런 유형의 문제에 대한 정답은 이를테면 정서정보에 관련하

여 진화적으로 그리고 문화적으로 형성된 합의에 따라 다를 수 있다
(Mayer, Salovey & Caruso, 2000).

여기에서 우리는 Jack Mayer, Peter Salovey와 그들의 동료들에 의
해 개발된 가장 잘 알려진 정서지능 능력 검사를 살펴보기로 한다. 특히
그 검사 점수가 정서기능을 실제로 예측하는지에 초점을 맞추어 그것의
타당도를 조사할 것이다. 우리는 또한 이 접근의 몇 가지 단점도 생각해
볼 것이다.

Mayer-Salovey-Caruso 정서지능 검사(MSCEIT)

제1장에서 소개한 네 가지 정서지능 모델(그림 1.3 참조)은 일반적으로 정
서능력을 정의하기 위한 기초로 사용된다(Mayer & Salovey, 1997;
Mayer, Caruso, Salovey & Sitarenios, 2001). 이 모델은 네 가지 능력
으로 구성되어 있으며 첫 번째 가지에서 위로 올라갈수록 더 복잡하다.
즉 더 높은 가지를 구성하는 능력들은 더 낮은 가지를 구성하는 능력들에
의존하거나 그것들을 기반으로 해서 구성된다. 가장 간단한 수준(가지 1)
의 정서지능은 정서의 지각과 표현이다(지각). 가지 2는 사고 과정에 정
서를 통합하는 것으로 구성된다(촉진). 가지 3은 정서의 이름, 정서들 간
의 관계, 정서와 환경 간의 연관성, 그리고 정서들 간의 변화에 대한 이해
로 구성된다(이해). 마지막으로, 최고 높은 가지는 부정적인 정서를 완화
하고 긍정적인 정서를 상승시키는 관리를 한다(관리). 아래의 두 가지는
경험적 정서지능이라고 하고(정서의 표현, 지각 및 생성) 위의 두 가지는
전략적 정서지능이라고 한다(정서의 이해와 관리; Mayer, Salovey &

Caruso, 2002).

위의 프레임워크를 사용하여 Mayer와 동료들은 Mayer-Salovey-Caruso 정서지능 검사(MSCEIT; Mayer et al., 2002)를 개발했다. 〈표 3.3〉은 MSCEIT를 구성하는 검사를 간단하게 정리해서 보여 주며 각 과제가 위에서 설명한 이론적 구인들과 어떻게 매치되는지 보여 준다. 인지적 능력은 왼쪽에서 오른쪽으로 갈수록 일반 정서지능 요인에 더 가깝도록 배열되어 있다. 즉 더 왼쪽에 자리 잡은 정서관리는 정서이해보다 일반 정서지능 요인에 더 가깝다. 〈표 3.3〉에서의 과제에 대한 설명을 보충하기 위해 〈그림 3.2〉에 실제 문항의 예를 제시한다. 최근에 네 가지를 평가하기 위한 청소년용 검사(MSCEIT-YV)도 개발되었으나(Mayer, Salovey & Caruso, 출판 중) 그것에 대해 발표된 문헌은 아직 적다.

네 가지 모델에 대한 증거

물리학자들은 측정 문제를 가지고 씨름할 때마다 표준을 개발하기 위해 노력한다. 이 문제는 심리적, 교육적 검사에 있어서도 다르지 않기 때문에 검사의 개발, 실시, 해석, 그리고 사용에 대한 엄격한 표준 절차가 있다. 이 표준을 교육적·심리적 검사를 위한 표준이라고 한다(American Educational Research Association, American Psychological Association & National Council on Measurement in Education, 1999). 이 표준에 따라서 연구자들은 최대 수행 정서지능 검사에 대한 타당도를 평가하기 위한 구체적인 준거를 마련했다(Matthews et al., 2006; Mayer et al., 1999; Roberts, Zeidner & Matthews, 2007). 구체

표 3.3 네 가지 모델과 MSCEIT를 구성하는 검사(출처 : Mayer et al., 2002)

수준 일반	능력과 지표 정서지능(EI)			
영역	'전략적 정서지능'은 정서의 기분을 경험하지 않고도 정서를 이해하고 관리하는 능력을 평가한다.		'경험적 정서지능'은 정서적 정보에 대한 이해 없이도 그것을 지각하고 반응하고 조작할 수 있는 능력이다.	
가지	'정서관리' 더 좋은 결과를 얻기 위해 느낌을 사용하여 정서를 관리한다.	'정서이해' 정서를 이해하고 정서가 시간이 지남에 따라서 어떻게 변하는지 이해한다.	'사고 촉진' 정서와 의사결정이 인지적 처리 과정을 통해서 사고를 촉진한다.	'정서지각' 얼굴과 사진 속의 정서를 지각하는 능력이다.
과제	관리 : 피험자는 기분을 관리하기 위해 한 행동이 얼마나 효과적인지 점수를 매긴다. 관계 : 피험자는 감정적인 상황에 대한 다양한 반응을 보고 그 반응이 얼마나 효과적인지 점수를 매긴다.	혼합 : 피험자는 어떤 정서와 어떤 정서의 혼합이 복잡한 정서를 만드는지에 답한다. 변화 : 피험자는 어떤 정서가 특정한 상황과 관련이 있는지 답한다.	감각 : 피험자는 어떤 정서와 신체적인 감각이 유사한 점에 대한 판단을 한다. 촉진 : 피험자는 세 가지 다른 기분들의 유용성에 대해 점수를 매긴다.	얼굴 : 피험자는 사진 속 얼굴에 나타난 정서의 점수를 매긴다. 사진 : 피험자는 예술과 자연 사진들에 나타난 정서의 점수를 매긴다.

아래 얼굴에 나타난 각 정서에 대한 점수를 준다면?

행복감 없음	1	2	3	4	5	극도의 행복감
분노감 없음	1	2	3	4	5	극도의 분노감
공포감 없음	1	2	3	4	5	극도의 공포감

그림 3.2 MSCEIT 문항 형식의 예(이 예는 정서지각 가지를 평가한다)

적으로 주요한 세 가지 평가 기준이 있는 것으로 보이며, 이것들을 간략하게 소개하면 다음과 같다.

1. 정서지능 점수는 표준화 지능 검사를 포함한 다른 인지능력 검사들과 보통의 정적 상관을 나타내야 한다. 지능 검사들 간의 정적 상관은 Carroll(그리고 다른 과학자들)의 연구를 통해서 나타난 일반적인 결과다. 정서지능 측정도 또한 다르지 않아야 한다. 동시에 이 상관은 정서지능이 다른 인지능력 검사들에 의해 이미 확인된 구인(혹은 구인들)과 같다고 할 정도로 상관이 높아서는 안 된다.

2. 최대 수행 정서지능 점수는 다른 지능 검사들에서 나타나는 정도로 성격과 상관이 있어야 한다. 즉 상관(r)이 .30 이하여야 한다 (Ackerman & Heggestad, 1997; Ashton, Lee, Vernon & Jang,

2000).

3. 정서지능 점수는 정신건강, 학업 성적, 관계 만족도 등과 같은 사회
   적으로 가치가 인정되는 중요한 결과들과 의미 있는 관련성이 있어
   야 한다. 이 점수들은 정서지능이 정서영역에서 작용한다는 것을
   나타내 주는 사회적(예 : 사회적 지지, 사회적 관계 기술) 그리고 정
   서적(예 : 행복, 삶의 질) 기능의 지표와 특히 높은 상관이 있어야
   한다.

최대 수행 정서지능 검사는 이런 기준을 만족해야 한다. 특히 정서지능
측정으로 확인된 구인들은 기존의 지능 구인들을 복사한 것이어서는 안
된다. 그리고 정서지능이 새로운 유형의 지능으로 인정받으려면 정서지
능 검사에서 얻은 점수는 어느 정도 다른 인지 검사들에서 얻은 결과를
수렴해야만 한다. 그 밖에 정서지능이 유용한 개념이 되기 위해서는 기존
의 능력 검사와 성격 검사로 예측할 수 없는 실생활에서의 어떤 결과들과
의미 있는 상관이 있어야만 한다. 다음에서는 이런 평가 기준에 관련하여
MSCEIT에서 얻을 수 있는 증거들을 살펴보겠다.

1. 정서지능과 다른 지능 측정과의 관계. MSCEIT와 관련한 지금까지의
   연구 결과들은 이것이 새로운 형태의 지능을 사정한다고 말해 준다.
   이와 관련한 자료는 〈표 3.4〉에 제시되어 있다. 이 표는 전 세계적으
   로 수행된 여러 연구 결과를 메타분석을 사용하여 얻은 상관관계를
   보여 준다(메타분석이란 여러 연구에서 얻은 결과를 통계적으로 통
   합하여 평균을 구하는 통계적 기법을 말한다). 이 표에 나타난 연구

표 3.4 MSCEIT 점수와 유동성 지능, 그리고 결정성 지능 간의 상관에 대한 메타분석
(출처 : Roberts, Schulze & Maccann, 2008)

	유동성 지능(Gf)	결정성 지능(Gc)
정서지각	.08 미미	.13 소
정서동화	.09 미미	.15 소
정서이해	.19 소	.38 중
정서관리	.13 소	.18 소
합계 점수	.18 소	.31 중

주 : 상관계수를 이해하기 위해서는 제2장을 참조하라(상관계수의 범위는 −1.00에서 1.00이다).

들은 대부분 정서지능의 각 가지와 유동성 지능(Gf)이나 결정성 지능(Gc)을 측정했다. 주목할 점은 정서이해 가지가 Gc와 가장 높은 상관이 있지만, 정서이해가 단지 Gc를 새로운 이름으로 재포장한 것에 지나지 않는다고 말할 정도로 상관이 크지 않다는 것이다. Gf와의 상관도 전체적으로 Gc보다 낮으며, 그것은 문화이식accultura-tion(그리고 훈련)이 정서지능에 영향을 미친다는 여러 주장과 일치하는 결과로 보인다.

이 연구들은 MSCEIT와 〈표 3.1〉에 열거되어 있는 것과 같은 다른 인지능력 요인들과의 관계를 조사하지 않았다. 한 최근 연구(Roberts, Betancourt, Burrus et al., 2011)가 MSCEIT와 함께 유동성 지능과 결정성 지능, 광의의 시각화, 광의의 인출 능력, 그 외 다양한(예 : 양적 추리) 인지적 능력을 측정했다. 대학생들을 표본으로 한 이 연구에서 정서이해와 결정성 지능 간에 가장 높은 상관이 있는 것으로 나타났다. 하지만 다른 중요한 연구 결과들도 있었다.

예를 들어 시각적 처리의 지표인 광의의 시각화 측정은 시각적 처리를 요구하는 MSCEIT의 정서지각 가지와 보통의 정적 상관이 있었다. MSCEIT의 타당도를 입증하는 것으로서, 하위 검사들과 인지 측정 간의 가장 낮은 상관(예 : 거의 0에 가까운)은 양적 기술을 측정하는 것들이었다. 다른 한 검사(MacCann et al., 제출된 논문)에서 우리는 이 인지능력 측정과 함께 MSCEIT의 EFA(탐색적 요인분석)와 CFA(확인적 요인분석)를 실시했다. 그 결과는 정서지각, 이해, 그리고 관리(정서촉진은 제외)가 마치 기본 정신 능력같이 작용하는 것으로 나타났다. 이것들 위에 광의의 정서지능이 있으며 이 광의의 정서지능은 2층 능력들과 비슷할 뿐만 아니라 다른 광의의 인지 요인들과는 독립적인 것이다.

2. **정서지능과 성격과의 관계.** 〈표 3.5〉는 MSCEIT 점수와 빅 파이브 성격 차원과의 상관에 대한 메타분석 결과를 요약해서 보여 주고 있다. 일반적으로 MSCEIT의 각 가지에서 얻은 점수는 다양한 성격 차원들과 높은 상관은 없다. 사실 정서관리만 보통의 상관이 있을

표 3.5 MSCEIT 점수와 빅 파이브 성격 요인 간의 상관에 대한 메타분석
(출처 : Roberts, Schulze & MacCann, 2008)

	개방성(O)	성실성(C)	외향성(E)	친화성(A)	신경성(N)
정서지각	.04 미미	.01 미미	.00 미미	.08 미미	-.08 미미
정서동화	.08 미미	.07 미미	.01 미미	.13 소	-.10 소
정서이해	.14 소	.05 미미	.02 미미	.11 소	-.06 미미
정서관리	.18 소	.12 소	.10 소	.27 소~중	-.09 미미
합계 점수	.12 소	.11 소	.11 소	.26 소~중	-.14 소

주 : 상관계수를 이해하기 위해서는 제2장을 참조하라(상관계수의 범위는 -1.00에서 1.00이다).

뿐이며, 친화성과 약 0.30, 개방성과는 더 낮은 0.20 정도였다. 지능 과제가 개방성과 상관이 있고(약 0.30; Ackerman & Heggestad, 1997) 정서지능이 지능의 한 유형이라고 하면, 개방성과 중간 정도 의 상관은 기대할 수 있는 것이다.

다른 가지들과는 달리 왜 정서관리만 성격 요인들과 의미 있는 상관이 있는가 하는 문제는 고려해 볼 가치가 있다. Mayer 등(2001)은 모든 가지가 인지능력을 사정하지만 정서관리는 "동기, 정서, 그리고 인지를 포함한 많은 요인들의 균형을 잡아야 하고 또한 성격과 개인적인 목표를 연결시킨다."(p. 235)고 말한다. 비록 정서지능의 모든 가지가 정서와 관련한 정보를 처리하지만, 정서관리는 분명히 지능 영역 밖에 있는 판단에 관여하는 유일한 것이다. 예를 들어 다른 사람이 부정적인 정서를 경험할 때 위로할 것인지 여부는 정서관리 과제에 대한 반응에 영향을 미치는 판단이다. 친화성이 매우 낮은 사람은 큰 소리를 지르거나 분노하는 친구를 특별히 방해가 되거나 문제가 되지 않는다고 생각하는 반면에 친화성이 높은 사람은 심각하게 방해하는 것으로 생각할 수 있다.

정서지능과 빅 파이브 성격 요인 간의 상관 패턴은 정서지능의 자기보고에서 나타난 패턴과 꽤 다르다. 정서지능의 자기보고와 가장 높은 상관이 있는 것은 외향성과 신경과민성이었다(제2장 참조). 완전히 반대로, 외향성과 신경과민성은 MSCEIT와 가장 낮은 상관을 보인다. 또한 친화성과 정서관리, 그리고 전체 정서지능과는 이론적인 관심에도 불구하고 유의미하지만 그렇게 높지 않은 상관이 있었다. 분명히 MSCEIT로 사정된 변인들은 그것들이 빅파이브 성격 모델의 밖에 있다는 것을 시사할 만큼 성격 요인들과는 많이 다르다.

제2장에서 성격과 특성 정서지능 간의 큰 중첩에 관련하여 이미 언급했는데, 한 가지 결과를 더 언급할 필요가 있다. MSCEIT와 특성 정서지능 간의 상관은 0.20을 넘는 경우가 거의 없으며, 어떤 연구들에서는 부적 상관이 있는 것으로 나타나기도 한다(Zeidner, Matthews & Roberts, 2009). 이런 연구 결과들은 정서지능 측정과 MSCEIT의 상관이 크게 없음을 시사한다. 결과적으로 이것은 '정서지능'이라는 이름은 두 가지 모두가 아니라 한 가지에만 관련된다는 것을 시사한다. 지금까지 열심히 읽어 온 눈치 빠른 독자들은 우리가 어느 쪽을 지지하는지 알아차렸을 것이다.

3. **정서지능과 중요한 결과들과의 관계.** 일생을 살다 보면 정서를 이해하고 관리하는 것이 추리력이나 지식보다 더 중요한 곳이 많지만 특히 학교와 직장이 그렇다. 형식적인 교육 환경과 직장 환경에서는 그런 환경에서 요구되는 능력을 예측할 수 있는 있다는 점이 정서지능이 갖고 있는 장점 중 하나다(Bastian, Burns & Nettelbeck, 2005; Roberts, Schulze, Zeidner & Matthews, 2005; Roberts, MacCann, Matthews & Zeidner, 2010). 이에 대한 자세한 논의는 지면 제약으로 생략하지만 최근 연구에서 많이 논의되고 있다(Mayer, Roberts & Barsade, 2008; Zeidner et al., 2009). 최근에 논의된 정서지능과 준거 간의 대표적인 연구 결과는 다음과 같다.

（ⅰ） **관계 만족감.** Brackett, Warner와 Bosco(2005)는 두 사람 모두의 정서지능이 낮은 커플들은 (a) 관계의 깊이가 더 얕고, (b) 지지와 긍정적인 관계의 질이 더 낮고, (c) 갈등과 부정적인 관계의 질이 더 높은 것을 발견했다. 이런 상관관계의 개념적 의미는 제4장에서 다룰 것이다.

（ⅱ） **사회적 상호작용.** Lopes 등(2004)은 정서관리가 자기보고식의 긍정적인 친구와의 상호작용을 예측하는 것을 발견했다. 정서관리는 또한 친구들이 보고하는 긍정적인 그리고 부정적인 상호작용과 정서적 지지와 보통의 상관이 있었다. 빅 파이브 요인들과 성별을 통제한 후에도 거의 모든 관계가 유의미한 것으로 나타났다.

（ⅲ） **영재성.** Zeidner, Shani-Zinovich, Matthews와 Roberts (2005)는 영재학생 집단이 연령이 같은 통제 집단보다 MSCEIT에서 더 높은 점수를 받는 것을 발견했다. 특히 정서이해와 정서관리에서 평균 점수 차이가 컸으며, 정시인식과 징서촉진은 두 집단 간에 거의 차이가 없었다.

（ⅳ） **교사가 평가하는 사회적·정서적 역량.** MSCEIT-YV를 사용한 소수의 연구 중 하나인 Rivers 등(출판 중)의 연구는 MSCEIT-YV 점수가 더 높은 학생일수록 외향성, 내향성, 학교문제, 행동문제가 더 적은 것으로 교사들이 보고하는 것을 발견했다.

（ⅴ） **감정노동.** 감정노동이란 노동자가 업무의 일부로 긍정적인 정서표현이 기대되는 정도로 정의된다(Grandey, 2003). 최근의

메타분석에서 Joseph과 Newman(2010)은 MSCEIT(특히 정서관리 가지)가 높은 감정노동 직업에서의 직무 수행을 예측하지만, 낮은 감정노동 직업에서의 직무 수행과는 상관을 보이지 않는 것을 발견했다[예 : 연구자(이 책을 집필한 3명에게는 다시 한 번 다행한 일이다)].

(vi) 스트레스에 대한 대처. Gohm, Corser와 Dalsky(2005)는 MSCEIT 하위 요인 점수들과 대처 유형 간에 유의미한 관계를 발견했다. 정서이해와 정서관리는 태만behavioral disengagement 및 부인denial과 보통의 부적 상관이 있었다(이것들은 문제 행동이기 때문에 부적 상관이 기대된다). 동시에, 정서관리는 또한 정서적인 그리고 실제적인 사회적 지지를 추구하는 것과 정적 상관이 있었다. 또 다른 연구에서, MacCann, Fogarty, Zeidner와 Roberts(2011)는 대처 전략과 함께 정서이해와 정서관리가 전문대학 학생들의 평점 변량을 28% 설명하는 것을 발견했다.

(vii) **자기통제.** Brackett, Rivers, Shiffman, Lerner와 Salovey (2006)는 MSCEIT 총점이 생산적 · 파괴적 반응과 빅 파이브 성격 요인, 심리적 안녕감, 공감, 삶 만족도와 언어성 SAT를 통제한 후에 보통의 부적 상관이 있는 것을 발견했다(준거의 성격 때문에 부적 상관이 기대된다). 주목할 점은 이 관계들이 남성 피험자들에게만 나타났다는 것이며, 그 결과는 많은 여성 독자들에게 놀라운 일이 아니다.

(viii) **마약과 알코올.** 다른 일련의 연구들에서, 총 정서지능 점수가 스

스로 보고한 흡연 및 음주와 부적 상관이 있었다(Trinidad & Johnson, 2002; Trinidad et al., 2005). 전략적 정서지능도 스스로 보고한 불법 마약 사용과 부적 상관이 발견되었다 (Brackett, Mayer & Warner, 2004).

(ix) **정신병리**. 제6장에서 더 상세하게 논의하겠지만 정서지능은 또 한 많은 정신병리 증후군과 관련이 있는 것으로 보인다. 예를 들어 Hertel, Schütz와 Lammers(2009)는 주요 우울장애, 물 질 남용장애, 혹은 경계선 성격장애 진단을 받은 환자들과 대응 되는 비임상 통제 집단에게 MSCEIT를 실시했다. 연구 결과 모 든 임상 집단과 통제 집단의 총 정서지능 점수에 차이가 있었으 며, 정서이해와 정서관리에서 가장 큰 차이가 있었다. Aguirre, Sergi와 Levy(2008)는 정신분열 성향이 높은 사람에게도 비 슷한 결과를 발견했으며, Kee 등(2009)은 정신분열증 진단을 받은 집단에서 비슷한 결과를 관찰했다.

MSCEIT와 관련한 증거들을 요약하면 정서관리 가지가 사회적 가치를 인정받는 결과들에 대한 중요한 예측치이고 그다음이 정서이해인 것으 로 보인다. 그렇다면, 일반 정서지능 요인을 목표로 하는 것보다 가지 수 준의 연구를 목표로 하는 것이 더 전망이 있는 것으로 보인다. 정서지능 과 결과들의 관계에 대한 연구에 의하면 정서관리와 정서이해가 가장 유 망하기 때문에, 정서지능이 무엇을 예측하는지를 논의하는 것보다 정서 관리나 정서이해가 무엇을 예측하는지를 연구하는 것이 더 의미가 있을 것이다. 사실 그런 연구 결과들은 한 가지 일반 '능력' 정서지능 요인보다 정서지능을 구성하는 각 층을 고려하는 것이 중요하다는 것을 주장하고 있다.

MSCEIT의 문제점

훌륭한 과학적인 글의 원칙은 구인 및 그 구인과 관련된 측정에 대하여 결점까지도 있는 그대로 낱낱이 설명하는 것이다. 한쪽 편의 설명만 하는 것은 논쟁을 위해서나 보도기사, 논설, 논평에서는 괜찮지만 과학적인 논문으로서는 좋지 않다. 즉 MSCEIT의 측정을 개선하고 그 분야의 발전을 위하여 연구자들이 해결하기 위해 씨름하고 있는 MSCEIT의 문제점들이 있다. 아래에 네 가지 모델에 관련하여 최근에 소개된 그런 문제점을 다루었다. 첫 번째는 MSCEIT에 대한 반응을 채점하는 방식이고 두 번째는 이론적 · 실천적으로 모두 조화시키기 어려운 검사 도구에서 발생하는 여러 연구 결과이다.

1. 최대 정서능력의 측정은 전통적인 인지능력 검사와 다르다. 산수, 숨은 그림 찾기 혹은 어휘와 같은 전통적인 인지능력 검사, 적성 검사, 성취 검사에서는 수학, 기하, 혹은 의미론이 정확한 답을 논리적으로 결정한다. 정서지능을 평가하는 측정에는 옳은 답을 결정하기 위한 그러한 논리적인 시스템이 없다(Roberts, Zeidner & Matthews, 2001; Zeidner, Matthews & Roberts, 2001). 이런 문제가 발생하는 것은 전략 영역(그리고 특히 정서관리)의 과제가 실생활 속에서 일어나는

복잡한 상황들을 반영하고 있는 문제들로 설계되어 있기 때문이다 (Roberts, Schulze & MacCann, 2008). 그런 복잡성과 함께, 정서 관리에 대한 규칙들을 정확하게 적용하는 것은 비록 그런 규칙이 있다고 해도 어려워 보인다. 심리적, 철학적, 법률적 혹은 다른 이론들에 근거한 시스템이 MSCEIT를 채점하기 위한 근거로 사용되지 않는다. 이는 여러 가지 절차를 통해 명백하게 보여 줄 수도 있는 정서 지각에서도 마찬가지다(Ekman, 2004; Matsumoto et al., 2000; Scherer, Banse & Wallbott, 2001). 이것에 대해서 이 장의 후반부에서 다룰 것이다. 대신에, 문제에 대한 옳은 답을 결정하는 해결 방식에는 (1) 전문가 채점과, (2) 합의적 채점의 두 가지가 있다. 이 두 가지 방식에 대한 논의는 다음과 같다.

(ⅰ) **전문가에 의한 채점 방식.** 이 채점 방식은 정답을 결정할 전문가 패널을 사용한다. 전문가 채점 방식은 정서지능 검사의 문제점들에 대한 정확한 해결을 제시하는 것이 아니라, 단지 정확한 답을 구체화하는 것을 한 발짝 뒤로 밀어서 전문성 준거에 빠뜨리는 것이다. 정서심리에 대한 학문적 연구는 분명히 이 영역에서의 지식을 향상시키고 따라서 전문성에 대한 타당한 준거로 고려될 수 있다(어떤 교수들은 그들 자신의 정서도 그리고 그들 학생들의 정서도 이해하지 못한다는 것을 독자들을 포함하여 우리 모두가 알고 있기는 하다). 하지만 Roberts 등 (2001)이 제안했듯이 전문성이 있는 영역은 종류가 많으며 학

문적 지식은 그 많은 영역들 중 한 영역일 뿐이다. 다른 영역들로는 상담과 목회적 돌봄 같은 활동 속에서 획득된 경험과 절차지식, 혹은 사람들의 관계와 목표를 이해하고 관리하는 경험이 있다(예 : 인사관리와 관련한 업무 경력). 최소한 이 책을 쓰고 있는 지금 시간까지는, MSCEIT 전문가 채점 시스템은 이런 다양한 수준의 전문성을 고려하지 못하고 반응의 정확성을 결정하기 위해 정서를 연구하는 전문가 판단에 전적으로 의존하고 있다.

(ii) **합의적 채점 방식.** 이 채점 방식에서는 규준표본이 먼저 그 검사를 받는다. 피험자들이 선택한 각 반응의 비율이 그 선택한 반응에 대한 점수가 된다. 예를 들어 만일 규준표본의 61%가 〈그림 3.2〉의 사진 속 인물의 얼굴에 나타난 행복 점수로 '1'점을 주었다면, '1'이라는 반응은 0.61의 점수를 얻게 된다(Legree, Psotka, Tremble & Bourne, 2005; MacCann, Roberts, Matthews & Zeidner, 2004).

가장 좋은 답을 얻기 위해 합의를 사용하는 방법은 특히 점수를 매기는 데 있어서 개념적으로 문제가 될 수 있다. 한 가지 예로, 얼굴 표정을 읽는 능력이 특별히 뛰어난 사람은 보통 사람들이 놓치기 쉬운 미묘한 표정의 차이를 지각할 수 있고, 대부분의 사람들이 전혀 알아차리지 못하는 아주 미묘한 정서를 찾아낼 수 있다(이것은 국경을 지키는 국가 안보기관에서 일하는 사람들에게는 매우 귀중한 기술이 될 수 있다). 이렇게 예외적으로 민감한 사람은 높은 수준의 지각 능력을 갖고 있음에도 불구하고 합의 평점에서는 낮은 점수를 받을 것이다. 간단하게 말해서 합의식 채점은 고도 영재나 재능인을 실제로 처벌할 수도 있고 '우수한 사람'과 '보통 사람'을 구분하는 데는 분명히 실패한다.

채점 방식에 대한 또 하나의 해결해야 할 문제점은 그 채점 방식들이 타당하다는 것을 보여 주기 위해서는 합의식 점수와 전문가 점수 간의 상관이 높아야 한다는 것이다. 최근에는 MSCEIT 합의식 점수와 MSCEIT 전문가 점수 간에 높은 상관을 보여 주고 있다(0.90 이상; Mayer et al., 2001). 하지만 초기의 검사 버전에서는 이렇게 점수가 수렴되지 않았다. 특히 정서지각 측정에서는 거의 0에 가까운 상관이 나왔다(Roberts et al., 2001). 이런 결과가 나왔던 것은 아마도 초기의 MSCEIT가 같은 인종과 성별, 그리고 연령과 사회경제적 수준이 비슷한 단 2명의 전문가가 채점 키를 고안했기 때문일 것이다. 전문가 채점 방식이든 합의적 채점 방식이든 집단 구성을 신중하게 할 필요가 있다. 그리고 원칙적으로, 그것이 어떻게 실제 채점 방식에 영향을 미치는지 아직 모르기 때문에 성별, 인종, 사회경제적 지위와 연령에 걸쳐 대표할 수 있는 전문가와 초보자의 대표성을 갖는 표본으로 구성하는 것이 중요하다. 아직까지는 MSCEIT 옹호자들이 측정에 대한 이러한 문제까지 세심한 주의를 기울이지 않고 있는 것으로 보인다.

2. MSCEIT가 해결해야 하는 경험적 연구 결과의 문제점. 일반 정서지능, 경험적 정서지능 등과 같은 고순위 구인들에서는 높은 신뢰도 계수

(예 : 0.90 혹은 그 이상)가 보고된 반면에, 몇 가지 하위 검사(예 : 정서융합)와 MSCEIT의 가지들(예 : 정서촉진)에서는 낮은(예 : 0.60 이하) 신뢰도가 보고되었다(Barchard & Hakstian, 2004; Bastian et al., 2005). 검사 문항의 수를 늘리는 것과 같은 정서지능 검사의 신뢰도를 높이기 위한 전략들이 아직까지 체계적으로 시도되지 않고 있다. 특히 하위 척도 점수가 중대한 결정(예 : 대학 입시에서 학생 선발 혹은 임상 중재를 설계하기 위한 정보로 사용)을 위해 사용되기 위해서는 문항 수를 늘리는 것이 필요할 것으로 보인다. 또한 MSCEIT의 검사-재검사 신뢰도에 대한 연구가 거의 없는 실정이다. 요약하면, MSCEIT의 신뢰도가 일반적 구인으로 적절하게 보이기는 하지만, 하위 척도들과 때로는 정서지능의 매우 특수한 하위 성분을 사정하기 위해 개발된 측정조차도 실제 상황에 적용할 수 있을 만큼 충분한 신뢰도를 갖고 있는가 하는 판단은 아직 시기상조다(Zeidner et al., 2009).

MSCEIT의 또 다른 문제점은 연구자들이 앞에서 기술한 요인분석 기법을 사용하여 정서지능의 네 가지 모두를 회복시키지 못한다는 점이다. 몇몇 연구들이 MSCEIT가 네 가지 요인을 갖고 있다고 제안하지만(Mayer, Salovey, Caruso & Sitarenios, 2003), 반복하기가 어려운 것으로 확인되었다. 이 문제는 주로 한 독립적인 구인으로 종종 나타나지 않는 정서촉진(예 : 사고를 촉진하기 위해 정서를 사용하기) 때문인 것으로 보인다(Roberts et al., 2006). 이런 연구에서도 다른 연령, 성별, 사회적 집단 및 인종 집단에 따른 정서지능의 요인적 불변성factorial invariance에 대한 검증이 되어 있지 않다(요인적 불변성은 같은 검사 문항이 어떤 집단을 대상으로 분석되고 비교되더라도 같은 구인을 의미한다는 것을 확인해 준다). 사실 이 정보가 없으면 문헌에서 발견되는 의도한 집단 간의 차이는 어느 정도는 주의를 하고 고려해야 한다.

마지막으로, 능력 기반 정서지능과 안녕감, 학교 성적, 직무 수행 등을 포함하는 준거들과 큰 관련성이 있는데(앞의 글 참조), 어떤 연구들은 준거 타당도에 대한 강력한 근거를 제공하는 데 실패했다. 예를 들어 MSCEIT는 적절하게 통계적으로 통제하면 직무 평정을 예측하지 못한다(Rode et al., 2008; Rode, Arthaud-Day, Mooney, Near & Baldwin, 2008). 리더십에서도 또한 이와 마찬가지의 결과가 나타났다(Harms & Credé, 2010). 지지하는 데이터가 없어도 정서지능과 리더십을 연결하는 사업의 운영을 막지 못했다(Goleman et al., 2002). 이 연구 결과와 관련해서 또 다른 문제는 긍정적인 결과를 보고하는 연구들이 종종 인지능력과 능력 정서지능 간의 중첩을 통제하지 않을 뿐만 아니라, 그 정도는 좀 덜 해도 성격과 능력 정서지능 간의 중첩도 통제하지 않는다는 것이다. Brackett와 Mayer(2003)는 MSCEIT와 사회정서적 준거 간의 상관 중에서 6개 중 1개만이 성격과 능력을 통제하고 유의미한 것을 발견했다.

최대 수행 접근을 사용한 정서지능 평가 : 두 번째 물결
MSCEIT에 대해 앞에서 언급한 문제점들 이외에 다른 과제 패러다임으로 수행되는 연구가 필요하다(Roberts et al., 2008). 모든 연구가 MSCEIT를 사용하면 한 가지 구인(정서능력)을 측정하기 위해 항상 사용되는 한 가지 과제 패러다임(합의나 전문가에 의해 평가되는 자극에 대한 점수)밖에 없게 된다. 그렇게 편향되면 방법적인 문제를 해결 못하고 다변량 설계와 다변량 분석을 통해 얻을 수 있는 구인 효과들을 볼 수 없다(Shadish, Cook & Campbell, 2002). 앞서 설명한 지능 연구에서 이 문제를 이해해 볼 수 있다. 이 중요한 구인을 정의한 도구가 하나밖에 없다고 상상해 보자. 인지능력의 노화나 지능이 예측하는 결과에 관한 지식이 잘 이해되지 않을 것이다. 예를 들어 유동성 지능과 결정성 지능에 미치는 연령의 효과가 다르다는 것을 알 수 없을 것이다. 사실 정서지능 측정에서 방법적 문제점은 정서지능에 대하여 그리고 정서지능과 다른 구인 및 준거와 관계에 대한 주장의 수와 유형을 제한한다는 것이다.

이제부터 정서지능의 사정에 관련한 대표적인 세 가지 방법을 묘사한다. 첫 번째 방법은 정서에 대한 실험 문헌에 자주 나타난 패러다임이다. 이것은 개인차나 교육, 임상, 혹은 직장에 적용시켜 연구된 적이 거의 없다. 두 번째 방법은 3층 모델에서의 정보 처리과제의 중요성을 인정하고 정서적 처리의 속도를 반영할 수 있는 비슷한 측정이 가능하다고 인정한다. 세 번째 방법은 정서지능을 직접 측정하기 위한 새로운 접근으로서, 최근의 동료 논평 문헌에 등장했다. 여기에서 우리는 간단하게 이론적 개관, 연구 결과, 이 측정들이 갖고 있는 장점을 다루기로 한다.

정서재인 과제를 사용한 정서지능의 측정

얼굴 표정에 대한 정서연구는 정서지능 연구보다 훨씬 더 오래된 연구 분야다. 얼굴 표정에 대한 과학적 연구는 1세기 전으로 돌아가 Charles Darwin의 획기적인 저서인 **인간과 동물의 감정표현에 대하여**(1872)에서 시작했다. 심리학에서 이 분야에 대한 Paul Ekman과 Carroll Izard의 공헌은 1950년대로 돌아간다. Ekman의 연구에는 근육 움직임에 따라 규칙적으로 얼굴 표정이 달라지는 것을 상세하게 기록한 얼굴 움직임 부호화 체계Facial Action Coding System, FACS(Ekman & Friesen, 1978; Ekman & Rosenberg, 1997)가 포함되어 있다. FACS는 얼굴 표정의 재인을 평가하는 연구 도구를 위한 기준으로 사용되었다(그리고 Pixar와 같은 애니메이션 제작사에 의해서도 연구되었다). 〈표 3.6〉은 다양한 얼굴 표정 재인 검사들을 간단하게 설명하고 있다.

이 영역에서의 많은 연구는 특히 이 구인들을 가지 1 요인을 중요시하기 때문에 정서적 능력을 적용해야 한다. 하지만 초기 연구는 실험적인 패러다임으로 혹은 개인차보다는 집단 처리 과정에 대한 대안적인 측정으로 이 과제들에 관심을 가졌다. 몇몇 연구자들이 이것들을 정서지능 지표로 사용하기 시작한 것은 몇 년 전부터다(Austin, 2005; Roberts et al., 2006). 이 과제들의 중요한 특성은 하나의 정확한 반응(예 : 진실한 점수)이 있는 하나의 응답 열쇠를 얻기 위해 모두 개발되었다는 것이다. 분명히 이것은 앞에서 지적했던 MSCEIT 채점에 대한 문제와 비교할 때 매우 바람직하다.

얼굴을 자극으로 사용하는 이런 종류의 검사 이외에, 최근에는 Vocal

Expression Recognition Index(Vocal-I)와 같이 목소리 톤에 대한 정서재인 능력을 평가하는 검사들이 있다. DANVA는 또한 음성 외에 자세나 몸짓으로부터 정서를 재인하는 검사들도 포함하고 있다. 최근에는 이런 아이디어를 확대해서 Banziger, Grandjean과 Scherer(2009)는 Multimodel Emotion Recognition Test(MERT)라고 하는, 여러 특성(예 : 얼굴, 목소리, 몸)을 한 검사에 통합한 평가 모델을 개발했다.

이 검사들은 같은 양식에서 높은 상관이 있는 것으로 나타나 수렴 타당도를 보인다. 예를 들어 DANVA2-AF와 JACBART는 $r = 0.80$의 높은 상관이 있다(Mayer ct al., 2008). 하지만 Roberts 등(2006)은 다른 양식들(예 : 목소리 검사와 얼굴 검사)의 측정에서는 상관이 낮은 것을 발견했다. JACBART와 Vocal-I의 상관은 0.17밖에 되지 않는 것으로 나타났다. 그 밖에 이 측정치들과 MSCEIT 정서지각 간의 상관이 매우 낮은 것이 확인되었다. 예를 들어 Roberts 등(2006)은 MSCEIT 얼굴과 JACBART 간에 상관이 거의 0이라고 보고했다. 이 두 가지 연구 결과는 정서재인 과제의 성격을 주의 깊게 살펴봄으로써 설명할 수 있다. 첫째, 정서를 정확하게 지각하는 능력은 하나의 독립된 기본적인 정신 능력이 아니라 양식에 따라 다를 수 있다[이것은 Banziger 등(2009)의 MERT를 사용한 연구에 의한 지지를 받았다]. 둘째, 정지된 얼굴 사진을 보고 점수를 주는 MSCEIT 검사와 1초도 안 되는 동안 제시되는 얼굴 표정을 보고 선다형 검사(JACBART에서와 같이)에서 요구하는 기술은 다를 수 있다.

215개의 연구들을 요약한 최근의 메타분석은 정서재인 평가에서 얻은 점수들에 대한 예측 타당도의 증거를 제시한다(Hall, Andrzejewski &

Yopchick, 2009). Hall 등은 정서재인 평가의 범위(표 3.6에 나와 있는 모든 것을 포함하는)가 공감, 관대함, 다양한 사회적 역량과 기타 긍정적인 적응의 지표(예 : 월급 인상, 의사가 지시한 대로 잘 따르기)와 정적 상관이 있는 것을 발견했다. 나아가 정서재인 평가는 부끄러움, 우울, 다양한 적응 문제 지표들(예 : 동료가 평가한 반항심)과 부적으로 상관이 있었다. 정서재인과 관련된 변인들은 자기보고, 동료보고, 상사보고와 행동평가에서 얻은 것들이다. Hall 등은 "개인 간 지각의 정확성은 의심할 여지없이 개인 내적 영역과 직장을 포함한 개인 간 영역에서 표출되는 건강한 심리적 기능과 연결되어 있다"(Hall et al., 2009, p. 165)고 결론을 내린다.

정보처리 과제를 사용한 정서지능 측정

Carroll(1993)의 3층 모델에는 매우 간단한 자극을 신속하게 처리하는 유형의 인지능력이 포함되어 있다. 그것은 광의의 결정 속도(Broad Decision Speed, Cp)다. 최근에는 네 가지 모델이 정서지능을 구성한다고 생각하지만 네 가지 모델에는 본질적으로 특별한 것이 없다. 네 구인은 개발자가 안락의자에 앉아서 문헌을 체계적으로 검토한 결과 탄생한 것이다. 대조적으로, 인지능력을 구성하는 최근의 모든 기본적인 정신 능력은 체계적인 실험적 탐색에서 그 의미(그리고 실체)를 찾아낸 것이다. 그와 같이 네 가지 구인들의 각 구인에 대한 대안을 제공할 수 있다. 인지능력에 대해 알려져 있는 것을 기초로 해서, 매우 간단한 정서자극을 신속하게 처리하는 능력이 그와 같은 요인이 될 수 있다. 정서연구에서 정

표 3.6 정서재인 능력에 대한 샘플 측정(출처: Roberts et al., 2010)

검사	출처	기술
얼굴재인		
일본인과 백인의 간략한 정서재인 검사(Japanese and Caucasian Brief Affect Recognition Test, JACBART)	Matsumoto et al. (2000)	일곱 가지 정서, 즉 행복, 모욕, 혐오감, 슬픔, 분노, 놀람, 공포를 나타내고 있는 일본인이나 백인의 모습을 잠시 보여 준다.
성인 얼굴 표정에 대한 비언어적 정확성에 대한 진단적 분석(Diagnostic Analysis of Nonverbal Accuracy in Adult Facial Expressions, DANVA2-AF)	Nowicki & Carton (1993)	행복, 슬픔, 분노, 공포 중 하나의 정서를 나타내는 사람의 얼굴 표정을 보여 주고(남녀 수를 똑같이 해서) 피험자에게 네 가지 중 어떤 표정을 나타내고 있는지 표시하도록 한다(청소년용뿐만 아니라 다양한 민족을 위한 검사 종류가 있다).
음성재인		
성인 목소리에 대한 비언어적 정확성에 대한 진단적 분석(Diagnostic Analysis of Nonverbal Accuracy in Adult Prosody, DANVA2-AP)	Baum & Nowicki (1998)	2명의 전문 성우(남자 한 사람, 여자 한 사람)가 네 가지 정서(행복, 슬픔, 분노, 공포) 중 하나의 정서상태 속에서 중립적인 문장을 말하는 음성 파일을 들려주고 피험자에게 그 음성이 감정이 네 가지 중 어떤 것인지 표시하도록 한다. 청소년용도 있다.
음성 표현 재인 인덱스(Vocal Expression Recognition Index, Vocal-I)	Scherer(2007)	성우가 외국어로 말하는 기쁨, 슬픔, 슬픔, 두려움, 분노 또는 중성적인 정서를 나타내는 음성을 들려주고 피험자로 하여금 그 음성 속의 정서를 판단하도록 한다.

(계속)

자세 재인
자세에 대한 비언어적 정확성에 대한 진단적 분석(Diagnostic Analysis of Nonverbal Accuracy in Posture, DAN, VA2-POS)

다중 채널
다중 정서재인 검사(Multimodal Emotion Recognition Test, MERT)

감정 전달을 받아들이는 능력 검사 (Communication of Affect Receiving Ability Test, CARAT)

자세 재인 자세에 대한 비언어적 정확성에 대한 진단적 분석(Diagnostic Analysis of Nonverbal Accuracy in Posture, DAN, VA2-POS)	Pitterman & Nowicki(2004)	2명의 남자와 2명의 여자가 앉아 있거나 서 있는 상태에서 기쁨, 슬픔, 분노, 혹은 두려움을 표현하는 것을 보여 주고 피험자로 하여금 인간의 서 있거나 앉아 있는 자세에서의 정서를 찾아내도록 한다.
다중 채널 다중 정서재인 검사(Multimodal Emotion Recognition Test, MERT)	Banziger et al. (2009)	시각적 그리고 청각적 감각을 합친 네 가지 모드(예: 청각/시각, 청각, 시각, 정지 화면으로 배우가 표현하는 역동적인 정서표현을 보여 주고 정서를 판단하도록 하는 정서재인 능력을 측정하는 도구이다.
감정 전달을 받아들이는 능력 검사 (Communication of Affect Receiving Ability Test, CARAT)	Buck(1984)	대학생 연기자가 감정이 표현된 슬라이드를 보고 자발적으로 자연스럽게 표현하는 얼굴 표정을 비디오로 보여 준다. 피험자에게 어떤 슬라이드가 그 정서를 일으켰으며, 그 연기자의 주관적인 반응이 얼마나 즐거웠는지 혹은 불쾌했는지 판단하도록 한다.

보처리 과제가 공통적으로 사용된다. 다음에는 정서지능의 하위 성분들을 더 충분히 이해하기 위하여 두 가지 패러다임에 대해 살펴보겠다.

암묵적 연상 검사   최근에 연구자들은 정서자극의 무의식적 처리의 개인차를 탐색하기 위한 방법에 관심을 갖기 시작했다. 예를 들어 어떤 사람은 무의식적인 인종 편견을 갖고 있다. 암묵적 연상 검사Implicit Association Tests, IATs를 사용하여 미묘한 편향을 탐지하는 방법이 잘 기록되어 있다. 이 책을 쓰고 있는 이 시간까지만 해도 IAT 방법을 소개하는 Greenwald, McGhee와 Schwartz(1998)의 논문은 동료평가 문헌에 거의 1,000번이나 인용되었다. 중요한 것은 IAT 패러다임은 반대되는 두 가지 아이디어에 대하여 피험자가 갖고 있는 정적 연상과 부적 연상의 상대적인 강점을 평가한다는 점이다(예 : 뚱뚱한 사람 대 마른 사람에 대한 정적 연상과 부적 연상의 강도를 가지고 마른 사람을 선호하는 암묵적인 평가 편향을 알 수 있다). Mauss, Evers, Wilhelm과 Gross (2006)는 IAT를 사용하여 정서조절과 통제(예 : '통제된' 그리고 '억제'라는 단어)보다 정서표현과 노출(예 : '정서적'과 '노출'이라는 단어)에 암묵적으로 편향된 것을 평가할 수 있다고 했다. 자신의 정서를 조절하는 사람들은 암묵적으로 정서조절에 대한 긍정적인 평가를 한다는 가정에 기반하여, Mauss 등(2006)은 그들의 IAT[정서조절-암묵적 연상검사(ER-IAT)]를 사용하여 개인의 정서조절을 평가할 수 있다고 한다.

ER-IAT는 적절한 검사-재검사 신뢰도를 나타냈지만 정서조절 특성과는 상관이 없었다. 이 연구에 참여한 사람은 36명뿐이었다. 분명히 표본의 크기가 작고 판별 타당도의 증거를 제시하지 못한 점 모두가 이 연구(그리고 정서지능을 측정하는 새로운 도구로서 ER-IAT의 위상)의 문제다. 사실 IAT 측정 접근은 그 과제가 무엇을 실제로 측정하는지에 대한 일치된 의견이 없기 때문에 비판이 없을 수 없다(Fiedler & Blümke, 2005; Mierke & Klauer, 2003). 그럼에도 불구하고 그것은 정서관리를 객관적으로 측정할 수 있는 가능성을 갖고 있는 몇 안 되는 접근들 중 하나다. 또한 이 접근은 다른 관련된 구인들을 사정할 수 있도록 쉽게 수정 가능하다(예 : 공감, 정서지각).

정서지능 탐색 시간   Austin(2005)은 자기보고식 특성 정서지능 측정을 탐색 시간Inspection Time, IT 과제와 연결시키는 연구를 수행했다. 피험자에게 검사지를 주고 행복한 얼굴과 무표정한 얼굴, 슬픈 얼굴과 무표정한 얼굴, 그리고 두 가지 중성적인 상징물을 구분하라고 한다. 탐색 시간(IT)이란 두 가지 자극을 구분하는 데 필요한 최소 반응 시간이며, 다양한 방식으로 실시될 수 있다. 하지만 이 접근을 사용한 연구결과는 특별한 주목을 끌지 못했다. 예를 들어 탐색 시간은 다양한 자기보고 정서지능 측정과 거의 0에 가까운 상관이 있다(Austin, 2005; Austin & Saklofske, 2005; Stokes & Bors, 2001). 밝혀져야 할 것은 이 IT 과제가 MSCEIT와 같은 최대 수행 정서지능 측정과 상당한 상관이 있는가 하는 점이다. 간단하게 정서를 구분하는 능력 이상으로 이 과제를 얼마나 신속하게 해내는지를 고려한다는 점에서 IT는 유망하다. 비록 이것을 현실 세계에서의 결과들과 연결하는 것이 필요하기는 하지만 잠재적인 활용 가능성은 많다.

정서지능 측정을 위한 유망한 새로운 접근 : 상황 판단 검사

최근에 상황 판단 검사_situational judgment test, SJT 패러다임이 정서지능 측정을 위한 대안으로 제안되었다(Legree et al., 2005; MacCann & Roberts, 2008; Schulze, Wilhelm & Kyllonen, 2007). 상황 판단 검사는 개인에게 시나리오를 준 뒤 선택 리스트 중에서 가장 적절한 반응이나 자신의 대표적인 반응을 선택하도록 하는 검사 유형이다. 산업 및 조직심리학 영역에서 수행한 메타분석 결과들이 상황 판단 검사의 준거 타당도(McDaniel, Morgeson, Finnegan, Campion & Baverman, 2001)와 시능과 싱격 다음에 추가한 부가적 타당도를 확인해 준다(McDaniel, Hartman, Whetzel & Grubb, 2006). 팀워크, 청렴성 혹은 학업 수행과 같은 여러 상황이기 때문에 상황 판단 검사는 정서와 관련한 내용의 시나리오를 개발하는 것도 가능하다.

정서지능(혹은 밀접하게 관련된 구인들)을 측정하는 상황 판단 검사들이 〈표 3.7〉에 나와 있다. 독자들의 이해를 돕기 위해 샘플 문항도 보여 주고 있다. 지면이 부족한 관계로 모든 가능한 반응을 제시하지는 못했지만 주어진 시나리오를 갖고도 다양한 변용이 가능한 것을 알 수 있다.

〈표 3.7〉에 묘사되어 있는 다양한 측정은 정서지능을 평가할 때 **정서적 상황**을 유용한 자극으로 적용하는 것을 강조한다. 〈표 3.7〉에 있는 마지막 두 가지 사례는 그 상황들이 한 표본의 적절한 실제 정서적 경험에 근거한 것이다(예 : 그것들은 전통적인 상황 판단 검사 접근과 일치한다). 이 접근은 더 높은 생태학적 타당성을 보장할 뿐만 아니라 — 즉 검사 상

황이 현실과 더 비슷하다 — 결정적인 검사에 사용된다면 법적 방어력도 높다. 마찬가지로 중요한 것은, 특히 그룹 프로젝트나 학위논문을 준비하고 있는 돈 없는 학생들을 위해, 이 검사 도구 중 몇 개는 증거가 되는 기초로 성장하고 있고 무료로 인터넷을 통해 내려받아 사용할 수 있다. 사실 여러 세부적인 분야에 걸친 상황 판단 검사 타당도를 확인해 주는 자료들이 많다. 이제 연구 결과들을 정서이해와 정서관리의 두 가지 문제로 나누어 상황 판단 검사가 평가를 할 수 있는지 알아보자.

정서이해   정서이해에 대한 많은 연구들은 특히 정서자각 수준 척도 Levels of Emotional Awareness Scale, LEAS를 많이 사용했다. 예를 들어 양전자방출단층촬영법Positron Emission Tomography, PET을 사용하여 LEAS 점수가 정서처리와 밀접한 관련성이 있는 것으로 알려진 신경학적 메커니즘과 상관이 있는 것으로 밝혀졌다(Lane et al., 1998). LEAS는 또한 정서재인의 정확성과 사람들이 혐오적인 기분 상태에 반응하는 능력을 예측한다(Lane, 2000). LEAS와 결정성 지능과의 상관은 MSCEIT 정서이해와 결정성 지능과의 상관과 비슷하다($r = 0.38$; Lane, Quinlan, Schwartz, Walker & Zeitlin, 1990). 하지만 문제점들도 발견되었다. 특히 포괄적으로 연구한 Lumley, Gustavson, Partridge와 Labouvie-Vief(2005)는 LEAS가 MSCEIT 가지들, 감정표현불능증, 정서표현, 특성메타기분 등과의 상관이 거의 0에 가까웠다(한 가지 예외는 MSCEIT의 정서이해와 $r = 0.22$의 작은 정적 상관이 있었다).

    나머지 정서이해 검사들 중에서 정서지능 검사Test of Emotional Intelligence,

표 3.7 SJT(혹은 시나리오 기반) 접근을 사용하는 정서이해와 관리의 샘플 측정(출처 : Roberts et al., 2010)

검사	출처	기술	샘플 문항
이해			
정서자각 수준 척도(Levels of Emotional Awareness Scale, LEAS)	Lane et al. (1990)	피험자에게 분노, 두려움, 행복, 슬픔을 일으키는 장면 하나씩 보여 준다. 피험자에게 한 장면씩 보여 준 후에 "당신은 어떤 기분을 느끼십니까?" 그리고 "다른 사람은 어떤 기분을 느끼겠습니까?"라는 질문에 답하도록 한다. 자신과 타인의 정서에 대한 두 가지 점수를 준다.	당신과 당신의 가장 친한 친구가 같은 일을 하고 있다. 이 일을 가장 잘한 사람에게 매년 최고상이 주어진다. 당신과 당신의 친구는 모두 그 상을 받기 위해 최선을 다하고 있다. 어느 날 당신 친구가 최고상 수상자로 발표되었다. 당신은 당신의 친구가 어떤 기분을 느끼겠는가? 당신 친구는 어떤 기분을 느끼겠는가?
정서의 정확성 연구 척도(Emotional Accuracy Research Scale, EARS)	Geher et al. (2001)	이 척도에는 짤막한 글 하나가 먼저 제시되고 다음에 정서를 나타내는 두 가지 표현이 제시된다(예: 미친듯이-1개랬다, 다른 사람들을 위해 구를 정도로 황동하다). 피험자는 그 짧은 글 속에 인물의 정서를 어느 것이 잘 나타내는지 2개 중 하나를 선택해야 한다.	나의 가장 친한 친구의 아버지가 이번 주에 돌아가셨다. 그 분은 오랫동안 당뇨병을 앓으셨고 해가 기면서 건강이 더 악화되었다. 나는 월요일에 문상을 갔다. 여러 명이 고통하고 동청들도 그 자리에 있었다.
정서지능 검사(The Test of Emotional Intelligence, TEMINT)	Schmidt-Atzert & Bühner (2002)	피험자에게 다양한 상황에서 경험하게 되는 혐오, 분노, 놀람음과 같은 기분에 대한 점수를 매기도록 한다. 점수는 피험자가 느끼는 다양한 반응의 수준을 나타낸다.	30세 여성 컴퓨터 전문가가 "내 고양이가 아파서 동물 병원에 데리고 가야만 했어요. 내가 실종제 스프레이를 뿌려서 병이 난 것 같아요."라고 말했다. 지금 상황에서 이 사람은 어떤 기분이겠는가?

(계속)

정서이해에 대한 상황 검사 (Situational Test for Emotional Understanding)	MacCann & Roberts(2008)	피험자에게 감정적인 상황에 처한 어떤 인물의 정서를 판단하도록 한다.	심술궂은 이웃이 다른 지방으로 이사를 갔다. 그 사람의 이웃들은 어떤 기분이겠는가? (a) 후회, (b) 희망, (c) 해방감, (d) 슬픔, (e) 기쁨
관리			
정서관리 검사(Emotional Management Test, EMT)	Freudenthaler & Neubauer (2007)	피험자에게 감정적인 상황으로 구성된 시나리오에 대한 가장 적절한 답을 여러 개의 답 중에서 선택하도록 한다.	당신 아버지는 반드시 받아야만 하는 어떤 수술을 앞두고 매우 두려워하고 있다. 다음 중 한 가지를 선택하라(1번에서 4번 중 하나). 예 1번 : 아버지를 안심시키기 위해 의사에게 한 번 더 이야기해 보라고 말한다.
상황적 정서관리 판단검사 (Situational Judgment Test for Management)	MacCann & Roberts(2008)	피험자에게 감정적인 상황으로 구성된 시나리오에 대한 가장 적절한 답을 여러 개의 답 중에서 선택하도록 한다.	많은 오랫동안 해외출장을 마치고 집으로 돌아왔다. 집에 와 보니 너무 많은 것이 변해서 어리둥절하다. 맘을 위해서 어떤 행동을 하는 것이 가장 좋겠는가? 다음 중 한 가지를 선택하라(1번에서 4번). 예 1번 : 자연스럽게 해결되도록 아무것도 하지 않고 내버려 둔다.

TEMINT가 가장 많은 동료비평 연구의 대상이 되었으며 그 동료들은 대부분 독일인이었다. 한 연구(Blickle et al., 2009)에서 정서추론 기술이 정서재인 능력(예 : DANVA2-AF로 측정), 정서공감, 그리고 세 가지 성공적인 사회적 기능(예 : 사회적 영악함, 개인 간 영향력, 외관적 진정성)과 상관이 있었으며, 그것들은 각각 방법적 효과를 피하기 위해서 동료들에 의한 평가를 받았다. 이 관계는 성격과 직업적 환경 특성을 통제한 후에도 마찬가지로 나타났다. 두 번째 연구에서, Blickle 등(2009)은 TEMINT가 전체 직무 수행 점수에 일반 지능(g)과 성격 특성 외의 부가적인 변량을 설명하는 것을 발견했다(Amelang & Steinmayr, 2006에서는 조금 다른 결과가 나왔다).

정서관리　비록 정서관리 검사Emotional Management Test, EMT가 상황적 정서관리 검사Situational Test of Emotional Management, STEM보다 먼저 나왔지만, 후자가 더 널리 연구에서 사용되는 것으로 보인다. 예를 들어 MacCann과 Roberts(2008)는 STEM과 다른 정서측정들 간에 보통의 상관을 나타내고(감정표현불능증과 약 $r = 0.40$) 심리학 수업 성적과 같은 중요한 결과들과도 보통 수준의 상관을 나타내는(특히 임상심리를 전공하는 학생들의 경우에 정서지능이 높은 것이 유리했다 — 지능을 통제한 후에도 $r = 0.31$) 자료를 제공한다. 이런 연구 결과는 의과대학 학생들의 시험성적을 포함한 몇몇 연구에서도 반복되었다(Austin, 2010; Libbrecht & Lievens, 2011). STEM은 또한 친화성과 일관되게 상관이 있는 것으로 보인다. 사실 세 연구에서의 상관의 정도는 MSCEIT의 정서관리에 대한 메타분석 결과들($r = 0.30$)과도 놀랍도록 일치한다(Roberts, Mason & MacCann, 2011). 이 연구자들은 또한 STEM이 MSCEIT 정서관리와 비슷한 광의의 인지능력들과, 비록 실제 MSCEIT 정서관리와의 관계보다는 조금 낮지만 약 $r = 0.25$의 상관이 있는 것을 발견했다.

또 다른 연구에서 MacCann, Wang, Matthews와 Roberts(2010)는 부모평가용과 함께 STEM 청소년용을 개발했다("이 상황에서 당신은 어떻게 하겠습니까?"라는 질문을 "이 상황에서 당신의 아이는 어떻게 하겠습니까?"로 대체함). 연구 결과는 다소 놀라웠다. 예를 들면 정서관리에 대한 자기평가와 부모평가 간의 상관이 낮았다($r = 0.19$). 두 가지 측정 모두가 지능과 성격 위에 학업성적을 부가적으로 예측했다. 세상의 모든 어머니를 위한(부모의 표본은 거의 어머니였다) 또 하나의 놀라운 발견이 있었다. 그것은 부모가 평가한 SJT가 자신이 평가한 SJT보다 준거 변인들을 더 잘 예측했다는 것이다. "엄마가 가장 잘 알아."라는 옛말이 아마도 맞는 말인 것 같다.

그러나 텍스트에 기반을 둔 SJT는 독서력이 많이 요구되기 때문에 실제 상황과 차이가 있는 문제점이 있다. 이런 문제점을 극복하기 위해서 Roberts, Betancourt, Burrus 등(2011)은 최근에 텍스트에 기반을 둔 SJT의 내용을 실생활 속으로 옮겨 왔다. 여러 영역의 전문가(상담자, 목회자, 정서를 연구하는 학자)와 인터뷰하는 이야기를 전문 작가가 영화 대본으로 만든 것을 사용한다. 전문 배우들이 시나리오에 따라 영화 제작진들 앞에서 연기하는 것을 찍고, 그 필름을 편집하고 웹 환경에서 프로그램 된다. 이것은 연구자들이 독서력의 영향을 거의 받지 않는 (그리고 생태학적으로도)

타당한 도구를 개발했다고 주장할 만한 것이다. 독자들에게 이 패러다임을 간단하게 소개하기 위해 멀티미디어 SJT의 화면 캡처를 〈그림 3.3〉에 제시한다(멀티미디어 SJT는 16개의 짧은 필름이며, 네 가지 선택할 수 있는 반응도 필름에 포함되어 있다. 피험자는 한 문제를 충분히 이해하기 위해 모든 필름을 보아야 한다).

지금까지 우리는 미국 대학생들의 표본에게 멀티미디어 SJT를 실시한 2개의 연구를 수행했다(Roberts, Betancourt, Burrus et al., 2011). 첫 번째 연구에서 우리는 멀티미디어 SJT와 다른 이론적으로 중요한 구인들과의 관계뿐만 아니라 이 새로운 측정의 심리측정적 특성들을 평가했다. 그 측정은 적절한 문항 내적 일관성 신뢰도를 갖고 있고 MSCEIT 가지들과의 각 상관이 보통 이상인 것으로 나타났다. SJT는 또한 각 인지적 능력들과 정적 상관이 있었다[결정성 지능과 가장 높은 상관이 있었고($r = 0.56$) 양적 능력과 가장 낮은 상관이 있었다($r = 0.27$)]. 그 외에, 멀티미디어 SJT는 친화성과는 보통의 상관이 있었지만($r = 0.30$), 성격과의 상관은 그리 높지 않았다. 마지막으로 회기분석 결과 인지능력, 성실성, 멀티미디어 측정치는 일관성 있게 학업평점의 예측에 부가되었다. 전체적으로 이 결과들은 Roberts 등(2008)이 정서지능의 최대 수행 측정을 메타분석한 주요 결과들과 일치하는 것으로 보인다(참고 : 방금 논의한 결과들이 표 3.4와 표 3.5에 제시되어 있다). 이 결과들은 또한 멀티미디어 SJT가 정서 성분과 지적 성분을 모두 포함하는 한 구인을 평가하고 믿을만한 예측 타당도도 보여 주는 것으로 보인다.

두 번째 연구는 멀티미디어 SJT 측정이 예측하는 결과를 확장해서

시나리오

반응 척도

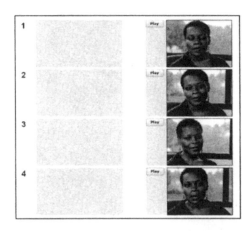

반응 정당화

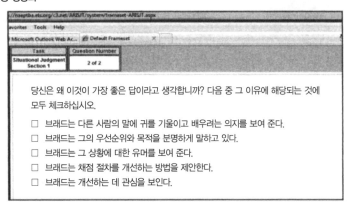

그림 3.3 대표적인 멀티미디어 SJT 문제

검사-재검사 자료를 얻기 위해 앞에서 연구에 참여한 사람들의 일부를 추후 연구한 것이다. 6개월 이후의 검사-재검사 신뢰도는 받아들일 만했다. 그 밖에 SJT가 심리적인 안녕감의 지표와 중간 정도의 상관이 있는 것으로 나타났다. 가장 흥미로운 점은 멀티미디어 SJT가 Day Reconstruction Method(DRM; Kaufman, Krueger, Schkade, Schwarz & Stone, 2004)를 사용하는 동안의 긍정적인 감정의 지표와 관계가 있다는 것이다. 이 DRM은 기본적으로 개인의 하루 24시간 모든 활동과 이 활동을 하면서 얼마나 행복하게 느꼈는가 하는 목록을 갖고 있다. 멀티미디어 SJT와 보고된 친목활동과 파드타임 일을 하는 동안에 느끼는 총 긍정적인 감정 간의 상관은 $r = 0.40$ 이상이었다. 다른 변인들(예: 수업과 인터넷 서핑)과의 상관은 이것보다 낮지만 정적 상관이 있었다.

최근에 우리는 이 멀티미디어 SJT를 간단하게 만들어서 부임한 지 1년이 안 된 유치원 교사와 초등학교 교사들에게 실시했다. 아직 자료가 수집되고 있는 중이지만, 이것이 교사들의 수행 목표 달성을 평가하는 점수를 예측하는 것으로 보인다. 추후 연구에서는 이 교사들이 맡은 반의 학생들의 성취가 이를테면 국가에서 지정한 목표를 성공적으로 달성했는지를 조사할 것이다. 우리는 또한 리더십을 측정하기 위해 멀티미디어 SJT와 관련된 자료를 수집하기 시작했으며, 이 측정이 스트레스하의 의사결정을 예측하는지 알아보기 위해 주관적인 스트레스를 일으키는 실험 연구를 수행했다. 우리는 이 패러다임이 정서지능을 측정하는 새로운 유형으로서 유망하다고 믿는다.

정서지능의 최대 수행 측정을 사용한 연구에서 우리는 무엇을 배웠는가? 지금까지 간단하게 살펴본 최대 수행 측정에 대한 연구에서 얻을 수 있는 결론은 무엇인가? MSCEIT와 STEM과 같은 척도들은 지능 특성들을 재 포장한 것에 지나지 않는 것인가? 아니면 정서능력의 평가를 사용하여 인지능력에 대한 기존의 측정으로는 알 수 없는 사람의 정서적(그리고 인 지적) 기능에 대한 무엇인가를 알 수 있는 것인가? 특성 정서지능은 아직 연구가 진행되고 있고 따라서 우리가 제시한 질문에 대한 단정적인 답이 없다. 하지만 잠정적인 결론으로 다음과 같이 요약할 수 있다.

1. 정서지능을 객관적으로 측정해 보면 정서지능에 대한 새로운 무엇 인가가 나타난다. 여러 측정 패러다임과 이론적 접근들이 이것을 뒷 받침하고 있다. 이 장에서 살펴본 문헌에 의하면 정서지능(그리고 관련된 구인들)이 3층 인지능력 모델에 첨가되어야 하는 것으로 보 인다. 덜 분명한 것은, 초기의 몇몇 증거가 있음에도 불구하고 정서 지능이 유동성 지능 Gf나 결정성 지능 Gc와 같은 광의의 요인인가 아니면 기존 요인들의 성분인 2개 혹은 3개의 기본적인 정신 능력인 가 하는 것이다. 다시 말해 정서지능이 인지 영역에서 2부 리그 선수 인지 혹은 조짐이 보이는 주요 스타감인지 정확하게 말할 수가 없다. 예를 들어 정서이해와 결정성 지능 간의 상관은 매우 커서 더 엄격하 게 평가하면 그 능력을 구성하는 1층 요인으로 재분류가 가능한 정 도다. 마찬가지로, 시각적 자극으로 혹은 청각적 자극으로 평가되느 냐에 따라서 정서지각은 광의의 시각과 광의의 청각의 기초를 이루

는 기본적인 정신 능력을 구성한다. 필요한 연구들(규모가 큰 대표 표집을 대상으로 정서적, 인지적 능력의 지표에 대한 신중한 표집)이 아직 수행되지 않았기 때문에 이 이슈에 대한 판단은 아직 시기상조다.

정서지능에 3층 이론에서 훨씬 축소된 역할을 배분하는 문제는 분명히 정서관리 요인에 있다. 이 요인은 지능과 보통의 상관이 있으며 (표 3.4의 메타분석에 잘 나타나 있듯이) 기존의 구인들과는 다른 무엇이라는 것을 말해 주는 다른 인지능력의 지표와 아직은 상당한 거리가 있다. MSCEIT로 측정하건 아니면 다른 유형의 상황 판단 검사로 측정하건 그 구인이 일시적인 현상이 아니라는 것을 말해 준다. 이 주장과 마찬가지로 정서관리도 또한 사회가 중요하게 생각하는 결과들을 예측하는 것으로 보인다.

2. **경험적 정서지능(정서지각과 정서촉진)은 아이러니하게도 전략적으로 철저한 점검이 필요하다.** 우리는 MSCEIT의 정서촉진 가지에 대한 증거가 부족하다는 것을 지적했다. 예를 들어 요인분석 연구에서 제한된 몇몇 연구를 제외한 대부분의 연구에서 이 구인을 밝히는 데 실패했다. 이 측정은 또한 심리학자들이 말하는 안면 타당도의 문제점도 갖고 있다. 우리는 이 검사를 여러 번 실시했는데, 사람들에게 먼저 자신이 즐겁다고 상상하라고 한 후에 현재 얼마나 달콤한지 혹은 더 운지sweet or hot 표시하도록 하면 사람들이 낄낄거리는 것을 자주 관찰했다(단순히 hot이 갖고 있는 이중 의미 때문인 것 같지는 않다). 만일 이 검사가 중요한 결정을 하는 데 사용된다고 한다면 이 검사

때문에 현직에서 승진이 미뤄지는 일은 상상만으로 끝날 일이다. 우리가 살펴본 바로는 정서촉진이 중요한 어떤 결과를 어떻게 예측하는지 보여 주는 연구는 하나도 없었다. 즉 경험적 정서지능을 정서지능의 한 성분으로 인정할 수 있는 근거가 없으며 학생이나 동료에게 이 검사를 사용하는 것을 추천하지 않는다. 경험적 정서 지능에 대한 측정은 백지로 돌릴 필요가 있다.

최소한 MSCEIT로 평가한 정서지각에도 문제가 적지 않다. MSCEIT 얼굴과 사진 검사를 사용한 연구에서는 정서지각이 영향을 미치지 못하는 것으로 나타났지만 정서재인과 관련한 최근 메타분석 결과에 의하면 정서지각과 비슷한 요인들이 여러 결과에 정적 혹은 부적 영향을 미친다는 것을 우리는 볼 수 있었다. 이렇게 다른 결과가 나타난 것은 응답하는 방식에 있다. 더 좋은 MSCEIT 개발을 위해서는 더 좋은 응답 방식을 만들어야 할 것이다. 그 밖에 합의적 채점 방식의 성격 때문에 사람들에게 MSCEIT 정서지각 검사에서 높은 점수를 받을 수 있도록 코치하는 것이 놀라울 정도로 쉽다. MSCEIT의 주어진 문제 블록에서 한 정서에만 고도로 집중하고 나머지 정서들은 없다고 하면 거의 성공이 보장된다(그림 3.2 참조).

3. 전략적 정서지능(정서이해와 정서관리) 구인은 새로운 구인으로 그리고 중요한 결과에 대한 예측변인으로서 유망하게 보인다. 정서촉진과 관련한 연구 결과와는 반대로(그리고 정도는 덜하지만 MSCEIT로 측정된 정서인식도 마찬가지다), 정서이해와 정서관리에 관련한 자료는 앞으로의 연구를 위해 낙관적이다. 둘 다 다른 인

지능력들과 정적 상관이 있고, 성격과는 어느 정도의 상관이 있으며, 중요한 여러 결과들을 예측한다. 중요한 것은 이 구인들에 대한 연구 결과들이 한 가지 방법(혹은 MSCEIT와 같은 검사 도구)에만 제한되는 것이 아니라 여러 다른 방법 및 샘플과 통계적 기법으로도 반복 가능한 것으로 보인다는 점이다. 앞으로 연구될 결과들의 선택이 더 조직적으로 되면서 정서지능 과학의 발전에 큰 밑거름이 될 것으로 보인다.

4. 네 가지 모델은 정서지능의 초기 발전을 위한 돌멩이 수프지만 이제 그것을 넘어서 발전해야 할 때가 되었다. 빈 냄비를 가지고 한 마을에 도착한 배고픈 이방인들에 대한 옛날 이야기가 있다. 마을 사람들이 그들에게 음식을 나누어 주기를 거절하자 그 이방인들은 냄비에 돌멩이와 물을 넣고 끓이기 시작했다. 마을 사람들은 호기심이 생기기 시작하자 여기저기에서 채소를 가져오기도 하고 조미료를 가져와서 냄비에 넣었다. 곧 맛있는 수프가 완성되었고 모두가 함께 맛있게 먹는다는 내용이다(이 이야기에는 여러 종류의 버전이 있다. 관심이 있는 사람은 포르투갈어로는 sopa de pedra, 영어로는 stone soup를 찾아보라). 네 가지 모델은 그 돌멩이 수프와 같은 것으로 보인다. 끝에 가서는 우리가 실제로 필요로 하지 않을지 모른다. 하지만 그 연구 분야가 정서의 개인차에 관심을 갖도록 하고 측정과 이론과 적용에 대한 이슈를 제공한다는 점에서 매우 중요한 역할을 한다.

다음은 무엇인가? 우리는 인지능력의 역사로 돌아가서 관련된 하위 분야에서 많은 것을 학습하고 본격적인 정서지능 모델에 도달할 것이다. 가장 중요한 것은 기본 정신 능력들을 돌로 구운 적이 없다는 것이다(독자들은 뒤섞인 은유를 용서해 주기를). 오히려 3층 모델이 많은 경험적 연구에서 중요한 역할을 하고 자료들이 모여서 중심적인 새로운 분야를 개척했다. 이 장에서 논의한 다양한 측정이 분명히 선택되고 수정되고 많은 사람들에게 실시되었는지, 그리고 잠재된 차원들을 이해하기 위하여 그 요인이 분석되었는지 밝히는 연구들이 필요하다.

5. 정서지능이 주요한, 새로운 지능으로서의 위치를 확립하려면 정서지능에 대한 연구들이 메워야 할 빈 공간이 많다. 앞에서 인지능력 연구들을 간단하게 살펴보면서 우리는 3층 모델의 경험적 효능을 지지하는 많은 연구들을 주목했다. 예를 들어 우리는 인지능력 구인들이 요인분석을 사용하여 다양한 사람들을 대상으로 반복 가능하다는 것을 주장했다. 연구들도 이 인지능력들이 각각 훈련과 여러 중재 유형들에 민감하고 다른 학습과 발달 경로가 있다는 것을 보여 주었다. 이 시점에서 정서지능의 이런 측면들에 대한 증거는 비교적 드물거나 부재하다. 앞으로의 연구에서는 정서지능의 측정이 특수한 모집단, 문화, 인종 집단, 성별에 따라 다르다는 것을 보여 줄 필요가 있다. 또한 전 생애에 걸쳐서 이 능력들이 변하는지도 밝힐 필요가 있다(아마도 정서지각은 감소하고 정서이해와 정서관리는 나이가 들어도 계속 증가할 것으로 생각된다). 특별한 구인의 훈련이나 중재의 효과가 있는지 알아보기 위한 대조군 무작위 설계를 사용한

연구가 필요하다. 원인을 추론할 수 있는 종단적 연구도 절실하게
요구된다.

결론

능력 정서지능 구인에 대한 설명과 탐색에 대해서 우리는 길게 논의하지
않았다. 하지만 정보처리 과제를 살펴보든 상황적 판단 측정을 살펴보든,
정서지능이 지금까지 무시되어 온 인간의 인지능력 영역이라는 것은 분
명하다. 많은 사람들이 개인차 연구에서 방법론에 대한 적절한 평가 기준
체계를 고려하는 것에 비추어 볼 때 이제는 관심을 받아야 할 때가 무르
익은 것으로 보인다. 한편 Carroll(1995)은 이 하위 연구 분야의 목적은
'세상 사람들이 갖고 있는 지능의 다양성, 많은 형태의 인지적 과정과 작
용, 정신적 수행, 그리고 지식과 예술의 창조'(p. 429)를 탐색하는 것이라
고 주장했다. 이 목적을 이루기 위해서 Carroll은 발견해야만 하고 종합
적인 분류학적 모델 속에 융합해야만 하는 아직 손대지 않은 정신 활동의
영역들이 있다고 말했다. 나아가 이 개념들의 의미와 그것들의 현실적인
활동 및 문제와의 관련성을 밝히는 것은 과학 발전을 위해 매우 중요하
다. 우리는 이 주장에 동의한다. 이 장에서 논의된 모든 최대 수행 측정에
의해 평가된 다양한 구인들은 정서지능이 이 분류학적 모델에 포함될 수
있다고 말하고 있으며, 동시에 실생활에서의 중요한 의미를 갖고 있다.
다음에 이어지는 제4장부터는 이런 문제들을 상세하게 다룰 것이다.

정서지능 101

4

일상생활 속에서의 정서지능

콜로라도대학교 3학년인 댄은 그의 친한 친구인 게리가 스키 사고로 대학병원에 입원 중이며 상태가 심각하다고 전하는 아버지의 전화를 받았다. 곧바로 댄은 전속력으로 차를 몰아서 대학병원에 도착했다. 병원에 도착한 후에 그는 게리가 뼈가 여러 군데 부러지고 심한 내상이 있어서 수술을 받은 후에 회복실에 있다는 것을 알게 되었다. 회복실 밖에서 댄은 불안과 근심이 가득한 게리의 가족과 친구들을 만났다. 회복실 문을 통해 들여다보니 댄의 몸에는 여러 가지 튜브와 선들로 연결된 호흡과 투약을 돕는 장치들이 부착되어 있었다.

여러 정서역량들 덕분에 댄은 스트레스 상황에 잘 대처할 수 있었다. 댄은 자신의 정서를 정확하게 표현할 수 있는 능력이 있기 때문에 게리와 그의 가족들에게 그의 염려하고 걱정하는 마음을 효과적으로 전달했다. 또한 자신과 다른 사람들의 정서를 분명하고 정확하게 확인하고 이해하는 능력이 있기 때문에 게리의 병 상태가 어떤지 판단하기 위해 필요한 중요한 정보를 찾아낼 수 있었다. 게리가 의식을 찾았을 때, 댄의 정서는 사고 과정을 촉진시켜서 그의 친구에게 활력을 주기 위해 아이팟에 새 음악도 넣어 주고 재미있는 잡지도 보여 주었다. 댄의 유능한 정서관리 전략들은 자신의 슬프고 불안한 감정을 조절하는 데 도움을 주었을 뿐만 아니라 게리와 그의 가족들에게 자신의 근심과 동정과 염려하는 마음을 전달하는 데 도움을 주었다. 이 모든 정서역량들은 회복기간 동안 게리와 그의 가족들의 고통, 쇼크, 불안을 부분적으로 완화했다. 댄의 사례에서 알 수 있듯이, 정서역량은 일상생활 속에서 정서적으로 힘든 상황에 대처하는 데 중요한 역할을 할 수 있다. 당신은 아마도 이 시나리오와 비슷하게 스트레스가 많거나 힘든 상황을 정서역량 덕분에 잘 대처할 수 있었던 경험이 있을 것이다.

정서지능에 대해 일반사람과 과학자 모두가 관심을 갖는 이유는 일상적으로 생활하는 기능에 도움이 되고, 환경에 적용할 수 있는 유용성이 있고, 개인과 사회의 안녕감에 좋은 영향을 미치기 때문이다. 따라서 정서지능은 사회적 관계, 결혼, 건강, 교육적 성공, 직무 수행, 임상적 장애와 같은 다양한 영역에서 중요한 역할을 한다고 주장한다(Zeidner, Matthews & Roberts, 2009). 가장 열렬한 옹호자 중의 한 사람인 Daniel Goleman(1995)은 정서지능은 "애인 관계나 절친한 친구 관계에서, 성공을 결정해 주는 말없는 규칙을 눈치껏 습득하는 조직 정치 속에서, 혹은 삶의 어떤 영역에서든 도움이 될 것"(p. 36)이라고까지 주장했다.

나아가, 유명한 매체들은 정서지능을 학교나 직장과 같은 사회적 상황 속에서 발생하는 문제를 신속하게 해결하는 만병통치약으로 과대 광고해 왔다. 기숙사 룸메이트와 소통하는 데 문제가 있는가? 동성이나 이성 친구와의 관계에 문제가 있는가? 학업에 어려움이 있는가? 직장에서 스트레스를 받거나 승진을 못하고 있는가? 흡연과 음주를 지나치게 하고 있는가? 혈압과 칼로리 섭취를 제대로 관리하지 못하는가? 그것은 낮은 정서지능이 그 이유일 수 있다. 학교, 직장, 지역 센터, 건강 클리닉과 심리 클리닉에서 정서지능을 훈련받으면 개인적으로 그리고 사회적으로도 도움이 될 수 있다.

이 장은 정서지능이 일상생활에서 그리고 응용 환경에서 어떻게 영향을 미치는지 논의한다. 제2장과 제3장에서는 측정과 관련하여 많은 논의를 했지만, 여기에서는 측정보다는 정서지능과 일상생활에서의 기능을 연관 짓는 개념적인 기반과 정서지능의 연구가 실용적인 장점이 있다는 증거를 중심으로 논의한다. 최근 문헌들은 정서지능이 중요한 사회적·교육적·직업적 결과에 대한 신뢰할 수 있는 예측변인임을 지지하는 자료를 제공한다. 많은 지지를 받고 있음에도 불구하고 아직은 몇 가지 주의할 점과 의문점이 있다. 앞에서 제안했듯이(Zeidner et al., 2009), 정서지능은 수정을 이용한 치료나 풍수(그림 4.1 참조)와 같은 일시적 유행에 지나지 않을지도 모른다. 다음 절에서는 일상생활 속에서 정서지능을 활용하는 사례를 제시하고 일반적인 신화, 허구, 그리고 근거가 없는 불신으로부터 일상적인 기능 속의 활용에 대한 과학적인 사실과 경험적인

그림 4.1　정서지능은 풍수와 같은 일시적인 열풍인가 아니면 엄연한 과학적 구인인가?

(출처 : http://en.wikipedia.org/wiki/File:Taipei.101.fountain.altonthompson.jpg)

연구 결과를 보여 줄 것이다.

우리는 사회적 기능과 대인관계, 건강과 스트레스에 대한 대처와 주관적 안녕감, 응용(교육적 그리고 직업적) 상황들과 같이 일상생활의 중요한 영역들에 초점을 맞춘다. 이 영역들은 삶의 중요한 부분을 구성하고 있기 때문에 정서지능과 관련하여 광범위하게 연구되었다(Farrelly & Austin, 2007; Zeidner et al., 2009). 사회적 상호작용과 친밀한 대인관계에 대하여 간단하게 언급하는 것을 시작으로 사회적 영역에서의 정서지능의 역할을 먼저 논의하기로 한다. 그다음에 신체적 그리고 정신적 건강에서의 정서지능의 역할을 논의하고, 계속해서 스트레스에 대한 대처와 주관적 안녕감에 미치는 정서지능의 역할을 논의한다. 그 후는 두 가지 중요한 조직적인 응용 환경인 학교와 직장에서 정서지능이 미치는 영향을 살펴본다. 정서지능이 학교와 직장에서 중추적인 역할을 한다고 주장하는 연구들을 상세하게 살펴보고, 이 주장을 지지하는 경험적인 증거들에 대하여 비판적으로 논의할 것이다.

사회적 행동

효과적으로 사회적 세상을 항해하기 위해서는 정서적 정보처리와 정서적 역동성을 잘 관리하는 것이 당연히 필요하다. 아마도 높은 정서지능을 갖고 있는 사람들은 낮은 정서지능을 갖고 있는 사람들에 비해 소통되고 있는 메시지가 의도하는 의미를 더 정확하게 받아들이고, 메시지가 암시하는 것을 더 잘 이해하고, 감정이 실린 메시지에 더 효과적으로 자신의 감정을 조절해서 반응할 것이다. 이 모든 것은 적응적인 사회적 결과를 획득하는 데 도움이 된다. 긍정적 정서는 사회성과 연결되어 있고(Argyle, 2001), 반면에 부정적 감정은 다른 사람들을 멀리하게 만든다(Furr & Funder 1998). 결과적으로, 정서적 역량은 사회적 만남과 적응적인 결과에 영향을 미치는 중추적인 역할을 하는 것으로 생각된다(Lopes et al., 2004).

사회적 상호작용

Mayer와 동료들의 최근 연구(Mayer, Roberts & Barsade, 2008)에 의하면 능력 정서지능이 아동과 성인 모두의 긍정적인 사회적 안녕감과 적응적인 사회적 결과를 예측한다고 한다. 특히 자기보고식 측정에서도 아동과 청소년(Mavroveli, Petrides, Rieffe & Bakker, 2007; Mavroveli, Petrides, Sangareau & Furnham, 2009) 그리고 대학생(Schutte et al., 2001)의 사회적인 적응 행동과 관련이 있다는 것이 일관성 있는 결과로 나타났다. 마찬가지로 능력 기반 정서지능과 사회적 결과들 간의 정적 상관이 아동과 청소년(Márquez, Martín & Brackett, 2006; Rossen, Kranzler & Algina, 2008, 2009) 그리고 대학생(Brackett, Mayer & Warner, 2004; Lopes et al., 2003, 2004)에서도 보고되었다. 긍정적인 사회적 결과에는 더 긍정적인 안녕감, 더 큰 공감, 더 많은 친사회적 행동 등이 포함된다. 제3장에서 보았듯이, 정서관리가 이런 사회적 기준의 가장 일관성 있는 예측변인으로 보이면, 나머지 세 가지는 대부분 평가된 사회적 변인들과 미미한 관련이 있었다(Lopes et al., 2003, 2004).

더 높은 정서지능이 더 우호적인 사회적 결과를 예측하는 것과 마찬가지로, 더 낮은 정서지능은 개인 간 갈등 및 부적응과 연관이 있다(Mayer et al., 2008). 따라서 정서지능 점수가 더 낮은 청소년들은 정서지능이 더 높은 또래들보다 상대적으로 더 공격적이고 갈등적이며 반사회적인 행동을 더 많이 하는 것으로 관찰되었다(Brackett et al., 2004; Mayer, Perkins, Caruso & Salovey, 2000).

친밀한 대인관계

애인이나 배우자 관계와 같은 밀접한 대인관계는 갈등 수준이 높을 뿐만 아니라 감정 수위도 높은 사회적 상황이다(Fitness, 2001). 두 사람을 연결하는 바로 그 정서적 연결과 친밀함이 종종 감정의 기복과 갈등의 밑거름이 된다(Carstensen, Graff, Levenson & Gottman, 1996). 관계 갈등에 복잡하게 얽힌 감정의 고리(예 : 분노, 두려움, 수치)일지라도 그 감정의 근원은 매우 사소한 것에 있다(예 : 욕설, 중성적인 메시지를 나쁜 것으로 오해하기, 생일 잊어버리기, 더러운 양말 아무 데나 두기 등). 이런 갈등이 오래 누적되면 결국 관계가 악화된다. 이 장면에서 정서지능이 개입해 이런 차원의 수준이 높은 사람을 도울 수 있다면 둘 사이에 긍정적인 정서적 상호작용을 유지할 수 있다. 정서적으로 힘든 상황(갈등을 포함해서)을 대처하는 방식에 따라 관계의 안정성과 느끼는 만족감이 달라진다. 다음에는 특수한 정서지능 성분들이 어떻게 가까운 대인관계에 좋은 영향을 미칠 수 있는지 알아본다.

정서의 확인과 표현. 연구에 의하면 정서를 정확하게 인식하고 전달하는 능력에는 개인차가 있다고 한다. 어떤 사람은 습관적으로 애매한 정서적 신호를 파트너에게 보낸다. 또 어떤 사람은 상대방이 보내는 누구나 알 수 있는 분명한 정서적 신호를 무시하거나 잘못 판단한다(예 : 중립적인 신호를 적대적인 것으로 잘못 해석하기). 정서지능은 원하는 것을 확인하고 겉으로 표현하고, 민감한 문제에 대하여 솔직하게 이야기하고, 상대방이 비언어적 메시지를 해독할 수 있도록 함으로써 친밀한 대인관계를 유지하는 데 도움이 된다. 사실 언어적 그리고 비언어적인 의사소통 방식과 정서표현은 커플의 성공적인 사회적 기능을 이해하기 위한 중추적인 역할을 한다.

정서이해. Keltner와 Haidt(2001)가 지적했듯이, 정서를 정확하고 깊이 이해하는 능력은 사회 환경 속에서 다른 사람들의 의도, 태도, 동기, 사고를 해석하는 데 도움이 될 수 있다. 자신과 다른 사람들의 정서를 이해하지 못하면 언어적 그리고 비언어적 메시지를 잘못 이해하게 되고, 그 결과 절친한 대인관계의 긴장과 와해를 불러온다(Fitness, 2006). 따라서 절친한 대인관계에서는 자신과 다른 사람들의 정서를 이해하는 것이 긍정적으로 관계를 돈독하게 하는 데 도움이 된다.

정서조절. 자신과 다른 사람들의 정서를 성공적으로 유지하고, 변화시키거나 수정하는 능력은 관계의 안정성과 행복에 영향을 미치는 중요한 요인이다(Fitness, 2001). ['정서조절'이라는 용어가 Gross(2000)에서와 같이 더 널리 사용되기는 하지만, 정서지능 문헌에서는 '정서조절emotion regulation'과 '정서관리emotion management'는 상호 교환적으로 사용되는 경향이 있다.] 연구에 의하면 부정적인 상호작용을 건설적인 방식으로 개선할 수 있는 커플은 그렇지 않은 커플보다 결혼 만족도가 더 높은 것으로 나타났다. 그렇지만 부정적인 정서를 너무 많이 표현하거나 너무 적게 표현하는 것은 대인관계에서 덜 적응적일 수 있다(Zeidner et al., 2009).

성공적인 관계는 커플이 부정적인 감정을 처리하는 방법에 달려 있기 때문에 정서지능이 중요한 역할을 하는 것으로 보인다. 두 사람이 스트레스와 감정적 균열에 성공적으로 대처하기 위해서는 자신과 상대방의 정서를 확인하고 이해하고 조절하는 기술이 매우 중요하다. Fitness(2001)는 이것을 다음과 같이 요약했다. "결혼생활에서 언제, 왜, 어떻게 미안하다는 말을 할 것인지를 제대로 알고, 가장 힘든 역경 속에서도 인내할 수 있기 위해서는 공감, 자기통제, 인간의 욕구와 감정에 대한 깊은 이해를 포함한 많은 복잡한 정서기술이 필요하다."(p. 98)

경험적 증거. 전반적으로 많은 연구에 의하면 사람들이 관계 속에서 자기 자신과 상대방의 정서를 이해하기 위해서는 높은 정서지능과 정서에 대한 작동 지식을 갖고 있어야 한다. 이 영역에서의 첫 경험적 연구 중 하나인 Fitness(2001)의 연구는 정서적 투명성이 높은 커플이 정서적 투명성이 낮은 커플보다 상대방이 저지른 잘못을 더 쉽게 용서하는 것을 발견했다. 이 사람들은 또한 그들 관계 속에서 더 행복한 것으로 나타났다. 반대로, 정서이해가 낮은 특성을 갖고 있는 사람들은 상대방을 공격하는 경향이 더 많고 상대의 아픔과 우울을 적개심으로 해석하는 경향이 있는 것으로 보인다. 따라서 죄책감과 후회를 표현하는 대신에 오히려 증오에 찬 행동으로 반응한다. 시간이 지나면서 그런 반응은 갈등을 악화시키고 관계의 질을 떨어뜨린다. 정서오해는 또한 상대방으로부터 자신이 느끼는 부정적인 정서를 다시 파트너에게 돌려주는 '부정적인 정서교환'을 일으킬 수 있다. Brackett, Warner와 Bosco(2005)에 의하면 정서지능 점수가 낮은 커플은 정서지능 점수가 높은 커플보다 그들의 관계가 더 불행하다고 보고했다.

Zeidner와 Kaluda(2008)에 의한 최근 연구는 100쌍의 신혼부부를 대상으로 정서지능과 로맨틱한 사랑의 관계를 연구했다. 그 결과 언어성 지능을 통제한 후 자기보고식과 능력 기반 측정치들 모두 유의미한 '배우효과actor effect'를 나타냈다. 즉 높은 수준의 정서지능을 갖고 있는 파트너들이 더 사랑하고 있고 친밀한 관계에 대한 만족감도 더 높았다. 하지만 '파트너 효과'는 나타나지 않았다. 즉 파트너의 정서지능이 높다고 해서 반드시 그 파트너를 더 사랑하는 것은 아니었다. 정서지능이 직접적으로 대인관계에 영향을 미친다는 연구들도 나타나면서 앞으로 정서지능에 대한 연구가 활발해질 것으로 기대된다. 분명한 것은 정서적 불감증이 관계에서의 행복감을 감소시킬 수 있듯이 관계에서의 불행이 서로가 서로에 대한 정서적 민감성을 감소시킬 수도 있기 때문에, 여기에서 원인과 결과를 밝히는 것은 어렵다.

건강, 스트레스에 대한 대처, 안녕감
건강
자신의 정서를 잘 표현하고 이해하고 관리하며(Salovey, 2001), 스트레

스 요인과 일상생활의 문제에 효과적으로 대처하는(Bar-On, 1997) 정서
지능이 높은 사람들은 정서지능이 낮은 사람들보다 심리적 · 신체적으로
건강하다고 연구자들은 주장한다. 또한 정서지능이 정서장애에 큰 영향
을 미치고, 불안이나 우울과 같은 정서장애 및 감정표현불능증과 같은 사
회병질을 평가하는 데 도움이 된다고 한다. 사실 최근 연구는 정서지능과
건강 관련 행동 간에 보통의 상관이 있다고 지적한다(Zeidner, Matthews
& Roberts, 출판 중).

정서지능과 건강 관련 행동을 연결하는 여러 가지 가능한 메커니즘이
나 경로가 있다(Ciarrochi & Deane, 2001; Johnson, Batey &
Holdsworth, 2009; Saklofske, Austin, Galloway & Davidson, 2007;
Zeidner, Matthews & Roberts, 인쇄 중). 〈그림 4.2〉는 정서지능과 건
강 관련 행동 간의 잠재적인 매개 요인들을 요약하고 있다. 우선, 높은 정
서지능은 성공적이고 효율적인 자기조절을 통해서 의사의 충고를 잘 따
르고 건강을 관리하는 데 도움이 된다(약을 잘 먹고, 진료 예약을 잘 지키
고, 살찌는 음식을 피하는 등). 정서지능은 건강에 도움이 되는 습관적인
대처행동과 관련이 있기 때문에 신체적 건강에 간접적으로 영향을 줄 수
있다. 스트레스하에서 건강을 지키기 위한 과제지향적인 방법으로는 규
칙적인 운동, 건강한 영양 섭취, 위생관리, 적절한 수면, 지지적인 사회적
네트워크를 유지하기 위한 계획적인 노력이 포함되며, 이것들은 모두 긍
정적인 기분과 더 건강한 삶의 질을 향상시키는 데 영향을 미친다. 높은
정서지능을 갖고 있는 사람은 적극적인 자기관리를 하고(규칙적인 운동,
휴식, 건강한 다이어트), 스트레스나 병이 있을 때 의존할 수 있는 더 많

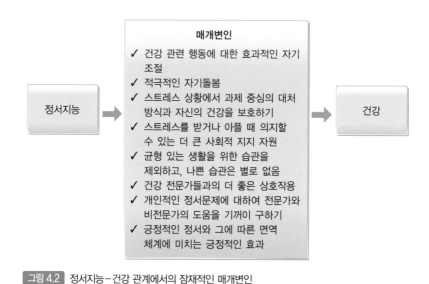

정서지능-건강 관계에서의 잠재적인 매개변인

은 사회적 지지 자원을 갖고 있다.

　또한 정서지능이 높은 사람들은 과하게 유흥(예 : 도박, TV, 인터넷)에 빠져서 생활의 균형을 깨뜨리는 나쁜 습관을 갖게 될 확률이 낮다. 자기 통찰과 자기조절 수준이 높으면 잘못된 대처로 위험에 빠지게 되는 행동을 예방할 수 있고 수명과 신체적 안녕감을 증가시켜 주는 긍정적인 라이프스타일을 갖게 된다. 그 밖에 정서지능의 개인 간 측면은 건강 전문가들과의 상호작용을 촉진하는 것으로 생각된다. 즉 정서지능이 높은 사람은 개인적·정서적 문제, 우울, 자살 상상에 대한 전문적인 도움을 기꺼이 구한다(Ciarrochi & Deane, 2001). 마지막으로, 정서지능과 관련된 긍정적인 정서는 스트레스 관리를 돕고 심리적 스트레스와 우울을 포함한 부정적인 정서 수준을 낮추기 때문에 면역 체계에 대한 잠재적인 긍정적 효과를 갖고 있다(Dawda & Hart, 2000; Slaski & Cartwright, 2002).

경험적 증거. 최근에 Martins, Ramalho와 Morin(2010)은 80개의 연구, 105개의 효과 크기, 19,815명의 피험자들을 메타분석했다. 이 연구에서 정서지능을 능력(평균 $r = 0.17$)으로 측정했을 때보다 특성(평균 $r = 0.34$)으로 측정했을 때 건강과 더 높은 상관이 있었다. 또한 정서지능의 정신건강(평균 $r = 0.36$) 및 심신 건강(평균 $r = 0.33$)과의 가중 평균 상관이 정서지능과 신체 건강의 상관(평균 $r = 0.27$)보다 더 높았다. 성별에서는 남성보다 여성에서 더 큰 효과가 나타나 성별이 정서지능-건강 관계를 중재하는 것으로 나타났다. 전체적으로 정서지능은 그 관계의 크기는 다르지만 신체 건강보다 정신건강에 더 관련이 있는 것으로 보인다(Schutte, Malouff, Thorsteinsson, Bhullar & Rooke, 2007). Martins 등(2010)에 의하면 그 연구들의 제한점은 객관적인 의학적 기준이 아니라 대부분 자기보고식 건강(일반적으로 건강한 표본)에 주로 의존했다는 점이다. 성격 문헌(Watson & Pennebaker, 1989)에 의하면 어떤 사람들은 객관적인 의학적 원인이 없는데도 신체적인 증상을 더 고통스럽다고 생각한다. 정서지능이 자신의 건강에 대한 만족감이 아니라 정말 신체 건강과 관련이 있다는 것을 증명하기 위해서는 더 많은 연구가 필요하다.

심리적 스트레스에 대한 대처

넓게 말해 스트레스란 목표를 향해 노력하는 과정에서 만나거나 예상되는 역경이나 도전의 경험이다(Carver & Conner-Smith, 2010). 스트레스 연구에서 주된 패러다임인 거래 모델에 의하면, 스트레스를 관리하거나 대처하기에 역부족인 상황을 만날 때 스트레스가 일어난다(Lazarus & Folkman, 1984; Lazarus, 1999). 개인이 어떤 방해, 장애, 위협, 혹은 위험을 감당하기가 힘들 때 그 경험이 스트레스를 받고 있는 것으로 생각된다.

최근 이론과 연구에 의하면 정서지능은 일상생활에서 어떻게 스트레스에 대처하고, 셰익스피어가 가장 적절하게 표현한 '가혹한 운명의 화살'을 어떻게 대면할 것인지를 결정하는 결정적인 요인이다. 정서를 관리하고, 스트레스가 많고 정서적으로 힘든 상황에 대처하기 위한 역량으로 정서지능을 개념화하는 것은 정서의 기능적인 관점에 기반을 두는 것이다. 즉 정서를 개인적인 목표를 달성하도록 하기 위해 개인의 행동을 유도하고 정보로 사용되는 반응으로 생각한다(Goldenberg, Matheson & Mantler, 2006).

정서지능은 매일의 스트레스 요인, 삶의 변화, 혹은 외상성 사건까지 처리하는 대처 메커니즘과 관련이 있다(Rode, Arthaud-Day, Mooney, Near & Baldwin, 2008). 정서지능의 각 하위 요인들은 잠재적으로 스트레스를 감소시키는 데 도움이 될 수 있다(Gohm, Corser & Dalsky, 2005).

경험적 증거. 정서지능이 스트레스를 받는 상황에 영향을 미치는 유의미한 예측변인이라는 주장이 실생활 연구(Ciarrochi, Deane & Anderson, 2002; Mikolajczk, Menil & Luminet, 2007)와 실험적 상황 연구

(Mikolajczak, Roy, Luminet, Fille & de Timary, 2007) 모두의 지지를 받았다. 따라서 시험을 볼 때 높은 특성 정서지능이 상황에 대한 인지적 평가와 관련되어 있는 것으로 나타났으며, 더 높은 특성 정서지능 점수가 덜 위협적인 평가와 더 높은 자기효능감과 관련되어서 학업 시험을 통과하는 것으로 나타났다(Mikolajczak, Luminet & Menil, 2006). 또한 최근의 Keefer, Parker와 Saklofske(2009)의 연구에 의하면 다양한 자기보고 정서지능 검사에서 높은 점수를 받는 사람들은 일상의 번거로움, 주관적인 피로감, 직무 스트레스, 여러 상황 속에서의 불편함 등에서 낮은 점수를 받는 것으로 나타났다.

Keefer 등(2009)은 정서지능이 유발성 스트레스(예 : 지문 읽기, 이야기 쓰기, 짧은 비디오 클립 감상하기)의 처리와 그것으로부터의 회복에서 어떤 역할을 하는지 알아보기 위한 기분 유발 실험들을 살펴보았다. 그 결과들은 일치하지 않고 복잡했다. 정서지능이 높은 사람들은 정서지능이 낮은 사람들보다 더 좋은 기분으로 실험실에 온 반면에, 높은 정서지능이 일반적으로 기분을 유발하고 강도를 조작하는 절차에서 나오는 성향을 일반적으로 완화하지 않았으며, 그 결과는 불확실하다. 그러나 기분 민감도의 변산성에도 불구하고 더 높은 정서지능은 실험에서 유도한 괴로움으로부터의 더 빠른 회복을 예측했고 더 크게 기분이 개선되는 것을 보여 주었다. 정서관리는 스트레스와 기분 간의 관계에서 중재자로 보였다.

Mikolajczak와 Luminet(2008)에 의한 최근의 한 실험 연구는 정서지능이 스트레스가 많은 사건이 영향을 미치는 자기효능감에 대한 평가를 조정한다는 주장을 지지한다. 중립적인 조건에서는 정서지능이 높은 학생과 낮은 학생 간에 차이가 없는 반면에, 자존심이 걸려 있고 시간이 제한된 상황에서 수학 문제를 풀게 하는 스트레스가 많은 조건에서는 정서지능이 높은 학생들이 정서지능이 낮은 학생들보다 그 조건을 더 도전적이고 덜 위협적인 것으로 평가했다. 특성 정서지능이 높은 학생들도 특성 정서지능이 낮은 학생들보다 스트레스가 있는 상황을 대처하기 위한 더 높은 자기효능감을 나타냈다. 정서지능이 스트레스를 조절하는 효과는 신경내분비 수준에서도 보고되었다. 검사를 받고 있을 때 정서지능이 높은 학생들이 정서지능이 낮은 학생들보다 글루코코르티코이드를 적게 분비했다(Mikolajczak, Roy, Luminet, Fillée & de Timary, 2007). 그렇지만 유의미한 조절 효과를 발견하지 못한 연구들도 있다(Day, Therrien & Carroll, 2005).

정서지능과 스트레스에 대한 성공적인 적응 사이의 통로를 조절하는 특수한 인지적 전략과 행동적 전략을 더 잘 이해하기 위해 이제 정서지능과 대처에 대한 문헌을 살펴보기로 한다. 기능주의 관점에서 보면 정서지능과 적응적인 대처 전략 사용 간의 관계를 예측할 수 있다. 스트레스 연구에서 Lazarus와 동료들(Lazarus & Folkman, 1984)이 제안한 교류 패러다임에 의하면 스트레스를 해결하고, 견디고, 혹은 피하기 위해서 개인은 스트레스로 평가되는 사람-환경 교류에서 요구되는 것을 관리하기 위하여 의도적으로 다양한 대처 행동을 한다(Folkman, 1991). 구체적으로, 잠재적인 스트레스의 원천에 직면할 때(예 : 교실 앞에서 보고서 발표하기) 개인은 정서적 스트레스를 조절하거나 혹은 처해 있는 문제를 처리하는 데 노력을 집중하여 힘든 사람-환경 교류를 관리한다(Lazarus, 1990). 이렇게 지속적으로 변화하는 대처 전략들은 인지적이거나 행동적일 수 있고, 직접적일 수도 있고 간접적일 수도 있으며, 스트레스 상황에 관여할 수도 있고 회피할 수도 있다.

대처 전략을 여러 가지로 분류할 수 있지만, 연구자들은 다음과 같이 세 가지로 구분하기로 의견을 모았다.

1. **문제 중심 대처.** 개인이 스트레스 원천을 피해 가거나 제거함으로써 문제를 해결하는 대처 방법(예 : 중요한 시험을 앞두고 철저하게 계획하기)
2. **정서 중심 대처.** 스트레스와 관련된 부정적인 정서를 조절하고, 감소시키고, 날려버리거나 제거하는 방법(예 : 심리학 시험을 완전히 망친 후에 친구에게서 정서적인 위로를 받기)
3. **회피 대처.** 스트레스 상황을 회피하기 위해 계획적인 전략을 사용하는 대처 방법(예 : TV 시청하기, 잡지 보기, 개를 데리고 몇 시간 산책하기)

정서지능이 높은 사람이 정서지능이 낮은 사람보다 스트레스를 더 잘 관리한다고 흔히 말한다. 〈그림 4.3〉은 정서지능이 높은 사람이 스트레스를 받은 후에 보여 주는 낮은 수준의 정서적 스트레스와 대처 방법 및 작용을 조절하는 요인들을 보여 준다(Catanzaro & Mearns, 1999; Extremera, Durán & Rey, 2007; Mikolajczak & Luminet, 2008; Salovey, Stroud, Woolery & Epel, 2002; Zeidner, Matthews &

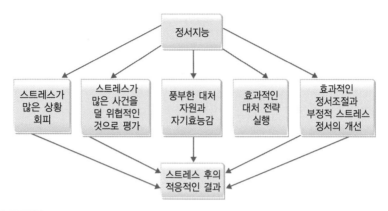

그림 4.3 정서지능과 스트레스 상황 후의 적응적 결과 관계에서의 매개 체계

Roberts, 2006).

경험적 증거. Zeidner 등(2006, 2009)은 정서지능과 대처를 연결하는 많은 연구들을 살펴보고 두 구인 간의 상관 범위는 0.20~0.60이라고 말했다. 상관의 강도와 방향은 측정된 대처 전략의 유형(문제 중심, 정서 중심, 회피)과 정서지능이 조작된 방식(특성 정서지능, 능력 정서지능)에 따라 다르다. 특성 정서지능은 적응적인 대처 유형과 정적 상관이 있고 부적응적인 대처 유형과는 부적 상관을 나타내는 경향이 있다(Bastian, Burns & Nettelbeck, 2005; Mikolajczak, Nelis, Hansenne & Quiodbach, 2008; Saklofske et al., 2007). 이 관계는 아마도 부분적으로 특성 정서지능 측정과 대처 유형에 대한 성격 유형 측정 간에 큰 유사점이 있기 때문일 것이다. 능력 정서지능이 어디에 관련이 있는지는 연구된 것이 거의 없기 때문에 알 수가 없다. 능력 정서지능은 회피 전략과 부적 상관이 있는 것으로 보인다(Matthews, Zeidner & Roberts, 2006; MacCann,

Fogarty, Zeidner & Roberts, 2011; Peters, Kranzler & Rossen, 2009). 하지만 능력 정서지능이 대처 전략과는 상관이 낮은 것으로 나타났다(Bastian et al., 2005). 요약하면, 정서지능과 스트레스 상황에 대한 다양한 전략 간에 상관이 있다는 연구들이 있으며, 특히 특성 정서지능과 상관이 더 큰 것으로 나타났다.

Keefer 등(2009)은 정서통찰력의 부족, 자신의 기분에 대한 혼란, 강한 정서를 조절하지 못하는 무능력이, 비효과적이고 잠재적으로 해로운 대처 행동을 통하여 스트레스가 건강에 미치는 부정적인 영향을 악화할 수 있다고 말한다. 그것들은 또한 더 좋은 정서적 그리고 사회적 역량을 갖고 있는 사람들이 스트레스 환경에서 적응적인 정서조절과 기분 회복을 더 잘한다는 증거를 확인해 준다. 하지만 전체적으로 보면 정서지능 구인들을 대처와 스트레스 결과에 연결하는 구체적인 메커니즘에 대해서는 아직 밝혀지지 않았다. 예를 들어 Mayer-Salovey-Caruso 정서지능 검사(MSCEIT)를 사용한 연구들은 기대와는 달리 정서지능이 스트레스 반응을 조절한다는 결과를 보여 주는 데 실패했다(Matthews, Emo, et al., 2006).

Keefer 등(2009)은 "누적된 연구 결과들은 적응적인 대처를 정서지능이 작용하는 것으로 개념화할 수 있다는 주장에 대한 강력한 지지를 보낸다."(p. 202)라고 결론을 내렸다. 그들은 자신이 느끼는 기분의 성질과 원인을 이해하는 사람들과 정서조절 능력이 풍부한 사람들은 일반적으로 실험적인 혹은 실생활의 스트레스원의 압력에 잘 무너지지 않고 적극적으로 대처하여 정서적 균형을 회복하고 문제를 해결하려는 경향이 있다고 하였다. 의식적으로 자신의 정서지능 자원을 사용하면 전체적인 대처 노력의 효과성을 최대화하는 데 도움이 되는 것으로 보인다. 스트레스를 받는 시간을 단축시키기 위해 적응적인 대처 행동을 하면 심리적인 스트레스—반응 체계의 만성적인 과활동성과 관련이 있는 건강 문제를 일으킬 가능성을 줄일 수 있다.

안녕감

많은 학자들은 정서지능이 주관적인 안녕감, 행복, 삶 만족감을 포함한 중요한 삶에 대한 결과와 분명히 상관이 있다고 이론화했다(Law, Wong & Song, 2004; Palmer, Donaldson & Stough, 2002; Salovey & Mayer, 1990). 정서지능이 사실 더 큰 삶 만족감, 더 빈번한 정적인 감정, 더 높은 자존감, 사회 활동과 같은 사회적 · 정서적 안녕감과 성공을 말해 주는 다양한 결과들과 상관이 있다는 경험적 증거들이 증가하고 있다(Zeidner et al., 2009). 그러나 다음에서 볼 수 있듯이 (그리고 지금까지 여러 차례 지적했듯이) 이 관계의 강도는 측정에 달려 있다.

정서지능과 사회적 · 정서적 안녕감의 연결 관계를 설명하기 위해 여러 가지 메커니즘이 가정되었다. 첫째, 정서지능이 높은 사람들은 자신의 정서를 더 잘 알고 더 잘 조절할 수 있다고 가정하면, 정서지능이 높은 사람들은 더 낮은 수준의 고통과 스트레스와 관련한 정서를 경험하고 또한 더 높은 수준의 안녕감을 경험한다(Salovey, Bedell, Detweiler & Mayer, 1999). 둘째, 정서지능이 높은 사람들은 사회적 역량이 더 크고, 사회적 네트워크가 더 풍부하고, 더 효과적인 대처 전략을 갖고 있다고 가정하면, 이런 것들은 정서지능이 높은 사람들의 주관적인 안녕감과 사회적 조건에 대한 개인적인 만족감을 높여 준다(Salovey et al., 1999; Salovey, Bedell, Detweiler & Mayer, 2000). 셋째, 정서가 환경 및 다른 사람들과 자신의 관계에 대한 정보를 제공하기 때문에, 정서지능이 높은 사람들은 그 정보를 해석하고 그 정보에 반응함으로써 안녕감을 향상시키거나 유지할 수 있게 행동하고 생각할 수 있다(Lazarus, 1991; Parrott, 2002). 마지막으로, 정서지능은 부정적인 정서를 적게 경험하고 긍정적인 정서를 더 많이 경험하는 것과 관련이 있는 것으로 나타났기 때문에 정서지능이 더 풍부한 안녕감을 갖게 하는 데 영향을 미친다(Mikolajczak et al., 2008). 따라서 정서지능은 정서적 부담을 관리하기 위한 감정의 저장소와 '마술 가방'의 일부라고 할 수 있으며 따라서 건강한 안녕감을 유지해 준다(Lenaghan et al., 2007). 정서지능과 안녕감 간의 관계를

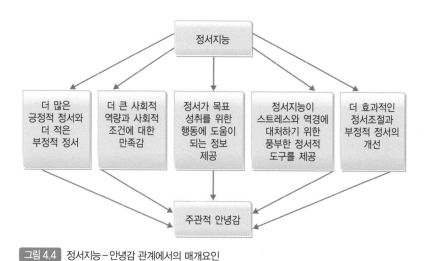

그림 4.4　정서지능－안녕감 관계에서의 매개요인

중재하는 이 메커니즘을 〈그림 4.4〉에서 요약해서 보여 주고 있다.

경험적 증거. 자기보고 정서지능 측정이 안녕감과 적응적인 결과를 잘 예측한다는 예측 타당도를 지지하는 증거들이 축적되고 있다(Zeidner, Matthews & Roberts, 2011). 위에서 논의했듯이, 메타분석(Martins et al., 2010)은 정서지능이 정신건강에 대한 다양한 설문지 평가와 중간 정도의 신뢰할 만한 상관이 있다는 것을 확인한다. 몇 가지 예를 들면 자기보고 정서지능 측정은 행복과 관련이 있으며(Chamorro-Premuzic, Bennett & Furnham, 2007), 낙관주의와 기분(Mikolajczak et al., 2006; Petrides et al., 2007), 그리고 정서적 의사결정과 관련이 있다(Sevdalis, Petrides & Harvey, 2007). 하지만, 제2장에서 보았듯이, 자기보고 정서지능 측정의 예측 타당도는 대부분 정서안정성(낮은 신경과민성)과 외향성과 같은 표준 성격 요인들과 중첩되는 데서 나온다(Day, 2004).

전체적으로, 능력 중심 정서지능 측정은 자기보고 측정만큼 개인적인 적응이나 안녕감의 정서적 지표를 잘 예측하지 못한다. 어떤 연구들은 정서지능이 IQ와 성격을 통제한 후 삶 만족도와 관련이 있다고 한다(Ciarrochi, Chan & Caputi, 2000). 하지만 다른 연구들은 MSCEIT가 주관적 안녕감, 지각된 스트레스, 삶 만족도, 사회적 관계 만족감, 우울 등과 같은 개인적인 적응의 지표들과 약하거나 유의미하지 않은 상관이 있는 것을 보여 주었다(Bastian et al., 2005; Brackett, Rivers, Shiffman, Lerner & Salovey, 2006; Zeidner & Olnick-Shemesh,

2010). Martins 등(2010)의 메타분석에서, 능력 정서지능과 정신건강 간의 연관성이 실망스럽게도 $r = 0.17$(11개 연구)로 나타났다. 최근의 Rode 등(2008)의 연구는 성격과 능력 요인들을 통제할 때 정서지능은 경영학 전공 대학생들의 2개의 표본에서 삶 만족도(혹은 GPA)에서 증가변량을 예측하지 못했다. 하지만 3장에서 보았듯이 관계 만족도, 사회적 역량, 약물 남용과 같은 자해적인 행동의 자제 등과 같이 MSCEIT에 의해 더 잘 예측되는 몇 가지 준거가 있는 것으로 보인다(Rivers, Brackett, Salovey & Mayer, 2007).

능력 정서지능과 비교해 설문지 정서지능 측정이 안녕감을 예측하는 데 있어서 더 큰 타당도를 나타내는 것은 아마도 주관적 안녕감과 적응적인 사회적 기능에 대한 개인적인 자기보고에 의존하기 때문인 것으로 보인다. 그것은 자기평가에 의해 편향되었을 수 있다. 즉 사회적 안녕감 척도와 설문지 정서지능 측정 모두 그 사람의 자기의견이 얼마나 긍정적인가를 반영하기 때문에 서로 간에 상관이 있을 수 있다. 물론 자신의 사회적 기술에 대한 자신감이 또한 사회적 기능을 향상시킬 수도 있다.

응용 상황

응용 환경에서 정서지능의 실용적인 활용성을 둘러싼 논의와 논쟁 때문에 정서지능은 현대 심리학에서 가장 갈등적인 구인 중 하나가 되었다. 정서지능을 열렬히 지지하는 사람들에게 정서지능은 학교와 직장에서의 문제와 어려움을 신속하게 치료하는 만병통치약으로 보였다. 덜 낙관적으로 보는 다른 사람들에게는 정서지능이란 새롭고 더 반짝이는 병에 담은 오래된 포도주와 거의 다르지 않았다. 나아가 정서지능의 실용적인 활용성에 대한 다소 지나친 주장은 일반 대중뿐만 아니라 교육계와 산업체의 적용성에 대한 상당한 흥분을 일으켰다. 따라서 정서지능은 교육적 그리고 직업적 성취에 대한 중요한 예측변인으로 인식되었고 기존의 능력이나 성격보다 더 강력한 예측변인으로 주목받게 되었다. 정서지능의 응용 환경에서의 중추적인 역할에 대하여 과대포장하는 주장들은 당연히 비판을 받았으며(Salovey, Caruso & Mayer, 2004), 비판이 너무 커져서 온건한 정서지능 지지자들이 과학적으로 엄격한 주장을 하는 것도 어렵게 되었다. 이제 현대 생활의 두 가지 핵심적인 상황인 학교와 직장에서 정서지능이 어떤 역할을 하는지를 이와 관련된 연구를 통해 살펴보기로 한다.

정서지능과 학교

전통적으로 많은 교육자와 행정가들은 성공적인 교육 제도에 대한 다소 좁은 시야를 갖고 있다. 따라서 학교는 학생들에게 기본적인 기술(특히 읽기, 쓰기, 셈하기)을 숙달시키고 다른 중요한 학문 영역(예 : 과학, 역사, 외국어)을 가르치기 위해 존재한다. 하지만 최근에 몇몇 전문가들은 성공적인 교육에 대한 더 넓고 더 총체적인 비전을 제시했다. 그것은 학생들에게 전통적인 인지 중심의 학문 기술뿐만 아니라 사회적 그리고 정서적 기술들을 강화하는 것이다(Brackett & Katulak, 2007). 이 '새로운 모습'의 교육에 의하면, 교육을 받는다는 것은 인지적으로 지적이고, 지식이 풍부하고, 과학과 인문과 예술에도 정통할 뿐만 아니라 정서적으로 자신과 타인을 인식하고, 친절하고, 공감하고, 열정적이고, 남을 돌보고, 사려 깊고, 책임감 있고, 성실하고, 정직하고, 친사회적이고, 통제력이 있는, 간단히 말해서 정서적으로 지능적인 것을 의미한다(Elias, Hunter & Kress, 2001). 이 '새로운 모습'은 전통적으로 인지능력에 초점을 맞추던 것에 더하여 사회적·정서적 훈련과 발달에도 깊은 관심을 갖는 것을 필요로 한다. 학생들의 정서지능을 향상시키는 데서 얻을 수 있는 잠재적인 장점을 〈그림 4.5〉에 요약했다.

학교에서 정서지능을 지지하는 사람들은 앞에서 언급한 '새로운 모습'의 교육 운동이 특별히 튼튼한 기반이 될 수 있다고 생각하고, 정서문해력emotional literacy 시류에 확고하게 편승했다. 정서지능 옹호자들은 학교가 갖고 있는 문제를 해결하기 위해서는 사회적·정서적 기술의 개발과 적용을 장려하는 학교 분위기를 조성하는 것은 물론이고, 정서문해력과 사회적·정서적 교육 프로그램을 표준 교육과정에 포함해야 한다고 주장했다. 사실, 사회적·정서적 교육은 많은 교사들이 항상 생각하고 있지만 잘 실천되지 않는, 학교 생활에서 '잃어버린 조각'이 되었다(Elias et al., 1997). 정서문해력을 학교로 들여오는 일은 아동의 삶에서 가장 중요한 정서와 사회적 삶을 교육적으로 무의미한 부담으로 받아들일 것이 아니라 학습하고 논의하기 위한 중요한 주제로 받아들이는 것이다.

많은 연구자들(Romasz, Kanotr & Elias, 2004)은 학생들은 교실에서 전통적인 지식 중심의 내용보다 사회적·정서적 기술을 먼저 획득해야 한다고 말한다(Humphrey, Curran, Morris, Farrell & Woods, 2007; Zins, Payton, Weissberg & O'Brien, 2007). 정서지능을 향상시

사회적 · 정서적 기술
- 교실 학습
- 성인 및 다른 학생들과의 건설적인 관계
- 자기동기와 방향
- 긍정적인 교실 행동
- 자신과 다른 사람들에 대한 긍정적인 평가

향상

정서지능

억제

자기파괴적 행동
- 충동조절 능력 부족
- 공격성과 폭력성
- 약물 사용
- 성적 문란
- 학습 동기 부족

그림 4.5 학생들의 사회적 · 정서적 기술을 향상시키고 해로운 행동을 억제하기 위한 정서지능의 잠재적인 장점

키면 학업 성적도 향상되고 개인적인 발달에도 좋은 영향을 미친다. 정서지능 기술과 역량은 일반적으로 학생들이 더 높은 수준의 성취를 하도록 동기화하고, 사회적 · 정서적으로 더 유능하게 하고, 더 책임감 있고 생산적인 사회의 구성원이 되도록 하는 데 도움을 줄 수 있다. 즉 정서지능은

동기와 자기통제력을 향상시키고, 생산적인 학습 협력을 촉진하고, 반사회적 행동을 최소화하고, 정신적 고통, 물질 남용, 비행, 십대 임신, 폭력 등과 같은 학습에 방해가 되는 것으로부터 학생을 보호함으로써 간접적으로 성공을 중재할 뿐만 아니라, 직접적으로 학생의 성공을 예측할 수 있다(Hawkins, Smith & Catalano, 2004). 몇몇 정서지능 옹호자들은 정서지능이 IQ만큼 혹은 그 이상으로 학교에서의 성공을 예측할 수 있다고 주장한다(Goleman, 1995).

경험적 증거. 정서지능이 실제로 아동의 인지능력 발달과 관련이 있다는 증거가 있다(Denham, 2006; Malecki & Elliot, 2002; Welsh, Park, Widaman & O' Neil, 2001). 하지만 정서지능과 학생 성적과 같은 학업적 성공의 관련성에 대한 연구 결과는 일치하지 않는다(MacCann et al., 2011; Zeidner, Roberts & Matthews, 2002). 특성 정서지능이 학업 성취에 긍정적인 영향을 미친다는 강력한 증거는 캐나다 온타리오에서 대학생들을 대상으로 한 일련의 연구에서 찾아볼 수 있다. 그 연구는 IQ를 통제하고서도 정서시능 점수로 학업 성취가 뛰어난 학생과 1학년에서 학사 경고를 받은 학생을 구분할 수 있었으며 유급도 예측할 수 있었다(Parker, Summerfeldt et al., 2004; Parker, Hogan, Eastabrook, Oke & Wood, 2006). 고등학생들에 대한 연구에서도 IQ 외에 정서지능도 높은 성적을 예측하는 것으로 나타났다(Hogan et al., 2010). 불행하게도, 이 연구들이 설득력은 있지만 그 연구자들이 특성 정서지능과 중첩되는 것으로 알려진 성격 요인들을 통제하는 데는 실패했다. Goleman

(1995)의 제안과는 반대로, 정서지능은 IQ보다 학업적 성취를 더 잘 예측하지 못했다. 또 다른 최근 연구(Saklofske et al., 2011)는 스코틀랜드 대학생들의 특성 정서지능의 어떤 측면들과 성적 간에 작지만 유의미한 상관을 보여 주었다. 다변량 분석에서 빅 파이브의 성격 요인들 외에 이 정서지능 측면들과 문제 중심 대처를 합한 한 요인이 성적을 예측하는 것으로 나타났다. 하지만 이 연구는 인지능력은 통제하지 않고 성격을 통제했다. Amelang과 Steinmayr(2006)는 두 가지 잠재적 혼재 변인을 통제한 후에 정서지능과 학업 수행 간에 상관이 없고 지능과 성실성이 더 중요한 예측변인인 것을 발견했다. Amelang과 Steinmayr(2006)가 요약했듯이, "성취 준거에 대한 능력과 특성 정서지능 모두의 부가적 타당도에 관한 연구 결과는 아직 정확하지 않으며 앞으로 더 많은 연구가 필요하다." (p. 460)

학업 성취에서의 능력 정서지능의 역할에 대한 연구는 더 부족하다. Rivers 등(2007)은 몇 개 안 되는 MSCEIT 연구 결과들을 살펴보았다. 그들은 비록 능력 정서지능이 대학생들의 성적과 상관이 있다는 연구가 더 많지만, 언어성 능력을 일단 통제하면 사라지는 경향이 있다는 결론을 내렸다. Burns, Bastian과 Nettelbeck(2007)은 호주 학생들을 대상으로 실시한 연구에서 비슷한 결론에 도달했다. 최근 연구(MacCann et al., 2011)는 MSCEIT가 성적과 상관이 있지만, IQ만큼은 좋은 예측변인이 못 된다는 것을 확인했다.

우리가 조사한 연구 결과는 메타분석을 사용하여 확인한 사회적·정서적 역량 훈련이 성적을 향상시킨다는 결과(Durlak, Weissberg, Dymnicki,

Taylor & Schellinger, 2011)와 큰 차이를 보인다. 한 가지 가능성은 질문지와 능력 측정을 포함한 정서지능에 대한 다양한 심리측정 검사들이 학생의 학습을 향상시킬 수 있는 특수한 사회적·정서적 성질들을 추출하지 못했을 수 있다는 것이다[비록 MacCann 등(2011)은 MSCEIT가 관련된 대처 능력들을 평가할 수 있다고 주장하지만 말이다]. 사실, 훈련 프로그램은 일반적인 성격을 변화시키려고 하기보다는, 이를테면 마약에 대해 어떻게 '아니요'라고 말할 것인지와 같이 구체적이고 상황 의존적인 기술에 초점을 맞춘다. 우리는 과제 지향적으로 대처하기, 학습에 적극적으로 참여하기, 문제에서 멀리하기 등과 같이 성적을 향상하는 데 도움이 되는 정서지능과 연결된 여러 성질을 생각할 수 있다. 정서지능의 다양한 척도가 표준화 성격과 능력 측정들보다 이런 성질을 더 잘 평가할 수 있다는 단서를 제공하는 희망적인 연구들이 있다. 하지만 앞으로의 연구 발전과 교육적 적용의 확대를 위해서는 관련된 구체적인 기술들에 초점을 둔 연구들이 필요하다.

정서지능과 직장

최근에 Joseph과 Newman(2010)이 주장하듯이 조직심리학자와 정서지능 분야 실천가들이 정서지능과 조직 수행 간의 관계에 관심을 갖기 시작했는데, 그 이유는 정서지능을 직원 채용과 훈련에 사용할 수 있는 가능성 때문이다. 정서지능은 또한 조직에서의 효과적인 채용과 배치 및 훈련, 직무 기능과 수행, 직무 만족감과 안녕감, 조직 시민행동, 조직 리더십을 둘러싼 논의에서 필수적인 주제가 되었다(Zeidner et al., 2009). 정서지능은 또한 현대 비즈니스의 조직 기능을 위한 만병통치약으로 그리고 다양한 직업 — 교수, 간호사, 법조인, 정치가, 엔지니어 등 — 에서 핵심적임에도 불구하고 자주 간과되어 온 재료라고 과대 선전되었다(Zeidner, Matthews & Roberts, 2001). 사실 응용 환경에서 정서지능의 실용적인 중요성과 잠재적인 활용성이 인정받은 것은 이미 20년 전이며 지금까지도 학계, 응용 환경, 언론, 대중문학에서 관심을 받고 있다(Matthews, Zeidner & Roberts, 2002).

Cherniss(2010)가 지적하듯이, 이것은 테크니컬한 기술과 인지능력이 중요하지 않다고 말하는 깃이 아니다. 매니저, 사장, 전문가들이 그 직업에 진입하기 위해서는 기본적인 수준의 이러한 역량을 필요로 한다. 어떤 사람이 사장이나 매니저가 되고 나면, 그 사람의 수행을 다른 사람의 것과 구별하는 것은 자신감, 자기통제력, 다른 사람들을 동기화시키는 능력이다.

직무 수행 　정서지능의 다양한 성분이 직장에서의 성공과 생산성에 기여하는 데는 여러 가지 이유가 있다고 말한다. 첫째, 정서지능은 직장에서 환경적인 요구와 압박에 성공적으로 대처하는 능력에 영향을 미치기 때문에 직업적인 성공을 예측한다(Bar-On, 1997). 둘째, 정서지능이 높은 사람들은 감정과 심미감을 불어넣어야 하는 산출물을 디자인하는 프로젝트에 특히 능숙하다(Mayer & Salovey, 1997). 셋째, 정서지능이 높은 사람은 재미있고 활발하게 의사소통을 잘하고 따라서 다른 사람들을 직업 환경에서 자신이 인정받고 있다고 느끼게끔 한다(Goleman, 1998).

마지막으로, 효과적이고 자연스러운 팀워크를 위해서는 팀 구성원들이 서로의 장점과 단점을 알고 장점을 최대한 활용하는 것이 가장 중요하기 때문에 정서지능은 집단 개발을 위해서 유용하다(Bar-On, 1997).

〈그림 4.6〉에서 보여 주듯이, 정서지능은 관련된 여러 특수한 역량을 통하여 직무 행동과 성공에 영향을 미친다. 이 일반적인 프레임워크 속에서, 직업 환경에서 성공하기 위해서는 여러 가지 역량이 필요하다(Boyatzis et al., 2000; Cooper & Sawaf, 1997; Weisinger, 1998). 이런 역량들로는 정확한 정서지각과 자기인식, 정서관리, 적응력과 스트레스 관리, 공감, 서비스 지향, 조직 인식, 갈등 관리, 팀워크와 협동, 리더십 등이 있다(Boyatzis & Sala, 2004). 예를 들어 Goleman (1998)은 다양한 직업 환

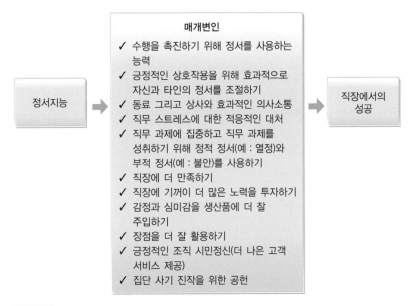

그림 4.6 정서지능과 직업적인 성공 간의 매개요인

경에서 효과적으로 직무를 수행하기 위해 필요한 25가지 역량이 있다고 주장한다. 심리치료사, 사회복지사, 목사, 결혼상담자에게 신뢰와 공감이 가장 중요한 반면에, 대출 담당자, 변호사, 목사님에게는 비밀보장이 중요하다. Goleman(1998)이 확인한 180가지 역량 모델 중 효과적인 수행을 위한 핵심적인 능력들의 2/3 이상이 정서역량으로 밝혀졌다는 사실에 주목해야 한다.

경험적 증거. 직무 수행의 예측변인으로서 정서지능의 준거 타당도에 대한 어떤 경험적 증거가 있는가? Van Rooy와 Viswesvaran(2004)이 실시한 메타분석에 의하면 대부분의 정서지능 측정에 대한 준거 타당도는 추정 진 상관estimated true correlations이 약 0.20으로 낮게 나왔다. 준거 타당도는 정서지능의 객관적인 평가와 설문지 평가 모두에 대해서도 비슷한 정도로 크지 않았다. IQ를 통제했을 때 정서지능은 직업 준거 변량의 약 2%만 설명하는 반면, IQ는 정서지능 측정 위에 31%를 변량에 부가했다. 하지만 정서지능은 빅 파이브 성격 특성의 예측력을 높였으며, 연구에서 준거 타당도가 낮았지만 어떤 상황에서는 실용적인 면에서 유용할 수 있다. 그 저자들은 정서지능 측정을 사용하여 직원을 채용하면 조직의 이익과 발전에 도움이 될 수 있다고 말한다.

그 밖에, Joseph과 Newman(2010)의 메타분석 결과는 정서지능 측정의 부가적 타당도는 업무 유형의 성격뿐만 아니라 사용된 정서지능 측정의 유형에 따라 다를 수 있다고 지적한다. 따라서 능력 중심의 정서지능 측정은 업무 예측에서 인지능력과 성격 위에 낮은 부가적 타당도를 나타낼 뿐이지만, 정서지능의 **혼합 모델**에 기초한 자기보고 측정은 인지능력과 빅 파이브 성격 특성 위에 상당한 부가적 타당도를 보여 준다. 왜 '잡동사니' 정서지능 측정이 부가적 타당도를 나타내는 것으로 보이는지 분명하지는 않지만, 성격 평가가 일반적으로 간단하고 여러 가지 성격 측면 모두를 표집하지 않기 때문일 수 있다. 그 밖에, 제3장에서 지적했듯이, 능력 기반 정서지능 측정과 업무 수행 간의 관계가 그 직무에서 요구되는 정서에 의해 조절되는 것으로 보인다. 따라서 높은 감정노동emotional labor 직무의 수행은 정적으로 예측하고(예 : 조직 목적을 위해 기분과 표현의 조절을 필요로 하는 일), 낮은 감정노동 직무의 수행은 부적으로 예측한다. Joseph과 Newman(2010)은 고객과의 개인 간 상호작용이 잦은 직업(예 : 고수준 감정노동 직업)은 정서조절을 더 많이 요구하고, 효과적으로 정서를 조절하는 능력이 없으면 과제를 수행하기 위한 자원에서 정서조절에 필요한 만큼 소비된다는 이론을 제기했다. 높은 감정노동이 필요한 직업(예 : 영업사원, 보험설계사, 놀이동산 직원, 장의사, 빚 수금업자)에서는 높은 정서조절 능력을 가진 사람이 특별히 수행을 잘한다는 가정 하에, 조직심리학자들은 일의 감정노동 내용에 근거해서 정서지능 측정을 사용할 것인지를 결정해야 한다고 생각된다.

최근 한 문헌 연구에서, Cherniss(2010)는 능력 평가나 자기보고 평가 방식으로 측정된 정서지능과 직무 수행 간에 다소 낮은 상관이 있다는 결론을 내렸다. Cherniss는 정서지능과 수행 간에 상관이 있다고 발표한 자기보고 측정을 사용한 13개 연구와 능력 기반 정서지능을 측정한 12개 연구를 확인했다. 종속변인에는 상사 평가와 동료 평가, 조직 시민행동,

그리고 더 객관적인 결과(예 : 급여 인상과 협상 결과)가 포함되었다. 어떤 연구에서는 상관이 높고 어떤 연구에서는 상관이 낮아서 일치하지 않는 결과를 나타냈다.

연구들은 종종 연구 방법의 문제 때문에 약화되는 경우가 많다는 것에 주목해야 한다. 이런 연구 방법의 문제에는 정서지능의 예측 효과에 대한 분명한 논리적 근거의 부족, 성격 요인과 능력 요인의 효과에 대한 통계적 통제의 실패, 주관적 평가에 대한 과도한 의존, 작은 표본, 표본과 업무에 대한 부족한 기록 등이 있다. 결론적으로 말하면, 아마도 이 분야는 엄격한 동료 평가를 받지 않은 미출판 연구들에 과도하게 의존하고 있다고 할 수 있다(Van Rooy & Viswesvaran, 2004).

직무 만족감　　정서지능이 높은 사람들은 여러 가지 이유로 직장에서 직무 만족감과 주관적 안녕감 수준이 더 높다고 알려져 있다. 첫째 정서지능이 높은 사람은 자신의 능력을 활용하여 다른 사람의 정서를 평가하고 관리할 수 있기 때문에 자신과 집단의 사기를 높이는 데 도움이 되는 상호작용을 할 수 있다. 이것은 다시 모든 사람의 안녕감과 직무 만족감을 긍정적으로 높이는 데 도움이 된다. 더 나아가, 정서지능이 낮은 사람과 비교할 때, 정서지능이 높은 사람은 자신의 정서를 잘 조절하여 직무 스트레스를 더 잘 감소시킬 수 있다. 그 밖에, 정서적으로 지능적인 상사는 직원들이 그들의 정서를 관리하도록 도와주고 직무 만족감을 감소시킬 수 있는 부정적인 사건이 발생하는 것을 조정하는 데 능숙하다. 마지막으로, 정서적으로 지능적인 매니저들은 직무 만족감을 향상할 수 있도록 긍정적인 작업 환경을 조성하는 경향이 있다(Sy, Tram & O'Hara, 2006). 이런 관리자들은 직원들 간에 더 긍정적인 상호작용을 할 수 있도록 하고, 그리하여 협력, 화합, 조직 시민행동을 향상시켜서 수행과 직무 만족감을 높여 준다.

경험적 증거. 사실 정서적으로 지능적인 사람들이 일에서 더 높은 만족감을 보고한다고 한다(Brackett, Palomera, Mojsa-Kaja, Reyes & Salovey, 2010; Kafetsios & Zampetakis, 2008; Slaski, 2001; Sy et al., 2006; Vigoda-Gadot & Meisler, 2010). 최근에 Kafetsios 등(2008)은 정서지능이 긍정적인 정서와 부정적인 정서를 통해 직무 만족감에 영향을 미친다고 한다. 하지만 어떤 사람들은 정서지능과 낮은 신경과민증 간의 중첩이 이 연구 결과를 설명할 수 있지 않을까 생각한다.

조직 시민성　정서지능은 생산적이고 만족해 하는 조직 시민이 되기 위한 핵심적인 요소로 간주된다. 사실 많은 회사들이 이제 '기업의 사회적 책임'을 중요하게 생각한다. 사실 정서지능을 기업의 사회적 책임을 구성하는 한 가지 요소로 생각할 수 있다. 현재 토요타와 같은 회사들은 열정적이고, 성실하고, 직무에 충실하고, 팀원으로서 조화롭게 일할 수 있고, 일과 동료 모두에 대해 애정을 갖는 사람들을 채용하고 있다(예 : 정서적으로 지능적인 사람). 사실 우리 자신과 다른 사람들의 정서를 어떻게 이해하고 처리하는가 하는 것은 새로운 합리성의 상징이 되고 새로운 업무 기술 '도구 세트'가 되었다.

정서지능을 긍정적인 조직 시민성organizational citizenship(예 : 직장에서 업무상의 관계에 도움이 되고 긍정적인 근무 분위기 조성에도 도움이 되는 태도와 행동)과 개념적으로 연결시키는 출판물이 범람하고 있다. Abraham(2005)은 정서지능이 조직 시민행동organizational citizenship behaviors 과 조직 헌신organizational commitment을 모두 높인다고 주장한다. 그 밖에 Jordan과 Troth(2002)는 정서지능이 높은 사람들은 스트레스가 많고 불안정한 기간에도 더 높은 정서적 헌신을 발휘하는 경향이 있다고 주장한다. 불행하게도 이 이론적인 모델은 아직 경험적 검증을 거치지 않았고 타당도도 아직 수립되지 않았다.

경험적 증거. 경험적 연구들이 정서지능과 정서적 결과 간의 연관성을 지지하는 증거를 제시하고 있으며 그 정서적 결과를 '긍정적인 조직 시민성 positive organizational citizenship'이라는 제목으로 모두 통합할 수 있다. 이런 것들에는 직무 헌신(Law et al., 2004), 고객 지향(Rozell, Pettijohn & Parker, 2004), 대인 간 민감성과 친사회적 경향성(Lopes, Salovey, Côté & Beers, 2005), 이타적 행동, 직업, 헌신, 조직에 대한 정서적 헌신(Carmeli, 2003), 이타주의와 순응(Cameli & Josman, 2006), 집단 구성원에 대한 만족감과 집단 내 의사소통에 대한 만족감(Lopes et al., 2005), 협상에서의 효과적인 어조(Foo, Elfenbein, Tan & Aik, 2004) 변화를 기꺼이 받아들이기(Vakola, Tsaousis & Nikolaou, 2004), 갈등 해결 유형(Jordan & Troth, 2004) 등이 있다. 하지만 이 연구 결과들은 다른 직업들과 조직 구성원의 수가 많은 표본을 대상으로 반복 수행될 필요가 있다.

정서지능과 변혁적 리더십   지난 약 20년 동안 효과적인 리더십에 대한 논의에서 사회적 그리고 정서적 역량이 필수적으로 등장했다(Goleman, 1998). 리더십은 리더와 부하 모두의 관점에서 정서가 개입되는 과정으로 흔히 간주된다. Goleman, Boyatzis와 McKee(2002)가 주장하듯이, 리더의 가장 중요한 역할은 정서적인 것이다. 사실 위대한 리더들은 우리를 정서적으로 감동시키고 우리의 열정에 불을 지피고 우리 안에 있는 가장 큰 장점을 끌어낸다. 따라서 리더의 근본적인 과제는 부하들에게 좋은 감정을 일으키는 것이다. 정서적 역량은 효과적인 리더십을 발휘하여 작업 집단의 성과를 이루어 내는 전 과정에서 중요한 역할을 한다(Ashkanazy & Tse, 2000).

조직 관리와 리더십에 관한 정서지능 연구는 변혁적 리더십transformational leadership 유형이라는 포괄적인 용어를 사용하여 리더십 성질에 초점을 맞추었다(Bass, 2002). 변혁적 리더십의 특징은 카리스마와 미래 비전에 대한 정확한 표현, 부하들에게 지적인 자극 제공, 개인적인 배려 등이다. 지도자는 부하에게 자부심과 신념, 존경심을 심어 주면서 사명감을 효과적으로 분명하게 전달해야 한다(Yammarino & Bass, 1990). 정서지능이 성공적인 변혁적 리더십을 위한 필수조건으로 간주되는 이유에는 여러 가지가 있다(Barling, Slater & Kelloway, 2000). 첫째, 정서지능은 카리스마, 비전, 그리고 부하들의 개인적인 요구와 개개인의 성격에 대한 세심한 관심을 위해 필요한 근본적인 요소다(Prati, Douglas,

Ferris, Ammeter & Buckley, 2003). 변혁적 리더는 팀 수행을 향상시키기 위해서 카리스마적인 권위와 변혁적인 영향력을 사용하고 팀 구성원의 집단적 동기를 유발한다고 한다. 나아가 변혁적 리더들은 자신과 부하들의 감정을 움직이고 '가슴으로 이끌어 나간다'(Ashkanasy & Tse, 2000).

경험적 증거, 정서지능과 변혁적 리더십의 핵심 요소들 간의 관계를 입증한 연구들이 있다(Bass, 2002; Barling et al., 2000; Skinner & Spurgeon, 2005). 연구 결과가 모두 일관성이 있는 것은 아니며 반대되는 연구 결과를 보여 주는 연구들도 있다(Palmer, Walls, Burgess & Stough, 2001). Harms와 Credé(2010)는 62개의 독립적인 표집을 메타 분석한 결과 정서지능과 리더십을 같은 소스에 의해 측정했을 때(자신, 부하, 동료, 혹은 상사) 타당도 추정치가 .59로 나타났다. 하지만 다른 소스로 그 구인들을 측정했을 때의 타당도 추정치는 0.12였다. 변혁적 리더십 측정보다 거래적 리더십transactional leadership과 자유방임적 리더십laissez-faire leadership에서는 더 낮은 타당도 추정치가 발견되었다. 또한 정서지능의 특성 측정이 정서지능의 능력 기반 측정보다 더 높은 타당도를 나타내는 경향이 있었다. 같은 구인에 대한 평가 소스들의 일치하는 점은 변혁적 리더십(0.14)과 정서지능(0.16) 모두가 낮다는 것이다. 이 연구 결과들을 기초로 해서 앞으로의 연구에서는 실제 리더들(학생들이 아니라)을 대상으로 하고, 더 객관적인 방식으로 리더십에 대한 자료를 수집하고, 더 많은 정서지능의 측정을 탐색하고, 성격과 IQ를 통계적으로 통제할 필요성이 있다는 점을 알 수 있다.

종합적으로 보면 정서지능의 현재 상태는 다소 역설적이다. 현재 여러 기관에서 정서지능이 인기 있는 도구로서 여러 가지 목적을 위해 광범위하게 사용되고 있지만, 산업심리학은 이 구인을 둘러싸고 있는 이론, 측정, 타당도와 관련한 많은 질문에 답을 하지 못하고 있다. 몇몇 신랄하게 비판하는 사람들은 정서지능을 직장에서 활용하는 것에 그림자를 드리우고(Antonakis et al., 2009), 정서지능 측정에 대해 경험적으로 지지하는 증거가 부족하기 때문에 정서지능을 응용 상황(예 : 채용, 승진, 유임)에 사용하는 것은 비윤리적이고 부당하다고 주장한다. Van Rooy, Whitman, Viswesvaran과 Pluta(2010)가 주장하듯이, 직원 선발과 승진 혹은 급여 결정과 같은 중대한 상황에서 정서지능 측정을 사용하기 위해서는 먼저 편향bias, 선발에서의 공평성, 결과 타당도와 같은 정서지능의 사용과 관련된 문제들이 먼저 연구되고 해결되어야 한다. 그 밖에, 제2장에서 논의했듯이 설문지 정서지능 척도(능력 정서지능 척도는 그렇지 않지만)는 '속이는 것'이 쉬우며(Day & Carroll, 2008) 그래서 지원자 선발과 같은 중대한 사례에 사용하는 것은 적절하지 않다.

요약 및 결론

여러 저자들은 정서지능이 특히 응용 상황에 초점을 맞추면서 일상생활에서 중요한 역할을 한다고 이론화했다. 이 장에서는 일상생활 속에서 많은 결과들에 뚜렷한 영향을 미치는 정서지능의 역할을 지지하는 이론과 경험적 증거들을 살펴보았다. 논의했듯이 사실 정서지능이 교육과 직업 상황을 포함한 응용 환경에서의 사회적·정서적 안녕감과 성공을 의미하는 다양한 결과들과 유의미한 상관이 있다는 것을 말해 주는 경험적 증거들이 증가하고 있다.

사회적 영역과 관련해서, 정서지능이 사회적 만남을 처리하는 데 도움이 되기 때문에 정서지능이 높은 사람은 다른 사람을 공감적으로 이해하고 상황에 적절한 정서를 건설적으로 소통하는 기술이 더 좋다고 한다. 전체적으로 정서지능이 높은 사람들은 자신이 사회적으로 더 유능하고 더 좋은 대인관계를 갖고 있다고 생각하며, 다른 사람들의 관점으로도 그 사람이 정서지능이 낮은 사람보다 대인관계에서 더 민감하다고 생각된다. 또한 정서지능은 비록 배우자의 효과는 아직 더 밝혀져야겠지만, 행복감, 결혼생활의 만족감과도 관련이 있는 것으로 보인다.

건강 영역과 관련해서는, 비록 측정 유형과 평가된 건강 준거에 따라 효과의 크기가 다르기는 하지만, 정서지능과 신체건강 및 정신건강 사이에 낮은 상관에서 보통 정도 상관이 있는 것으로 나타났다. 구체적으로, 메타분석 자료는 정서지능과 정신건강이 정서지능과 신체건강 간의 상관보다 유의미하게 높다는 결과를 보여 준다. 또한 정서지능과 건강 간의 상관은 평균적으로 능력 측정보다 자기보고에서 더 높은 것으로 나타났다. 성별과 같은 배경 변인이 정서지능-건강 관계를 조절할 수 있는 것으로 보인다.

꽤 많은 최근 연구들은 스트레스 대처에 대한 정서지능의 역할을 조명하고 있다. 문헌에서 살펴보면 정서지능은 대처 전략과 약한 상관이 있을 뿐이다. 하지만 이 연구는 정서지능과 행동 지향 대처 전략 간에는 정적 상관이 있고, 정서지능과 임시방편적 전략이나 회피 전략 간에는 부적 상관이 있다고 지적한다. 또한 정서지능은 특수한 상황에서 실제 대처의 측정보다 일반적인 대처 유형을 더 잘 예측하는 것으로 보인다. 하지만 그 연구 결과는 어느 정도 측정 의존적으로 보인다. 즉 자기보고 측정이 능력 기반 측정보다 대처 및 적응 결과와 더 강한 관계를 보여 준다. 마지막으로 정서지능과 안녕감이나 삶 만족감 측정들 간의 연관성이 정서지능의 특성과 능력 측정 모두에 대해 보고되었으며, 자기보고 측정에 대해 더 강한 상관을 나타냈다.

비록 정서지능이 교육에서 간과되고 있고 학습과 학업 성취를 위한 필요조건이라고 일반적으로 말하고 있지만, 우리가 살펴본 문헌에서는 정서지능이 청소년과 대학생들의 학문적 성공뿐만 아니라 관련된 인지적 능력의 발달과도 상관이 낮은 것으로 보인다. 하지만 인지적 능력과 성격 요인들을 통계적으로 통제하면, 정서지능이 학교 성적이나 수행을 예측하기 위한 부가적 변량을 실제로 부가하는가에 대해서는 갈등적인 증거를 보인다. 사회적ㆍ정서저 학습 프로그램이 학생들의 기술과 학습을 향상시키는 데 꽤 효과가 있다는 증거(Durlak et al., 2011)는 아마도 최근의 정서지능 평가가 실생활 정서역량의 중요한 측면을 잃어버리고 있다는 것을 보여 준다.

정서지능은 특히 직무 만족감 및 리더십 개발과 관련한 직업 환경에서 중요하지만, 정서지능이 설명할 수 있는 결과 변량은 비교적 적다. 따라서 교육적 결과에 대한 사례와 마찬가지로, 직업 환경에서의 정서지능의 활용성에 대한 우리의 기대를 누그러뜨릴 필요가 있다(Cherniss, 2010).

비록 많은 연구가 개인차 변인들(성격, 지능, 그리고 성격과 지능 모두)을 통계적으로 통제할 때조차 직업 환경에서 자기보고 정서지능과 능력 기반 정서지능의 예측 타당도를 분명하게 지지하지만, 수행과 관련한 자료는 일관적이지 않다. 정서지능의 직업적인 관련성을 입증하기 위해서는 고객 서비스와 같은 정서조절이 특히 중요한 직업에 초점을 맞추는 것이 필요한 것 같다. 마지막 이슈는 학생을 표본으로 하고 의심스러운 준거 측정(예 : 상사의 평가)을 사용하고 있어서, 어떤 연구들은 낮은 생태학적 타당도의 문제를 갖고 있다.

몇 년 전부터, 지능 연구자들은 IQ 검사가 중요한 직업적 환경과 교육적 환경에서 큰 변량을 예측할 수 없다는 것을 인식하게 되었다. IQ 측정이 준거 측정을 예측하는 것은 최고에 달한 것으로 보인다 ─ 잘 해야 준거 점수 변량의 약 25%를 설명한다. 마찬가지로, 정서지능 연구자들도 일상생활과 응용 환경에서의 정서지능의 실용적인 가치에 대한 과하게 열광적인 기대 수준치를 낮출 필요가 있다. 그 밖에 사람(정서지능), 상황, 사람과 상황의 상호작용에 의해 설명되는 변량을 분할하는 데 있어서는, 응용 환경에서의 수행에 대한 변량의 큰 부분을 설명하는 것은 후자의 두 가지 성분임을 인식하는 것이 중요하다. 최근 연구에서 강조되듯이 (Zeidner et al., 2009), 문헌에서 혼란스럽게 보고되고 있기 때문에 일상생활의 다양한 영역에 걸쳐서 정서지능의 실용적인 가치를 일관성 있게 보여 주는 것이 시급하다.

정서지능 101

5

응용 환경에서 정서지능
훈련하기

짐은 매우 똑똑하고, 상식이 풍부하고, 정서적으로 매우 지적이며 친구들 사이에서 인기도 많은 UCLA 2학년생이다. 그가 학교 근처에 있는 한 유명한 프랜차이즈 식료품 가게에서 아르바이트를 시작한 첫날, 한 노인이 불안한 얼굴로 가게에 들어와서는 양배추를 반 포기만 사겠다고 말했다. 하지만 카운터를 보고 있던 직원은 회사의 판매 규정에 어긋나기 때문에 반 포기를 팔 수 없다고 거절했다. 하지만 짐은 그 분이 양배추를 살 수 있게 해야겠다고 생각하고서는 양배추를 반포기만 사고 싶어 하는 그 불쌍한 고객에 대해서 그의 상사에게 이야기했다. 짐은 그 노인이 자신의 등 뒤에서 다 지켜보고 있다는 것을 몰랐다. 그것을 알아챈 순간 그는 놀라 돌아서면서 "이 신사분이 바로 양배추 남은 반쪽을 사신 분입니다."라고 말했다.

그 모든 장면을 우연히 관찰했던 그 매니저는 이야기를 나누기 위해 짐을 자신의 사무실로 불렀다. 매니저는 감정적으로 예민한 상황을 정서적으로 지적이면서도 현명하게 잘 처리한 것에 대해 짐을 칭찬했다. "사회적·정서적 능력이 대단하군. 그렇게 계속 일을 잘하면 자네는 분명히 우리 회사에서 성공할 거야."라고 매니저는 말했다. "혹시 어느 지역 출신이지?"라고 매니저가 물었다. "저는 알래스카 북쪽에 있는 Groundhog Rise라고 하는, 지도에도 표시되지 않는 작은 마을 출신입니다."라고 짐이 대답했다. "캘리포니아에는 왜 왔어?"라고 매니저가 물었다. 짐은 "음, 사실을 말하자면, Groundhog Rise는 별로 할 일이 없는 조용한 곳입니다. 그 마을 사람들은 대개 하키 선수거나 후커hooker[1]입니다."라고 대답했다. 그 매니저는 얼굴이 새빨갛게 변하면서 잠시 의자에서 몸을 뒤틀고 난 후에 "음, 여보게 젊은이, 내 아내가 Groundhog Rise에서 태어나고 자랐어!"라고 말했다. 눈도 깜짝하지 않고 짐은 "와~ 멋지네요. 부인은 어느 하키 팀 소속이었어요?"라고 말했다.

분명히 위와 같은 난처한 일촉즉발의 상황에서 모든 사람이 짐과 같이 감정을 잘 다루거나 기지를 발휘할 수 있는 것은 아니다. 하지만 응용 환경에서 정서적으로 예민한 상황에 성공적으로 적응하기 위해서는 정서적 역량이 중요한 역할을 할 수 있으며 그런 상황을 효율적으로 타협해 나가기 위해서 매우 중요하다. 사실 지난 수년간 정서지능은 짐이 보여준 것과 같은 정서지능 역량을 훈련하기 위한 수많은 중재 프로그램의 개발을 자극해서 전 세계적으로 교육적 환경과 직업적 환경에서 우후죽순처럼 늘어났다.

이 장은 문헌에서 큰 관심을 받았던 두 가지 응용 환경인 교육적 환경과 직업적 환경에서의 정서지능 훈련이 수단과 방법에 초점을 둔다. 먼저 학생들의 정서적 역량을 개발하기 위한 교육 프로그램과 교육과정 개발에 대해 논의하는 것으로 시작한다. 그러고 나서 직장에서의 정서지능 훈련에 대한 최근의 접근을 살펴보기로 한다.

[1] 역주 : 럭비에서 스크럼에서 공을 차내는 선수라는 뜻과 매춘부라는 두 가지 뜻이 있다.

학교에서 정서지능 훈련하기

교육심리학자들(Elias, Kress & Hunter, 2006)은 최근 미국 교육 시스템의 위기(성적 저하, 증가하는 고등학교 중퇴율, 동급생 폭행, 알코올과 약물 남용, 십대 임신 등)가 부분적으로는 학교에서 인지적, 동기적, 정서적인 학생들의 성격 측면을 포함하는 전인적 인간성을 가르쳐야 한다는 점을 교육자들과 교육행정가들이 인식하지 못하기 때문이라고 말한다 (Humphrey, Curran, Morris, Farrell & Woods, 2007). 따라서 지적했던 학교 시스템의 문제를 해결하기 위한 한 가지 방법은 학생들의 사회적, 정서적 학습과 학업 성적의 균형을 잡을 수 있도록 학교 교육과정을 개선하는 것이다(Zins, Payton, Weissberg & O'Brien, 2007).

학교 생활 속에서 체계적으로 정서적 역량, 기본적인 가치관, 사회적 기술, 도덕적 추론을 교육받지 않기 때문에, 학생들은 배려하고, 공감하고, 책임감 있고, 동정심 있는 성인이 되기 위한 기초와 기술이 부족하다. 따라서 전문가들은 교실수업에서 사회적, 정서적 역량을 직접 훈련하는 것이 필요하다고 주장한다. 이 역량은 이해하고, 관리하고, 표현하는 능력과 관련이 있으며 학습, 문제 해결, 관계 형성, 성장 및 발달에 필요한 복잡한 요구에 대한 적응과 같은 인생과제를 성공적으로 관리할 수 있도록 해 준다. Elias와 그의 동료들(2006)은 이 문제를 아주 절절하게 "사회적 · 정서적 지능과 윤리적 지침에 의해 단련되지 않은 학문적 지식은 사회에 이익보다는 위험이 될 수 있다."(p. 167)라고 말했다.

정서지능 중재는 일반적으로 사회 · 정서적 학습social and emotional learning, SEL이라는 광의의 제목하에서 논의된다. Zins, Weissberg, Wang과

Walberg(2004)는 SEL을 '정서를 인식하고, 다른 사람을 배려하고, 올바른 결정을 하고, 윤리적으로 그리고 책임감 있게 행동하고, 긍정적인 관계를 맺고, 부정적인 행동을 회피하는 것을 배우는' 과정으로 정의했다(p. 4). 학생들의 정서적, 사회적 문제가 학교 기반 프로그램을 통해 접근이 가능하다는 생각이 1990년대에 교육개혁자들 사이에 인기가 있었다. 학생들이 학교에서 보내는 많은 시간, 학교에서 형성되는 중요한 사회적 관계, 학습장애인과 정신장애인이 공존하는 학교 환경을 생각해 보면 학교를 통해서 예방적 중재를 하는 것은 합리적이다. 사회적 · 정서적 기술이 학습과 장기적인 학문적 성공을 강화하는 반면에 이 과정에 방해가 되는 행동의 위험 요소들을 완화할 수 있다는 증거들이 증가하고 있다(Durlak, Weissberg, Quintana & Perez, 2004).

수백 개의 SEL 프로그램이 현재 미국의 유치원에서부터 고등학교까지 실시되고 있다. 영국에서는 현재 사회 · 정서적 학습Social and Emotional Aspects of Learning, SEAL이 대부분의 학교에서 실시되고 있다(Department for Children, Schools and Families, 2007). 하지만 아직 SEAL은 구체적인 학습지도 도구라기보다는 전반적인 프레임워크라고 할 수 있다. 아마도 이 이유 때문에, SEAL의 효과에 대한 영국에서의 초기 평가는 몇몇 성공적인 사례가 있기는 하지만 아직까지는 전반적으로 긍정적인 결과를 나타내지 못하고 있다는 결론을 내렸다(Humphrey, Lensdrum & Wigelsworth, 2010). 사실, 교사에 대한 학생들의 신뢰와 존경이 유의미하게 감소하는 효과가 나타났다. 더 처방적이고 또한 성공적인 미국의 초기 사례로 돌아가 보면, 학교에서 정서적 역량을 가르치기 위한 정서지능 중재 프로그램이 더 다양하게 개발되어 사용되고 있다. 이런 프로그램들에는 사회적 기술 훈련, 인지적 · 행동적 수정, 자기관리, 그리고 다중양식 프로그램들이 있다(Topping, Holmes & Bremner, 2000). 일리노이대학교의 '학문적 · 사회적 · 정서적 학습을 위한 협업Collaborative for Academic, Social, and Emotional Learning, CASEL'이 배포한 보고서에 기초해서 미국의 수백 개 학교에서 정서문해력 프로그램이 현재 사용되고 있으며, 모든 학년의 학생들이 자신의 감정에 대해 학습하고 있다.

SEL은 일반적인 프레임워크를 가지고 다양한 결과들을 위한 프로그램을 제공한다. 교육과정 기반 SEL 프로그램은 학생들에게 사회적 관계에서의 구체적인 기술을 개발시킬 뿐만 아니라 사회적 관계에서의 정서적, 사회적 역량의 중요성에 대해서도 가르친다(자신과 타인의 정서인식, 공감, 갈등 해결; Cohen, 1999a, 1999b, 1999c; Zins et al., 2004). 그런 프로그램은 아동들이 더 효과적으로 의사소통하고, 협동하고, 갈등을 창의적으로 그리고 적응적으로 해결하고, 자신과 개인 간 경험을 반추하고, 충동을 조절하고, 더 신중하고 협동적인 사회적 결정을 할 수 있도록 교육한다. 행동과 정서의 자기통제, 자기효능감, 효과적인 대처 전략, 조망수용, 공감, 개인 간 문제 해결, 창의적인 갈등 해결, 의사결정, 그리고 학교 가족과 다른 성인 역할 모델들과의 긍정적인 관계 맺기 등을 포함한 광범위한 기술과 역량을 다루고 있다. 일반적으로 다섯 가지 기본적인 기술이 사회적 · 정서적 지능 중재 프로그램의 주요 목표가 된다(Elias et al., 2006). 〈표 5.1〉이 이러한 기본적인 기술과 각 기술이 작동하는 과정을 보여 준다.

표 5.1 사회적 · 정서적 지능 중재에서 목표로 하는 다섯 가지 기본적인 기술

기술	기본 요소
1. 자기인식	정서를 확인하고 인식하기 정확한 자기지각 자기효능감 장점, 요구, 가치관 인식하기
2. 사회적 인식	조망 수용 공감 타인 존중(다양성 존중도 포함)
3. 책임 있는 의사결정	문제 확인과 분석 문제 해결 평가와 반추
4. 자기관리	충동조절과 스트레스 관리 자기동기와 수양(discipline) 목표 설정과 조직적 기술
5. 관계 관리	의사소통 관계 맺기 협동적으로 일하기 타협과 갈등 관리 다른 사람에게 도움 청하기와 도움 제공하기

정서지능 프로그램의 작업 가정

교실에서 정서지능에 초점을 맞춘 교육 프로그램을 개발하고 실시하기 위해서는 몇 가지 기본적인 작업 가정을 전제로 한다. 우선, 학교 학습 과정에서는 고도의 사회적 상호작용이 일어나기 때문에 학교는 중요한 사회적 공간으로 간주된다. 따라서 교사의 도움을 받고 친구들과 함께 힘쓰고 부모, 학교 직원, 공동체의 지지 속에서 학생들이 가장 잘 배울 수 있는 것으로 생각된다. 사회적 · 정서적 요소가 그와 같은 중요한 역할을 하기 때문에, 학교는 학생들을 위해서 이 측면들에 관심을 가져야 한다.

그 밖에, 유동성 지능(제3장 참조)과는 반대로, 정서적 역량은 매우 유연하고 수정이 가능한 속성이며, 교육받는 기간 동안 교육 프로그램을 통해 훈련할 수 있고 향상시킬 수 있다(Elias, M. J., Hunter, L. & Kress, 2001). 정서지능의 요소들을 가정 안과 밖에서 모두 배울 수 있는 것으로 보이지만, 가정환경보다 더 형식적인 영역인 교실이 다른 구조화된 환경(예 : 직장)에서도 적용할 수 있는 일반적인 정서지능 기술을 배우기 위한 장소로 특히 더 유용하다. 제4장에서 논의했듯이, 정서지능은 또한 학업 성취와 세상에서의 생산적인 경험과 정적인 관련이 있는 것으로 생각된다(Elias et al., 1997). 교육계에서 정서지능에 특별한 관심을 갖는 것은 이 이유 때문이다. 마지막으로, 감정과 인지는 시너지 효과가 있는 것으로 생각되기 때문에, 학교가 인지적 · 사회적 · 정서적 학습을 통해서 아동의 다양한 측면을 종합적으로 개발하기 위한 체계적인 노력을 하면 가장 성공적으로 교육적 사명을 다할 수 있을 것이다.

SEL 프로그램을 위한 지침

SEL 프로그램의 개발과 실시를 위한 많은 지침이 문헌에서 제공되었으며(Elias et al., 2006; Zins et al., 2007), 요약하면 다음과 같다.

1. 교육과정 자료는 전인 교육을 목표로 해야 한다. 효과적인 수업을 위해서는 전인 교육을 염두에 두고 한 범주의 결과에만 초점을 맞추지 말고 학생들의 인지적, 정서적, 그리고 사회적 기술들을 끊임없이 다루는 방식이 필요하다. 교육과정 내용도 학생들 자신과 다른 사람들

에 대한 태도와 가치관, 사회적 규범에 대한 인식, 그리고 관련한 사회적 영역과 건강 영역에 대한 정보의 이해를 목표로 할 필요가 있다. SEL 프로그램은 직접적으로 학생들에게 감정이 적절하게 인식되고, 조절되고, 변화되는 전략을 가르칠 필요가 있다.

2. SEL 기술들은 학교 활동 속에서 가르쳐야 하고 다른 교육과정과 통합해야 한다. SEL 활동은 교실에서 현재 가르치고 있는 모든 수업 단원에 통합할 필요가 있다. 또한 SEL 기술은 구체적인 상황과 관련되어야 하고 아동의 생활 측면에서 벗어나면 안 된다. 예를 들어 학생들은 체육 시간에 분노와 두려움과 같은 정서를 억제하는 방법을 배울 수 있다. 혹은 수학이나 외국어 숙제를 하는 상황 속에서 좌절감을 처리하는 방법을 배울 수 있고, 국어 시간이나 역사, 사회 시간에 배우는 책에 나오는 이야기 속의 인물들의 정서를 분석하고 이해하는 것을 배울 수 있다. 학생들은 시험 성적이나 작문 점수를 받을 때도 복잡한 정서(예 : 분노나 자부심)에 대한 무엇인가를 배울 수 있다. 간단히 말해서 이런 형식의 정서학습은 교육 시스템을 통해 실행되며, 이 역량들은 활동 속에서 개발될 수 있다(예 : 과학, 인문학, 스포츠, 무용, 예술, 혹은 사회 활동 수업의 일부로).

3. 프로그램은 발달 수준에 맞고 문화적으로 적절한 수업을 제공해야 한다. 정서지능 중재 프로그램은 발달 수준에 맞고 문화적으로 적절한 수업 자료를 기초로 해야 한다. 유치원부터 고등학교까지의 교실 수업은 온정적이고 적극적으로 참여하는 학습 환경을 조성해야 하고 학생들이 학교 안팎에서 모두 사회적 그리고 정서적 기술을 적용하도

록 가르쳐야 한다. 동시에, 이런 프로그램은 아동의 발달 수준과 사회문화적 배경을 신중하게 고려해야 한다. SEL은 또한 학습의 인지적, 정서적, 사회적 차원들을 고려하여 학업 수행도 향상시킬 수 있도록 노력해야 한다.

4. 교사, 행정가, 그리고 학생들을 모두 훈련할 수 있도록 해야 한다. 프로그램은 행정가, 교사, 학생들을 위한 사회적 · 정서적 기술에 대한 훈련을 포함하고 가족, 학교, 공동체의 협력을 고무할 필요가 있다. 중재는 교사와 학생 모두의 지지를 받아야 하고, 교육청과 궁극적으로는 정부를 포함한 모든 수준의 지지를 받아야 한다.

5. 체계적인 프로그램 평가가 실시되어야 한다. SEL 프로그램은 또한 튼튼한 심리학적 이론을 기초로 하고 체계적인 현장 검증을 필요로 한다. 따라서 프로그램은 이론에 기반한 중재 모델, 중재 가설, 엄격한 실험 설계나 준실험 설계, 실행 체크, 타당하고 신뢰할 수 있는 결과 측정 등을 프로그램을 수행하는 다양한 지점에서 체계적으로 실시해야 한다.

SEL 프로그램의 예 : 대안적 사고 전략 촉진 프로그램

현재 구입 가능한 모든 정서지능 중재 프로그램이나 정서를 기반으로 하는 교육과정 자료를 광범위하게 조사하는 것은 이 장의 범위를 넘어서는 것이다(프로그램에 대해 좀 더 자세하게 알아보려면 Cohen, 1999a, 1999b, 1999c; Matthews, Zeidner & Roberts, 2002; Zeidner, Matthews & Roberts, 2009; Zins et al., 2007을 참조하라). 여기에서는 특별히 정서적 역량을 향상시키기 위해 설계된 다양한 중재 프로그램 (Greenberg, Kusché & Riggs, 2004; Kelly, Longbottom, Potts & Williamson, 2004) 중에서 가장 널리 알려져 있고 엄밀하게 연구되어 있는 대안적 사고 전략 촉진 프로그램Promotion Alternative Thinking Strategies, PATHS 에 대해 간략하게 기술한다. PATHS는 유치원에서 초등학교 5학년 학생들을 위하여 교사가 가르치는 사회적 · 정서적 학습 교육과정이다. PATHS는 유치원생과 초등학교 아동의 사회적 · 정서적 기술의 네 가지 영역을 향상하기 위해 설계되어 있다. 그 네 가지는 정서이해와 정서표현 기술, 자기통제/정서조절, 친사회적 우정 기술, 문제 해결 기술(개인 간 협상, 갈등 해결 기술 등)이다.

그 프로그램은 정서-행동-인지-역동적 발달 모델Affective-Behavioral-Cognitive-Dynamic model of development(Greenberg & Kusché, 2006)을 기초로 하고 있으며, 사회적 · 정서적 역량과 관련된 정서, 언어, 그리고 인지적 이해의 발달적 통합을 가장 중요하게 생각한다. PATHS는 정서어휘의 개발과 활용, 정서를 논의하는 능력 향상, 그리고 정서의 메타인지 측면에 대한 이해 개발을 포함한 광범위한 과정에 중점을 두고 있다(예 : 정서를 재인하기 위한 단서의 인식, 배열 규칙의 이해, 정서경험의 동시성simultaneity, 정서상태의 변화를 위한 전략, 문제 해결 협상 기술).

다섯 가지 주요 개념적 영역인 정서이해, 자기통제, 자존감 세우기, 관계, 그리고 개인 간 문제 해결 기술이 각 수업 단원에서 다루어진다. 학생들의 연령에 따라서 학년 수준이 나누어지고 일주일에 2회, 각 20~30분 수업으로 교육과정이 구성되어 있다. 각 수업 단원은 통합적이며 전

수업의 내용을 바탕으로 한다. 수업내용은 발달 수준에 따라 적절하게 배열되어 있으며 대화하기, 역할놀이하기, 이야기하기, 교사와 동료를 모델링하기, 사회적 강화와 자기강화, 귀인 훈련, 언어 중재 등이 포함된다.

학습은 시각적, 언어적, 신체운동적 단서들을 함께 사용하는 다양한 방식으로 이루어진다. 정서수업은 정서인식, 정서와 관련한 의사소통, 정서조절을 포함한 정서처리 과정에 관련된 특수한 감정 단어와 기술에 초점을 맞추어 가르친다. 독창적인 이야기와 활동이 읽기에서의 동기와 기술을 고취하기 위해 포함되어 있다. 그 밖에, 수업은 긍정적인 사회적 행동을 향상시키는 기술(예 : 사회적 참여, 친사회적 행동, 의사소통 기술)과 우정을 만들고 지속시키기 위해 필요한 기술(예 : 좋은 매너, 협상, 효과적인 의사소통)의 향상에 초점을 둔다. 자기통제, 감정인식, 의사소통, 문제 해결 기술의 개발이 다양한 기법의 사용과 통합되어 있다.

교사들이 학교 생활의 다른 측면들에 적용하고 전이할 수 있도록 돕기 위해 광범위한 일반화 기법이 포함되어 있다. 따라서 PATHS는 교사와 학교 직원들이 핵심 개념들을 일반화하고 SEL을 높여 주는 분위기를 조성할 수 있도록 하는, 정규 수업 이외의 학교 생활에서 사용할 수 있는 전략들을 포함하고 있다. 이런 전략들에는 교실에서 전체 학생이 참여하는 문제 해결을 위한 논의와 실제 상황에서 자기통제와 사회적 문제 해결을 촉진하기 위한 교사–학생 대화가 있다. 중요한 것은 인지적·정서적 이해와 실제 상황 간의 역동적인 관계를 촉진하는 것이다.

프로그램 효과에 대한 평가

PATHS는 정서적 중재 프로그램이 갖추어야 하는 엄격한 요건들을 갖추고 있다(Kelly et al., 2004). 따라서 PATHS는 일관성 있고 복잡한 정서 발달 모델에 기반을 두고 있고 역량 발달 모델을 참고로 해서 개발되었다. PATHS는 또한 광범위한 학교 상황 속에서 연구되었고 정서이해와 개인 간 기술 및 행동에 긍정적인 영향을 미치는 것으로 나타났다. 학교 학생들을 대상으로 한 연구는 PATHS의 사용이 일반 학생들과 특수교육을 받는 학생들 모두에게서 사회적 인지와 사회적으로 유능한 행동의 향상에 유의미한 관련성이 있는 것으로 나타났다(Riggs, Greenberg, Kusché & Pentz, 2006). 연구 결과는 중재 1년 후에 나타난 내면화 문제 행동과 외현화 문제행동 모두에서 유의미한 감소를 보였다(Kam, Greenberg & Kusché, 2004; Riggs et al., 2006).

PATHS의 효과를 지지하는 증거가 위험 노출 지역 내에 있는 198개의 중재 학급과 180개의 비교 학급을 포함하는 대단위의 여러 지역에서 실시된 연구 결과에서 나왔다[Conduct Problems Prevention Research Group(CPPRG), 1999a, 1999b]. 중재 학교에서 1학년 교사들은 PATHS의 57-수업 판을 사용했으며, 그것은 자기통제, 정서지각, 또래관계, 문제 해결력의 향상에 초점을 두었다. 1학년 말에 PATHS 학급은 통제 학급보다 더 낮은 공격적 행동 점수를 받았다. 유의미한 중재 효과가 과잉 행동/산만한 행동에서도 관찰되었다. PATHS 교육과정을 3년 동안 이수한 학생들과 통제 학교 학생들을 비교한 종단적 분석은 공격적 행동, 부주의, 나쁜 수업 태도에서는 유의미하게 낮은 점수를 보여 주었고 친사회적 행동에서는 높은 점수를 보여 주었다. 그 밖에 동료들이 평가하는 동료 사회성 측정 보고에서는 유의미하게 낮은 공격성과 과잉행동/산만한 행동이 소년들에게서 나타났고, 친사회적 행동은 소년과 소녀 모두에게서 나타났다. 사실 PATHS 교육과정은 가장 효과적인 사회적 역량 프로그램 중 하나로 CASEL(Collaborative for Academic, Social, and Emotional Learning)의 인정을 받고 있다.

기타 SEL 프로그램 : 평가, 권고, 다음 단계

전체적으로, 현재 학교 시스템 속에서 실시되고 있는 SEL 프로그램들은 특히 증거 기반과 관련하여 핵심적인 변수가 상당히 다르다. 어떤 SEL 프로그램은 엄격하게 평가되었고[PATHS, Seattle Social Development Project and Resolving Conflicts Creatively Program(RCCP)] 그 결과도 고무적으로 보인다(Weissberg & Greenberg, 1998). 이와 대조적으로 다른 프로그램들(Yale-New Haven Social Competence Promotion Program)은 거의 체계적으로 평가받지 못했다. 또 어떤 평가 연구들은 '한 차례'로 끝난 반면에 어떤 평가 연구들은 5년 이상이 지난 후에 추수 연구를 수행했다(Elias & Clabby, 1992).

최근에 출판된 한 획기적인 연구(Durlak, Weissberg, Dymnicki, Taylor & Schellinger, 2011)는 270,034명의 유치원생부터 고등학생들까지를 대상으로 실시한 213개의 학교 기반 SEL 프로그램의 메타분석을 진행했다. 그 메타분석은 특정한 모집단(예 : 적응 문제를 이미 갖고 있는 학생들)에 대한 프로그램이 아니라 전체 학생에 대한 중재를 살펴보았다.

연구 결과 통제 집단과 비교해서 SEL 참여자들의 사회적 · 정서적 기술, 태도, 긍정적인 사회적 행동이 유의미하게 향상된 것으로 나타났다. 사회적 · 정서적 기술에 대한 중재 효과의 평균(표준편차 점수 0.5 이상)이 태도, 긍정적인 사회적 행동, 행동 문제, 정서적 우울과 학업 성취(표준편차 점수로 0.22~0.27)보다 높은 것으로 나타났다. 전체적으로 메타분석 결과는 SEL 프로그램이 목표로 한 사회적 · 정서적 유능감과 자신, 타인, 학교에 대한 태도, 친사회적 행동을 보이는 적응, 그리고 향상된 학업 수행 등에 유의미하게 긍정적인 효과를 나타냈다.

최근의 SEL 프로그램들에 대한 한 평가에서, Zins 등(2004)은 '최근 몇 해 동안 실시된 학교 기반 예방 프로그램들에 대한 많은 분석들은 이 프로그램들 중 어떤 것들은 학교 성공과 관련이 있는 부적응 행동을 감소시키는 데 효과가 있다는 점에 대하여 일반적으로 동의하고 있다'(p. 5)는 결론을 내렸다. Zins 등(2007)은 또한 질적으로 우수한 SEL 프로그램에 참여하는 학생들이 학교에 대한 태도가 개선되고, 자기효능감이 향상되고, 공동체에 대한 더 좋은 인식을 하며, 교사에 대한 더 높은 신뢰와 존경심을 갖고 있다는 것을 보여 주었다. 이 학생들은 또한 더 친사회적이고, 수업과 과외 활동(예 : 스포츠)에 적극적으로 참여하고, 결석과 정학이 더 적고, 수업시간에 덜 산만하며, 개인 간 폭력성이 덜한 것과 같이 학교에서의 행동이 긍정적인 것으로 나타났다. 그 밖에 그들의 학업 수행에서는 공부하는 방법에 대한 기술이 향상되고 수학, 언어, 예술, 사회 과목에서 기술이 향상되는 것으로 나타났다.

하지만 SEL 프로그램을 학교 시스템 안에서 실시하는 것의 효과에 대하여 모든 비평가들이 그러한 낙관적인 결론에 도달한 것은 아니다. 예를 들어 Kristjánnson(2006)은 SEL 프로그램이 실제로 성취할 수 없는 지나치게 야심 찬 목표를 설정하고 있는 것이 아닌가 의심했다. 그는 또한 정서지능 프로그램이 도덕적이거나 책임감 있는 친사회적 발달에 도움이 되는 것이 아니라, 반대로 이기적으로 다른 사람을 조작하는 것이 아닌가 생각한다. 나아가 Humphrey 등(2007)은 최근의 SEL 프로그램 평가에 중대한 제한점이 있기 때문에 정서지능의 활용성에 대한 결론을 내릴 수 없다고 했다. 아래에서는 최근의 정서지능 중재 프로그램을 제한하는 것으로 보이는 개념적 그리고 방법적인 문제점들을 살펴보기로 한다. 동시에 앞으로의 정서지능 프로그램의 발전을 위해 몇 가지 바라는 양상과 원리를 제시한다.

1. 정서지능과 별로 상관이 없는 내용. 구체적인 정서적 내용이 프로그램에 따라 매우 다르지만 일반적으로 문제 해결이나 갈등 해결 기술과 같은 정서지능과 관련성이 별로 없는 교육과정 내용을 포함하고 있다(Elias & Clabby, 1999). 소수 몇 개를 제외하고는 정서지능 훈련 프로그램이나 정서중재 프로그램이라는 이름을 가진 수많은 프로그램은 체계적으로 정서지능의 주요 측면들을 목표로 하지 않는다. 사실, 대부분의 경우에 기껏해야 하나 혹은 두 가지 측면을 다룰 뿐이다.

2. 튼튼한 이론에 근거한 정서지능 기술을 측정할 수 있도록 설계된 중재 프로그램이 거의 없다. 정서지능 중재 효과의 평가와 관련한 문제점은 정

서지능 기술을 향상시키고, 개발하고, 육성하기 위해 처음부터 설계된 프로그램이 거의 없다는 것이다. 예를 들어 Goleman(1995)에 의해 인용된 정서지능 중재 효과를 지지하는 대부분의 프로그램들은 사실 다른 목적을 위해 설계된 것이다(예 : 갈등 해결 기술 향상, 문제 해결 기술 향상, 약물 사용 감소, 학교 폭력과 십대 임신의 예방). 구체적인 정서지능 내용이 거의 없기 때문에 프로그램 평가 연구에서 평가할 것이 거의 없다. 다시 말해 그런 프로그램에서 무엇을 가르치는지 그리고 그 내용과 측정된 결과의 관계를 설명할 수 없기 때문에 프로그램의 효과를 평가하는 것이 불가능하다.

3. SEL 프로그램들의 여러 가지 성격. 그리스 신화에서 프로테우스는 여러 가지 모습으로 변할 수 있는 신이다(그림 5.1 참조). 최근의 정서지능 중재 프로그램은 프로테우스같이 교육과정의 내용과 활동이 매우 다양하다. 또한 프로그램의 범위와 목표도 변화무쌍하여 대단히 광범위한 목표를 갖고 있다. 그 목표에는 사회적 기술, 의사소통 기술, 생활 기술 향상(문제해결 전략, 주장성 훈련), 정서조절과 대처 기법 개선, 효과적인 동료 관계 훈련, 갈등 해결과 책임 있는 의사결정 기술의 육성, 건강 증진, 음주 예방, 흡연과 약물 사용 예방, 폭력성 감소, 자존감 개발, 언어표현력 강화 등이 포함된다(Zins et al., 2007 참조). 이런 많은 프로그램들은 심리적 건강 증진, 학교 결속력 강화, 문제 해결 기술 가르치기, 집단 따돌림과 십대 폭력 감소, 학교 중퇴 예방 등과 같은 독립적인 활동으로 매우 세분화되어 있다.

그림 5.1 자유자재로 변신하는 능력과 예지력을 가진 바다의 신인 프로테우스의 모습을 표현한 그림. 우리는 최근의 SEL 프로그램들이 이와 비슷하게 불안정하고 너무 많은 형태를 갖고 있는 것이 아닌가 고민해야 한다.

(출처 : http://en.wikipedia.org/wiki/File:Proteus-Alciato.gif)

사실, 미국의 학교들은 문제 행동을 예방하고 안전한 환경을 조성하기 위해서 평균적으로 14가지 훈련을 실시하고 있다(Zins et al., 2004). 따라서 실제적으로 모든 것이 SEL이라는 우산 아래 포함될 수 있다. 그것들에는 학교 훈육과 관련한 약물 남용, 임신, 윤리적 · 도덕적 행동, 친사회적 관계, 소외감, 중퇴, 학업 실패뿐만 아니라, 크게 보면 성격개발이라고 할 수 있는 도덕적 추론과 행동, 의사결정, 반사회적 · 친사회적 행동 등이 있다. 연구자나 실천가가 프로그램의 어떤 특성이 바람직한 결과에 영향을 미치는지 구별해 내기가 어렵기는 하지만, 그렇게 하는 것이 잘못된 것은 아니다(아래 참조).

4. 여러 가지 성분으로 구성되어 있고 여러 해에 걸쳐 시행된 여러 가지 목표를 갖고 있는 프로그램의 효과를 밝히는 것의 어려움. SEL 프로그램들이 여러 가지 모습을 하고 있으면서 다양한 발달 연령 집단을 대상으로 정서지능의 여러 가지 측면을 목표로 하고 있기 때문에 여러 정서지능 중재 프로그램의 효과를 비교하는 것은 어렵다. 어린 아동을 위한 정서지능 프로그램은 '감정 어휘력'을 늘리고 얼굴에 나타난 감정 표현을 인식하는 것에 초점을 둔다. 반대로 중학생들을 위한 정서지능 프로그램은 종종 충동 통제와 정서조절을 다룬다. 마지막으로 고등학생을 대상으로 하는 프로그램은 일반적으로 위험한 행동(성행동, 약물이나 알코올 사용, 공격, 폭력)에 빠뜨리는 동료 압박에 저항하도록 하는 정서의 역할에 초점을 맞춘다. SEL 프로그램의 어떤 내용이 다양한 성별과 인종의 하위 모집단에 대한 발달 단계에 가장 적절하고 유용한지를 보여 줄 수 있는 더 많은 연구가 필요하다.

5. SEL 프로그램이 어떻게 작용하는지에 대한 이해의 부족. 정서지능 프로그램들의 평가에 있어서 또 다른 문제점은 그것들이 어떻게 작용하는지 우리가 실제로 모른다는 것이다(Salovey, Bedell, Detweiler & Mayer, 1999). 비록 프로그램의 효과에 대한 증거가 누적되고 있지만(Durlak et al., 2011), 긍정적인 변화를 중재하는 심리사회학적인 기제가 불분명하다. 제4장(그림 4.2~4.6 참조)에서 일상생활 속

에서 정서지능의 유용성을 보았지만 아직 그 잠재적인 메커니즘이 확인되지는 않았다. 효과적인 훈련은 이 메커니즘을 목표로 하겠지만 교육적으로 중요한 이런 메커니즘이 아직 연구에서 밝혀지지 않았다. 성공적인 프로그램을 선별해 내고 실제로 효과가 있는 프로그램을 더 강화하기 위해서는 매개요인을 확인하는 것이 매우 중요하다.

6. **효과의 크기가 작은 문제점과 효과를 엄격하게 증명하지 못하는 방법론의 문제점.** 앞에서 논의했듯이, Durlak 등(2011)의 메타분석에 의하면 전체적으로 효과의 크기가 유익미하다는 것을 확인했다. 하지만 몇몇 SEL 프로그램에서는 효과의 크기가 작고 따라서 종속변인 측정의 변화가 임상적 유의미성이 불분명한 경우가 많다. 예를 들어 RCCP 프로그램의 평가에서 효과가 작고 일관성이 없는 것으로 나타났다(Aber, Jones, Brown, Chaudry & Samples, 1998). 그 저자들은 아동의 공격성과 폭력성의 발달은 여러 가지 경로로 결정되기 때문에 이것은 당연한 결과라고 주장한다(또한 RCCP는 몇 가지 원인 요인만을 목표로 하기 때문이다). 그 밖에, 프로그램 평가는 관찰과 행동 자료보다는 학생, 교사 혹은 부모의 자기보고에 의존하는 경우가 많아서 결과가 정확하게 확인되지 않는다.

7. **프로그램의 비효과적인 실행.** 프로그램들이 완전하게 혹은 효과적으로 실행되지 않기 때문에 잠재되어 있는 진짜 효과가 나타나지 않을 수 있다. 많은 문제점들이 프로그램의 효율적인 실행을 방해하는 것으로 보이며(Weist, Stiegler, Stephan, Cox & Vaughan, 2010),

그것들을 〈표 5.2〉에서 보여 주고 있다. 학교에서의 정서지능 중재에 대한 정기적인 점검이 실행되지 않기 때문에 프로그램의 효과를 측정하기가 어렵다. Humphrey 등(2010)은 영국의 SEAL 프로그램의 제한된 성취의 원인이 프로그램 전달에 있어서의 구조와 일관성의 부족, 불충분한 감시, 교사 동기의 부족과 같은 실행상의 문제에 있다고 했다.

8. 사회적 기술과 정서적 기술의 전이 가능성. 마지막 문제점은 학생들이 정서지능 수업에서 배운 기술들을 실생활에 쉽게 전이하지 못한다는 것이다. 따라서 학생들에게 사회적 상황 속에서 특수한 기술에 대한 지식을 효과적으로 사용할 수 있는 것은 가르치지 않고(예 : 건포도 빵을 구울 수 있는 것, 절차적 지식과 비슷함), 그에 대한 지식만 가르친다(예 : 애플파이나 건포도 빵을 만들기 위한 재료가 무엇인지 아는 것, 선언적 지식과 비슷함). 분명히 사회적·정서적 기술

표 5.2 SEL 프로그램 수행에 방해가 되는 요인

원천	예
학생과 관련된 요인	– 학생들의 정서적인 그리고 행동적인 심각한 문제들이 프로그램 수행을 어렵게 한다.
교사와 관련된 요인	– 훈련 프로그램에 교사들의 참여도가 낮다. – 교사들이 정해진 시간 내에 교육과정 내용도 가르치면서 프로그램을 실시하는 것이 어렵다.
학교 수준의 요인	– 교사 연수에서 스태프 참여도가 낮다. – 수업과 행정업무를 함께 하는 것이 부담이 된다.
프로그램 수준의 요인	– 핵심적인 프로그램 요소를 실시하지 못한다. – 훈련을 받지 않은 교사들이 교실에서 프로그램을 수행한다.

을 실제로 사용하는 것은 추상적인 지식을 넘어서 그 기술이 요구되는 바로 그 순간에 필요한 동기와 상황 의존적 지식까지 있어야 한다. 사실 이 명제는 우리가 앞에서 비판한 최근 정서지능의 평가 문제와 많은 뜻을 공유한다. 즉 이 구인의 절차적인 측면이 거의 고려되지 않고 있다(Roberts, Schulze, Zeidner & Matthews, 2005). 그렇지만 전이 또한 인지적 기술을 목표로 하는 중재 프로그램의 중요한 문제이기 때문에(Kyllonen, Roberts & Stankov, 2008) 이 비판은 완화되어야 한다.

직장에서 정서지능 훈련하기

직장에서 태도에 대한 관심이 정서와 정서적 역량으로 옮겨 감에 따라 조직적, 직업적 상황이 '정서혁명'의 중심에 있는 것으로 보인다(Hughes, 2005). 전통적으로 정서는 조직적 결정을 할 때 회피해야 하는 어떤 것으로 생각되었는데, 최근에는 정서개발이 직장에서 인지능력이나 전문성과 함께 의사결정 과정에서 중요하게 생각된다(Emmerling & Cherniss, 2003). 나아가 최근에는 명시적인 인지적 지식과 묵시적인 정서적 지식의 조합이 순수한 논리가 간과하는 것을 볼 수 있게 하고 그래서 직장에서 성공하기 위한 가장 적절하고 안전한 길로 안내한다고 생각한다.

오늘날 대부분의 성인들은 눈을 뜨고 있는 동안 다른 어떤 장소보다 직장에서 많은 시간을 보내고 있으며 그 시간이 점점 증가하고 있는 추세다. 직장은 성숙해지고 사회적 · 정서적 역량을 개발하기 위한 가장 좋은 장소다. 이에 대한 증거로, 2008년 9월 통계를 보면 최소 57개 자문 회사가 원칙적으로 정서지능을 자문하고 있고, 90개 기관이 정서지능 훈련이나 평가를 전문적으로 취급하고, 30개의 정서지능 자격증 프로그램이 있고, 5개의 정서지능 '대학교'가 있다(http://www.eiconsortium.org/). 정서지능 프레임워크는 직원들이 직장에서 정서를 처리하는 기술을 확인하는 역량을 실행하기 위한 기초를 조직 환경에 제공했다(Jordan, Murray & Lawrence, 2009). 직장은 정서지능이 가장 많은 인기를 얻었던 공간이다. 이와 동시에, 직장에서 정서지능 훈련의 효과와 의사결정, 선발, 수행 평가를 위한 정서지능의 실제적인 활용성을 포함한 많은 이슈들에 대한 논쟁이 일어나고 있다(Jordan et al., 2009).

개관

현대 비즈니스 세계가 지속적으로 진화함에 따라 조직 구성원은 직장에서 성공하기 위하여 광범위한 정서적 · 사회적 기술과 함께 인지적 능력, 테크니컬한 기술과 전문성을 필요로 한다. 조직 환경에서 정서지능에 큰 관심을 갖는 이유는 조직이 정서적 역량 훈련에 투자함으로써 생산성이 더 높아지고, 이윤이 더 많아지고, 즐거운 장소로 만들 수 있다는 가정에 근거한다. 그 밖에, 오늘날의 경쟁적인 기업 세계에서, 조직은 성과와 생산성을 높이기 위하여 인간 자원 개발에 큰 관심을 갖고 있다(Muyia & Kacirek, 2009). 예를 들어 현대 노동력이 필요로 하는 사회적 · 정서적 역량에는 조직 목표를 달성하기 위해 효과적으로 일하는 열정, 효과적인 의사소통, 협상, 그리고 리더십 기술 등이 포함된다.

심리치료, 자기개발 프로그램, 인지-행동 치료, 그리고 많은 훈련 프로그램들의 효과에 대한 수십 년간의 연구에 의하면 사람들은 자신의 행동, 기분, 자기상을 변화시킬 수 있다고 한다(Boyatzis, 2007). 마찬가지로 정서지능이 유연하고 훈련시킬 수 있다는 가정하에, 직장에서 정서지능을 향상시키거나 정서적 역량을 강화하기 위하여 개인이나 직원 전체를 대상으로 하는 중재를 제공하는 추세가 증가하고 있다(Zeidner 2005). 사실 많은 조직이 리더십 지위에 있는 사람들을 위한 기술 개발에 많은 투자를 한다. 비록 경제 불황으로 그러한 프로그램이 타격을 입기는 했지만 미국에서만 해도 기관들이 사회적 · 정서적 역량과 관련한 '소프트 스킬soft skill' 훈련에 매년 수십어 달러를 소비한다(Cherniss, 2000). 결과적으로 직장이 정서지능을 적용하기 위한 가장 인기 있는 상황이 되었다는 것은 결코 놀라운 일이 아니다.

직장이 정서지능 역량을 체계적으로 향상시킬 수 있는 가장 적절한 환경으로 보이는 많은 이유가 있다. 첫째, 정서적 역량은 효과적으로 직무를 수행하기 위한 핵심적인 요소다. 사실 뛰어난 수행과 연결되어 있는 역량의 약 2/3가 자신감, 공감, 그리고 다른 사람과 융화하는 능력과 같은 정서적 혹은 사회적 성질의 것이다(Boyatzis, 1982). 둘째, 많은 사람들이 직장에서의 요구, 도전, 스트레스와 역경의 근원을 대처할 수 있도록 해 주는 정서적 역량과 사회적 기술 없이 직장에 발을 들여놓는다. 셋째, 중재를 실행하기 위한 다른 가능한 장소와 비교해서, 직장에는 필요한 훈련 경험을 제공하기 위한 도구들이 갖추어져 있는 경우가 많다.

여러 조직과 상업적인 기업들은 다양한 정서지능 훈련과 개발 프로그램을 제공한다. 사실 미국의 산업은 매년 약 5,000만 달러를 역량 훈련에 지출한다. 이 프로그램들은 1990년대 말과 2000년대 초에는 사회적 능력과 정서적 능력에 초점을 두었다(Cherniss, 2000 참조). 경기 침체 후에도 여전히 그 숫자가 그렇게 높은지는 아직 확인되지 않았지만, 중요한 것은 조직들은 여전히 이 기술들의 훈련이 중요하다고 생각한다는 점이다. 이 프로그램들의 효과에 대한 경험적 증거가 여전히 요구되고 있다. 경찰국은 경찰들이 특히 분노와 같은 자신의 정서적 반응을 조절할 수 있게 하고 또한 법 집행관들이 갈등 상황에서 다른 사람들의 정서적 반응을 관리하도록 해 줄 수 있는 훈련을 채택한다. 비슷하게, 의사들은 환자와 환자 가족들을 더 잘 공감할 수 있는 방법에 대한 훈련을 받는다(Cherniss, Goleman, Emmerling, Cowan & Adler, 1998). 이 프로그램들은 정서지능이 등장하기 전에 이미 있었다.

직장에서 정서지능 훈련을 위한 실행 지침

우리가 다른 곳에서 지적했듯이(Roberts, Zeidner & Matthews, 2007), 응용 환경에서 정서지능의 효과적인 평가와 중재를 위해서는 여러 가지 전제조건이 필요하다. 〈표 5.3〉은 이 과정들을 회사가 그와 같은 프로그램을 실시하는 목적을 확인할 수 있도록 해 주는 중요한 전략적 방향들과 함께 보여 주고 있다.

제안한 이 전제조건들은 이론, 평가, 그리고 정서지능의 실천 간에 밀접한 파트너십이 보장되어야 한다는 것을 반영한다. 최근 정서지능의 이론과 측정 연구에서 모두 정서지능 훈련이 정서지능을 특별히 높이지 않는다는 결과가 나오면서 이 전제 조건이 실천가들이 활용하는 중요한 도

표 5.3 직장 환경에서 정서지능의 효과적인 평가와 중재를 위해 필요한 전제조건

전제조건	권고
프레임워크	• 상황특수적이고 연관성이 있는 이론적 프레임워크 유도 • 정서지능을 둘러싼 논의의 영역에 대한 분명한 프레임워크 • 여러 응용 환경에 관련된 중요한 측면과 성분 확인
평가	• 적절한 상황 관련 평가, 채점, 분석 절차 개발
훈련	• 특수한 상황에 적합한 훈련 기법 개발 • 특수한 직업적, 문화적, 사회적 상황의 제약조건에 따라 적절하게 정서지능을 수정하여 적용 • 대상자의 발달 연령, 사회적 배경, 문화적 규범과 사용자들의 가치관 고려

구가 되었다.

그 밖에, 직장에서의 정서지능 프로그램을 지지하는 사람들은 정서역량의 개발과 훈련을 위해서는 사고, 감정, 행동의 뿌리 깊은 습관들을 크게 변화시키고 재정비하는 것이 필요하다고 주장한다(Cherniss et al., 1998; Goleman, 1998). 조직 속에서 정서지능을 성공적으로 향상시키기 위해서는 말과 생각만으로는 안 되고 활동하고 경험하면서 노력해야 한다. 따라서 정서학습에서 변화시켜야 하는 강한 반응 습관이 있으며 새로운 신경회로가 만들어지기 전에 기존의 것은 약화되고 마침내 소거되어야 한다. 이것은 학습 과정이 오랜 시간에 걸친 반복된 연습을 필요로 한다는 것을 의미한다. 따라서 학습자들은 높은 수준의 동기를 갖고 그 과정에 들어가야만 하고, 새로운 사고방식이 제2의 천성이 될 때까지 동기를 유지할 수 있도록 도와주기 위한 상당한 지도와 지지가 있어야 한다(Cherniss et al., 1998). 그렇지 않으면 단기 훈련과 프로그램 적용

후에 참여자들은 며칠 혹은 몇 주밖에 지속되지 않는 짧은 흥분을 경험할 뿐이고, 그 후에는 옛날 습관으로 돌아간다. (여기에서 눈치 빠른 독자는 앞에서 논의한 SEL 프로그램의 전이 문제와 같은 점을 발견할 것이다.)

정서지능 훈련 프로그램의 효과를 극대화하기 위해서 Cherniss(2000), Cherniss와 Goleman(2001)은 직장에서 정서지능 훈련 프로그램을 실행하기 위한 몇 가지 지침을 제공했다. 아래에 제시한 이 지침은 조직 행동, 훈련, 개발에 대한 이론과 연구의 통합에 근거하고 있다.

1. 단계 1 : 변화를 위한 준비. 변화를 일으키기 전에 조직 구성원의 동기, 헌신, 자기효능감을 확인해야 한다. 훈련은 SEL을 조직에 소개하고 조직의 '매입buy in'을 확실하게 하는 지침으로 시작한다. 훈련 프로그램은 학습자가 그 훈련에 대한 긍정적인 기대와 더 높은 자기효능감을 가질 수 있도록 하는 활동을 포함하도록 설계되어 있으면 더 효과적이다. 따라서 사람들이 그런 도전이 바람직한 결과를 가져다줄 것이라고 확신한다면 정서적 역량을 향상시키기 위해 더 동기화될 것이다. 운영상으로, 정서적 역량을 향상시키기 위해서는 조직과 개인에게 요구되는 가장 중요한 역량의 평가에서 시작해야 한다. 만일 직원들이 준비가 되어 있다면 동기와 헌신은 구체적으로 의미 있고 현실적인 목표 설정을 도와줌으로써 강화될 수 있다. 조직이 필요로 하는 역량이 확인되면 요구되는 기술과 현재 기술 간의 틈을 연결하는 데 도움이 되도록 그 사람(참가자)에게 부족한 구체적인 기술들로

구성된 세심한 진단이 내려진다. 프로그램 훈련가는 참가자들을 인지적인 그리고 행동적인 변화를 통해서 그 역량을 획득하는 과정에 참여시킬 뿐만 아니라 그 역량을 숙달하면 어떤 장점이 있는지 인식하도록 도와줄 필요가 있다.

2. **단계 2 : 훈련과 개발.** 단계 2는 조직 구성원을 실제로 훈련하고 개발하는 과정이다. 이것은 변화시키는 과정으로서 이전 연구에서 제안하는 과정들이 사람들을 변화시키는 데 중요하다. 훈련은 강의와 토론보다는 학습자들이 가능한 한 많은 영역에서 새로운 기술을 훈련하는 기회가 많은 경험 학습이 중요하다. 그 밖에, 안전하고 지지적인 환경 속에서 정서적·사회적 변화가 일어나도록 해야 하며, 훈련을 받고 있는 참여자들에게 안전하고 지지적인 학습 환경을 제공하기 위하여 훈련가와 학습자 간의 관계가 가장 중요하다.

운영상, 참가자들은 실습하면서 약 12번의 피드백을 받는 세션이 필요하다. 배운 것을 일상생활에 적용할 때 부딪힐 수 있는 방해물과 문제점을 생각할 수 있도록 훈련 자료를 준비해야 한다. 그런 후에 이러한 것들이 정서적으로 그들에게 어떻게 영향을 미칠지 그리고 이 문제를 처리하기 위해 어떻게 할 것인지를 배우도록 한다. 참가자들은 그들 자신의 정서를 확인하고 그리고 다른 사람의 정서와 구분할 수 있는 능력을 향상시키는 것을 훈련받는다. 참가자들은 또한 동료들의 정서를 확인하기 위한 여러 가지 미묘한 단서를 사용하는 능력을 향상시키는 것을 배운다. 정서지각, 이해, 조절 기술을 가르치기 위해서는 반복적인 연습과 역할놀이 기법의 사용을 기초로 한 경험적인 정서지능 훈련 방법을 사용해야 한다. 그 밖에, 참가자들에게 새롭게 획득한 정서지능 기술을 연습하고 상호적인 강화를 제공하기 위해 비슷한 사람들과 사회적 지지 집단을 형성하도록 하는 것이 좋다. 살아 있는 모델이 실제로 배워야 할 기술과 역량을 보여 주도록 한다. 이 방법은 선언적인 지식에만 초점을 맞추는 것보다 더 효과적인 것으로 알려져 있다.

3. 단계 3 : 결과 평가. 훈련 절차의 마지막 단계는 중재의 결과(인지적, 사회적, 정서적, 행동적)를 체계적으로 평가하는 것이다. 훈련 효과는 사람들이 자신에 대하여 긍정적으로 생각하는가 그리고 직장에서의 행동이 유의미하게 변했는가 하는 점으로 평가해야 한다. 이런 평가는 그러한 훈련의 유용성에 대한 의문이 상당히 많기 때문에 정서지능 개발을 위해 특히 중요하다. 평가 연구는 왜 그리고 어떻게 훈련이 효과가 있는지, 앞으로 어떤 방식으로 훈련 방법이 개선되어야 할 것인지에 대해 프로그램 매니저들에게 도움이 될 수 있게 사용되어야 한다.

직무 훈련 프로그램의 한 예 : 정서적 역량 훈련

경험적인 훈련 프로그램의 한 예로는 1992년 아메리칸익스프레스 재정고문단American Express Financial Advisors이 개발한 정서역량 훈련Emotional Competence Training 프로그램이 있다. 그 프로그램은 그 회사와 미국에 있는 몇몇 다른 회사들의 매니저들이 사용해 왔다(Cherniss & Adler, 2000; Goleman, 1998). 그 프로그램의 몇 가지 버전이 있지만, 그중 가장 효과적이라고 하는 프로그램은 약 40시간의 훈련을 두 집단에게 한 달 혹은 두 달에 걸쳐서 2일 혹은 3일 동안 실시했다. 직장 조직에서의 이러한 프로그램의 실행에 따른 특수한 문제들을 잘 이해하고 있는 까다롭게 선발된 박사급 심리학자들이 프로그램을 운영한다. 프로그램에는 이론적인 수업도 있지만, 대부분은 역할놀이, 모의실험 등과 같은 경험적인 활동이 주를 이룬다. 프로그램은 직장에서 정서의 역할, 감정을 여러 가지 방식으로 표현하기, '혼잣말'이 감정과 행동에 미치는 효과, 적극적인 경청, 직장에서 정서표현에 대한 규범 등을 포함한 여러 가지 주제를 다룬다. 정서지능 훈련에서 활용될 수 있는 정서지능 활동과 게임들은 많이 발표되어 있다(Lynn, 2007).

의뢰인들에게 그들의 현재와 과거의 정서적 경험에 대해 더 체계적으로 반추할 수 있도록 하는 도구를 제공하는 것뿐만 아니라, '기분 일기' 쓰기, 직장에서 그들의 정서적 반응과 관련한 평가의 합리성에 대한 조사, 불안과 같은 부정적인 정서에 대한 자신의 대처패턴 확인하기 등과 같은 기법 모두가 직장에서 효과적으로 의사결정을 하는 데 도움이 될 수 있다. 다양한 정서의 생리적인 징후(예 : 심장이 뛰는 현상)에 집중하는 기법도 또한 의뢰인인 자신의 정서적 표현을 인식하고 확인하는 데 도움이 될 수 있다. 다른 사람들의 관점(예 : 다면평가 피드백 기법을 사용하여)을 통합하는 것도 제한된 정서적 자기인식을 갖고 있는 사람들에게 정서적 삶에 대한 통찰력을 갖도록 하는 데 도움이 될 수 있다.

정서지능의 프레임워크는 정서의 인식과 조작에 어려움이 있는 의뢰인을 확인하는 데 도움이 되기 때문에 그것을 상담 과정에 포함시켜 소개하는 것이 이롭다. 중재는 직장에서 의뢰인들이 자신의 정서를 더 잘 이해하고 조절하는 데 도움이 되고 정서가 직장에서 그들의 사회적 상호작용과 효과성에 어떻게 영향을 미치는지 알 수 있도록 하는 데 도움이 된다. 정서는 분명히 의존성, 권위, 정체성 형성, 만성적인 우유부단과 같은 문제와 관련이 있다. 의뢰인은 조직 속에서 다양한 상호작용을 촉진할 수 있는 정서적 반응을 훈련받으면 많은 도움을 얻을 수 있다.

정서지능 훈련 프로그램의 평가

정서지능 훈련이 정서지능 기술과 직장에서의 적응적인 결과에 미치는 영향에 대한 증거는 엇갈린다. 한편에서는 많은 연구자들이 훈련을 받은 참여자들의 전체적인 정서지능에서 유의미한 영향을 미치지 않는다고 보고했다(Dulewicz & Higgs, 2004; Muyia & Kacirek, 2009). 다른 한편에서는 많은 연구들이 훈련을 받은 후에 정서지능 점수가 통계적으로 유의미한 차이를 나타냈다고 보고했다(Boyatzis, 2001; Grant, 2007; Groves, McEnrue & Shen, 2008; Slaski & Cartwright, 2002, 2003). 예를 들어 호주의 큰 공공기관에서 실시한 Murray, Jordan과 Ashkanasy(2006)의 연구는 훈련을 통해 정서지능이 향상될 수 있다는 것을 보여 주었다. 준실험 설계를 사용하여 이 연구자들은 참여자들을 Mayer와 Salovey 정서지능 능력 모델에 따라서 (a) 통제 집단, (b) 개인 간 기술 훈련 집단, 혹은 (c) 정서지능 중재 집단에 배치했다. 그 결과 정서지능 훈련 집단에서는 사전 검사보다 사후 검사에서 유의미한 향상을 보였지만, 통제 집단이나 개인 간 기술 훈련을 받은 집단에서는 유의미한 변화가 나타나지 않았다. 비슷하게, Boyatzis(2007)는 케이스웨스턴 리저브대학교Case Western Reserve University에서 실시한 종단적 연구에서 학생들의 정서지능과 인지적 역량이 변할 수 있다고 보고했다. 향상된 정서지능과 인지적 역량은 2년 이상 유지된다고 보고되었다.

관리 훈련 프로그램들에 대한 문헌을 연구한 결과 Cherniss와 Goleman (2001)은 정서지능 기반 역량을 목표로 하는 중재는 사실 효과가 있으며 자기인식, 라포rapport와 같은 바람직한 결과를 향상시키는 경향이 있다고 결론 내렸다. 그 밖에, 자기동기 훈련(예 : 강의와 토론)도 창의성 개발에 도움이 되고 성취동기와 비즈니스 수행을 향상시킨다. 따라서 그들은 "모두 종합하면, 이 모든 중재가 성인들의 정서지능 역량을 개발하는 것이 가능하다는 것을 보여 준다."(p. 214)는 결론을 내렸다.

정서지능 훈련의 비판적 평가와 앞으로의 연구

학생들뿐만 아니라 매니저와 앞으로 리더가 될 사람들까지 정서적으로 더 지능적이고 사회적으로 유능하도록 돕기 위한 프로그램들이 급성장했다. 비록 이들 중 많은 프로그램들이 희망적으로 보이지만, 직장에서 이런 훈련 프로그램들의 효과를 종합적으로 평가하는 데는 많은 어려운 문제점이 있다. 우선, 프로그램들에 대한 분명한 이론적, 방법적인 타당성이 부족하고 심리학적인 기초가 분명하지 않은 잡다한 기법을 사용한다(Zeidner, Roberts & Matthews, 2002). 둘째, 그들이 실시한 정서지능 훈련 프로그램을 실제로 검사하는 프로그램이 거의 없다(Caruso & Wolfe, 2004; Landy, 2005, 2006). Cherniss 등(1998)은 미국훈련개발학회American Society for Training and Development가 훈련을 실시한 회사들을 조사한 결과를 보고했다. 훈련과 개발을 통해 정서적 역량을 촉진시키기 위해 노력했다고 주장하는 27개 회사 중에서 2/3 이상이 노력의 효과를 평가하려는 시도를 하지 않았다.

게다가 일반적으로 훈련 프로그램에 대한 실험 설계도 없었으며(예 : 무작위 시도) 반복적으로 평가하지도 않고 오랜 시간에 걸쳐서 체계적으로 결과에 대한 효과를 조사하지도 않았다. 많은 훈련 프로그램(Boyatzis, 2007)이 실행한 후 초기에 결과변인들에서 큰 향상을 나타내는 '허니문 효과'를 보였지만 수개월 내에 급격하게 하락했다. 더구나 최근의 설계는 정서지능 훈련이 직접적으로 수행에 영향을 미쳤는지, 수행이 정서지능에 영향을 미치는지, 혹은 두 가지 변인이 다른 제3요인에 의한 영향을 받는지 설명해 주지 못한다. 인과관계를 알기 위해서는 시간 간격을 두고 정서지능과 수행의 변화를 추적할 필요가 있다.

마지막으로 직장에서의 정서지능 프로그램의 평가는 대부분 최근의 정서지능 훈련 프로그램이 소개되기 전에 이미 존재했던 경영자 훈련 프로그램을 대상으로 한 경우가 많다(예 : 민감성 훈련). 이러한 일반적이고 오래된 프로그램들이 효과가 있다는 결과가 정서지능 프로그램의 효과에 대한 증거로 잘 못 사용되고 있다.

나아갈 방향

비록 정서지능이 직장에서 중요하다고 제안하는 문헌들이 증가하고 있지만(Cherniss, 2010), 정서지능 훈련 프로그램과 중재의 효과에 대한 판정은 아직 내려지지 않았다. 앞으로의 이론과 연구에서는 정서지능 훈련 효과에 대한 더 타당한 평가를 내릴 수 있는 여러 가지 문제점을 다룰 필요가 있다. 지금까지 적용된 연구의 질은 매우 다양하다. 적용 효과는 매우 좋은데, 개념적인 프레임워크, 실행 분석과 검토, 타당한 평가 설계 측면에서는 과학적 검증 기준의 최저 수준에도 미치지 못한 연구들이 있다. 따라서 핵심적인 정서지능 역량을 목표로 하는 이론에 기반한 프로그램의 체계적인 평가가 절실하게 요구된다.

또한 정서지능 훈련의 목표를 직원들의 이익에 맞추어야 하는지 아니면 조직의 이익에 맞추어야 하는지 현재로서는 아직 결정되지 않았다. 한편으로는 직원들의 자기인식과 정서적 지능을 훈련해서 자신의 이익을 최대화할 수 있는 의사결정을 할 수 있도록 하는 것이 중요한 목표다. 다른 한편으로는 직원들의 사회적·정서적 역량을 강화하고 직원들을 행복하고 만족하게 해서 조직의 생산성을 높이고 조직에 대한 충성심을 심어주는 것이 목표다. 분명히 개인적인 이익과 조직의 이익이 반드시 일치하는 것은 아니다. 때로는 일-삶의 갈등을 관리함에 있어서 개인적인 요구를 우선하는 것이 정서적으로 지능적인 선택일 수 있다.

또한 정서지능의 어떤 성분이 가장 유연하고 훈련의 효과가 잘 나타나는지 혹은 정서지능이 높거나 낮은 수준에 따라서 효과적인 중재의 유형이 다른지 아직 모른다. 정서지능 훈련은 정서지능이 높은 사람에게는 할 필요가 없는 것이고, 순수하게 정서지능이 열등한 사람에게는 해 봐도 효과가 없고 완전히 시간과 돈 낭비일 뿐이다(Emmerling & Cherniss, 2003). 따라서 특수한 정서지능 중재 목적, 연령 수준에 따른 가장 효과적인 중재 방법, 중재가 효과적이기 위해 필요한 의뢰인이 갖고 있는 최소한의 정서지능 수준 등과 같은 중요한 정서지능 훈련 변인들에 대한 연구에 관심을 가질 필요가 있다.

프로그램 실행을 표준화하는 일 외에도 정서지능 프로그램의 실시와 관련한 비용 대비 효과를 평가할 필요가 있다. 앞으로의 연구는 정서지능 훈련이 기존의 훈련 프로그램을 능가하는 새로운 무엇인가를 제공한다는 것과 현재 직장에서 이미 실시되고 있는 훈련이나 중재를 더 강화할 수 있다는 것을 반드시 보여 주어야 한다.

요약 및 결론

학생, 노동자, 매니저, 미래 지도자를 위하여 정서적으로 지능적이고 효과적으로 사회활동을 할 수 있도록 설계된 정서지능 훈련 프로그램이 급성장했다. 최근 메타분석(Durlak et al., 2011)에 의한 교육적인 프로그램의 효과는 SEL 훈련이 사회적 행동과 학업 수행뿐만 아니라 사회적 기술과 정서적 기술도 향상시킨다는 결과를 보여 줌으로써 지지를 받았다. 직업적인 프로그램의 평가는 체계적이지 못하고 불일치한 결과를 보이는 가운데 지지하는 연구 결과들도 나타나기 시작하고 있다(Cherniss, Grimm & Liautaud, 2010). 희망적인 중재 프로그램들도 있지만, 체계적으로 정서지능 이론이나 연구에 기반을 두지 않은 프로그램들도 있다. 직업적·교육적 환경 모두에서 정서지능을 개발하기 위한 중재 프로그램들은 이론적이고 방법적인 타당성이 부족하며 잡다한 기법을 사용하고 있어서 심리학적인 근거가 불분명하다. 게다가 정서지능과 정서지능

223

관련 역량은 기질, 학습 경험, 그리고 반성적인 목표 지향 경험에 기반하고 있다. 하루 동안 실시하는 세미나나 워크숍이 사람들을 교육하고 의식을 고취하는 데는 효과가 있겠지만, 상당한 개선을 필요로 하는 성격과 역량을 뿌리까지 변화시키기는 쉽지 않다.

최근 문헌 검토에서 지적했듯이(Zeidner et al., 2009), 비록 정서지능 훈련의 효과가 없다는 연구 결과가 있지만, 그렇다고 해서 다양한 응용 환경에서 정서지능을 훈련함으로써 얻을 수 있는 잠재적인 가치와 중요성을 놓치는 것은 현재로서는 성급한 결정으로 보인다. 훈련 프로그램의 실용적인 가치는 직업 영역보다 교육 영역에서 더 지지를 받는다. Durlak 등(2011)이 지적하듯이 교육자들이 확인해야 할 과제는 많은 사회적 · 정서적 기술과 과정 중에서 어느 것이 가장 훈련 효과가 있는지, 그리고 기존 프로그램들에서 얻을 수 있는 이점의 한계를 어떻게 개선할 것인지다. 직장에서의 훈련 프로그램 연구는 효과를 입증하기 위한 체계적인 프로그램 계획과 평가를 포함한 기초적인 배경 연구가 아직 더 필요하다. 여하튼 정서와 관련하여 학교와 직장에서 정서를 처리하는 것이 중요하다는 사실은 그것이 '돌멩이 수프' 이야기처럼 이론적인 기초일 뿐이라고 해도 정서지능이 잠재적인 영향력을 갖고 있다는 것을 말해 준다.

정서지능 101

6

정서장애 :
정서지능의 병리 현상?

마음은 따뜻한데 생각이 없는 바보는 생각은 있는데 마음이 따뜻하지 않은 바보와 마찬가지로 불행하다.

– Fyodor Dostoevsky, 백치

정서적 병리의 수맥은 다양한 임상장애를 따라 흐른다. 때로는 정서가 과한 것이 문제가 된다. 불안과 기분장애를 갖고 있는 사람들은 정서적으로 과잉반응적이어서 사소하게 보이는 문제에 대해서도 화를 내거나 우울하게 된다. 양극성인 사람들도 지나친 정적 정서를 나타내는데 이것은 주로 잘못된 판단과 과장된 생각 때문이다. 섭식장애 환자는 더 적절한 다른 대처 방법이 있는데도 불구하고 부정적인 정서를 조절하기 위한 한 가지 전략으로 먹는 것을 선택한다. 가끔 정서는 분노조절 문제를 갖고 있는 사람에게 그렇듯이 부적절하게 타오른다. 어떤 환자들에게는 과한 것이 문제가 아니라 정서가 너무 부족한 것이 문제다. 정신분열증 환자는 위축된 삶의 경험과 함께 흔히 정서부족을 나타낸다. 때로는 정서를 사용하여 다른 사람들과 관계를 맺는 데 문제가 있는 경우도 있다. 자폐 아동은 가족 구성원들에게 긍정적인 정서로 반응하지 못한다.

　임상 환자들에서 볼 수 있는 정서적 반응은 종종 덜 지적으로 보인다. 과한 불안은 위협에 대처하는 데 방해가 될 수 있다. 사실 분노를 터뜨리는 것과 같은 정서 표현은 다른 사람들이 그 사람에게 등을 돌리게 하여 잠재되어 있는 문제를 더 처리하기 힘들게 만든다. 하지만 정서지능의 개념이 부적응적인 행동이라고 편리하게 이름을 붙여 주는 것 이외에 다른 무엇을 말해 주는가? 정서지능의 결함이 정신장애를 일으키는 중요한 역할을 하는가? 직접적으로 정서지능을 높이는 문제에 심리치료가 관심을 가져야 할까? 이 장에서는 이러한 내용과 병리와 관련된 여러 이슈를 다룬다.

정서지능과 병리에 대한 개관

임상심리학에 대한 간단한 소개로 시작하기로 한다. 이 응용심리학 분야는 전형적으로 장애의 '의학 모델'을 따른다. 의학 모델에서는 의사가 홍역이나 수두를 진단하듯이 정신질환을 일정한 증세에 따라서 이를테면 범불안이라고 진단한다. 이런 진단은 미국심리치료학회의 **정신질환 진단 및 통계 편람**(*Diagnostic and Statistical Manual, DSM-IV-TR-IV*; First, Frances & Pincus, 2004)에 잘 설명되어 있다. 장애의 종류는 여러 가지다. 정신과 의사나 임상심리학자는 사실상 각각의 증상에 대한 체크리스트를 꼼꼼히 살펴보고 진단을 내린다. 만일 임상 인터뷰와 환자에게 내린 진단에 따른 증상이 충분히 나타나면, 그 사람은 장애를 갖고 있는 것이고, 그렇지 않으면 아니다. DSM-IV에 따라 내려진 진단이 그 환자에게 어떤 치료를 할 것인지를 결정하는 중요한 요소다. 2013년에 출판될 DSM-V에서는 진단 범주가 바뀌는 것이 있고 정신병리의 차원적 · 지속적 평가가 더 강조될 것이다.

　　DSM-IV는 우울증, 정신분열증과 같은 전형적인 정신장애('축 1' 장애)와 반사회적 그리고 경계선 성격과 같은 이상 성격 유형('축 2')을 구분한다. 이상 성격이란 그것 자체로 정신장애는 아니지만, 생활 속에서 다양한 문제를 일으키고, 축 1 장애에 대한 취약성을 증가시키는 근본적인 성향을 말한다. 따라서 우리는 낮은 정서지능을 이상 성격의 속성이라고 생각할 수 있다.

최근에는 이상 성격에 대한 생각에 변화가 생겼다. 정상 성격과 마찬가지로 이상 성격을 독립적인 범주보다는 차원적인 특성으로 정의하는 것이 이제 널리 인식되고 있다(Widiger & Mullins-Sweatt, 2009). 따라서 반사회적 성격은 실무율all-or-nothing 증세가 아니라 반사회적 경향성의 연속체로 본다.

사실 어떤 이상성의 차원적인 모델은 제2장에서 논의한 정상 성격의 5요인 모델Five Factor Model, FFM에 통합된다. 사회적 회피와 불안과 같은 이상 특성은 극단적인 신경과민성에 해당하고 반사회적 특성은 매우 낮은 친화성에 해당할 수 있다(Schroeder, Wormsworh & Livesley, 1992). 이상 성격이 극단적인 정상 특성 차원과 마찬가지인가 하는 것은 아직 해결되지 않은 문제다. 예를 들어 환각이나 망상과 같은 정신분열 성향 성격의 괴상한 정신분열증 같은 증상은 어떠한 정상적인 성격 특성과도 직접 대응시킬 수 없다.

병리를 낮은 정서지능 점수와 관련시키는 자료를 구하기는 매우 쉽다. 우리는 질문지 정서지능 척도가 정상적인 비임상 집단에서 불안, 우울과 같은 병리 특성을 평가하는 다양한 설문들과 상관이 있는 것을 이미 보았다(Bar-On, 2000; Summerfeldt, Kloosterman, Antony & Parker, 2006). 이와 비교할 수 있는 연구 결과들로는 DSM-IV에 따라 정신장애로 진단된 임상 환자들의 연구에서 얻을 수 있다. Downey 등(2008)은 주요 우울로 진단된 62명의 환자에게 전형적인 정서지능 질문지인 스윈번 대학교 정서지능 검사Swinburne University Emotional Intelligence Test를 실시했다. 그들은 그 환자 집단이 대응 통제 집단보다 정서지능이 낮은 것을 발견했다. 정서인식과 표현, 정서관리와 정서통제에 대한 하위 척도 모두 우울의 의미 있는 효과를 나타냈다. 다른 연구들에서도 우울증 환자들이 이와 같은 정서기능의 어려움이 있는 것으로 나타났다.

제3장에서 우리는 정서지능에 대한 능력 검사가 낮은 수준의 정신병리를 예측할 수 있다는 증거를 제시했다. 이에 대하여 더 자세히 살펴보자. Hertel, Schütz와 Lammers(2009)는 Mayer-Salovey-Caruso Emotional Intelligence Test(MSCEIT)를 세 가지 유형 — 우울증, 경계선 성격장애(BPD), 그리고 약물남용장애(SAD) — 의 정서적인 문제를 갖고 있는 세 집단의 환자들에게 실시했다. 경계선 성격장애는 충동성, 기분 변화, 대인관계를 유지하는 어려움의 특징을 갖고 있는 정서조절 장애로 보일 수 있다. 이 연구에서 약물남용장애 집단은 대부분 알코올 남용자들로 구성되었다.

세 집단 모두 통제 집단보다 MSCEIT에서 정서지능 점수가 낮은 것으로 나타났다(약물남용자들이 가장 낮았다). 세 집단들 간에 MSCEIT의 네 가지들(제3장 참조)에서 또한 차이가 있었다. 예상했듯이 경계선 성격장애와 약물남용장애 집단이 특히 정서조절의 점수가 낮았다(예 : 정서관리). Downey 등(2008)의 연구 결과와 반대로, 우울증 환자들은 통제 집단보다 정서조절이 유의미하게 낮지 않았으며, 환자 집단의 그 누구도 정서지각에서 부족함을 보이지 않았다. 정서지능 연구는 이 장애에 있어서 정확한 정서적 결핍의 성질에 대한 불일치한 신호를 보내는 것으로 보인다.

정서지능에 대한 임상적 관점 : 핵심 이슈

우리가 논의한 것과 같은 연구 결과는 시작에 불과하다. 연구 결과들은 환자 집단들이 정서장애가 없는 통제 집단과 정서지능 검사 점수가 다를 수 있다는 것을 보여 준다. 많은 의문들이 답을 얻지 못하고 그대로 남아 있다. 우리는 아래와 같은 문제에 초첨을 맞추기로 한다.

1. 낮은 정서지능은 정신장애의 원인인가 혹은 결과인가? 표준 정신의학 모델에 의하면, 매우 낮은 정서지능은 여러 장애들에 대한 취약성 요인일 수 있다고 한다. 생활을 완전히 뒤엎는 어떤 외부적인 스트레스원이 나타나면, 정서지능이 낮은 사람은 자신의 정서를 이해하지 못하거나 스트레스에 효과적으로 대처하지 못하기 때문에(제4장 참조) 정서장애를 일으키게 된다. 정서적으로 지능적인 사람은 부정적 정서를 더 잘 이해하고 사건에 대처하기 위한 현실적인 전략을 더 잘 생각해 낸다. 하지만 원인과 결과가 정반대로 작용할 수 있다. 사람이 어려움에 대해 깊이 생각하거나 걱정하면 주의력이 개인적인 문제에 고착된다는 이유만으로도 장애가 일반적으로 사태를 이해하고 관리하는 개인의 능력을 붕괴시킨다(Wells & Matthews, 1994). 따라서 낮은 정서지능은 원인이 아니라 정신장애의 증후거나 결과일 수 있다.

2. 정신장애는 정서지능의 일반적인 결핍을 반영하는가? 정상인들의 정서
지능을 살펴보면서, 우리는 정서지능을 IQ와 같은 총괄적인 개인의
성질로 볼 것인가 아니면 느슨하게 연결되어 있는 여러 가지 다른
정서적 역량과 기술로 볼 것인가 하는 갈등이 있는 것을 보았다. 정
신병을 살펴보면, DSM-IV에 의해 정의된 대부분의 증세가 어느 정
도의 정서적 역기능을 갖고 있다. 하지만 불안, 정신분열증, 자폐증
과 같은 여러 증세 속에 나타나는 정서적 이상성이 실제로 낮은 정
서지능의 어떤 공통적인 원천을 갖고 있는가? 아니면 (최근 임상진
료에 따라) 다른 장애들을 일으키는 다중 정서적 병리라고 해야 할
것인가?

3. 정서적 병리의 메커니즘은 무엇인가? 앞에서 논의했듯이 정서지능에
대한 많은 연구들은 정서지능의 차이를 신경이나 인지 메커니즘으
로 설명하지 않고 서술한다. 임상에서도 정서지능과 관련하여 이와
비슷하다. 임상심리학 이론은 병리를 일으키는 비정상적인 처리 기
제에 커다란 차이가 있는 것을 인정한다. 예를 들어 불안의 근원에는
위협에 대한 뇌 체계의 과도한 민감성, 위협에 '꽂힌' 선택적 주의,
오랜 시간 걱정하게 하는 역기능적인 대처 전략, 그리고 자신이 취약
하고 방어할 수 없다고 생각하는 학습된 신념 등이 있다(Wells &
Matthews, 1994). 만일 정서지능을 정신병리를 일으키는 특수한
과정과 연결할 수 있다면 임상에서 정서지능과 관련하여 생각하는
것이 도움이 될 것이다.

4. 낮은 정서지능을 어떻게 처치하는가? 최근의 임상심리학은 증상에 대

한 서술적인 설명뿐만 아니라 근본적인 메커니즘에 대해서도 상세하게 설명하기 때문에 실제로 유용하다. 이상적으로는 의사나 정신과 의사가 비정상적인 뇌 처리 과정을 치료하는 약이나 자기파괴적인 대처 전략을 고칠 수 있는 훈련 프로그램을 찾는 것이 가능하다. 비록 이전의 신경치료나 인지치료와는 반대로 직접 정서적 역기능으로 접근하는 치료에 관심이 많아지고 있지만(Greenberg, 2006), 정서지능 연구는 아직 치료에서 주요한 혁신을 일으키지 않았다(Vachon & Bagby, 2007). 정서지능의 핵심 역량의 결핍에 대한 메커니즘을 더 잘 이해하게 되면 심리치료의 발전에 기여할 수 있겠지만, 아직까지는 갈 길이 멀다.

현 시점에서 정서지능의 임상 연구는 유망한 연구 단계에 있지만 실제로는 치료자를 위한 직접적인 도움이 거의 되지 못하고 있다는 것을 인정해야 한다. 따라서 이 장의 남은 부분에서는 정서장애를 더 잘 이해하기 위해 이 연구들이 어떤 도움을 줄 수 있을 것인가에 초점을 맞출 것이다. 먼저 위에서 언급한 첫 번째 질문인 인과관계 문제를 살펴본 후에, 두 번째 질문인 정서지능의 일반성에 대하여 정서조절부전emotion dysregulation, 사회적-정서적 단절social-emotion disconnection, 충동 통제를 각각 구분할 있다는 것을 제안함으로써 답할 것이다. 그다음에는 몇 가지 연구 방향에 대하여 상세하게 설명할 것이다.

정서지능과 병리 : 원인과 결과

위에서 우리는 정서지능과 임상장애에 대한 닭이 먼저냐 달걀이 먼저냐 하는 문제를 지적했다. 즉 낮은 정서지능이 장애의 원인인가 혹은 결과인가? 낮은 정서지능이 환경적인 스트레스원과 같은 다른 원인 요소들과 함께 여러 정신장애에 인과관계 영향을 미친다는 것을 알 수 있었다. 예를 들어 토드는 다른 사람들과의 정서적 관계에 어려움이 있는데도 불구하고 여러 해 동안 그럭저럭 헤쳐 나갔다. 그런데 그의 아버지가 돌아가시자 토드가 이해하거나 조절하지 못하는 강한 슬픈 반응을 일으켰다. 토드는 직장에 일하러 가지도 않고 그의 아파트에 숨어 지내고 마침내 임상적 우울 증상을 일으켰다. 이 사례에서 토드의 낮은 정서지능(슬픔에 대처하는 무능력)은 정서적 갈등에 빠뜨리는 생활사건과 함께 원인 요인이다.

하지만, 다른 시나리오도 가능하다. 티나는 보통의 정서적 역량을 갖고 있다. 그녀는 부모와 관계가 좋으며 많은 시간을 함께 보내는 것을 좋아한다. 그녀의 아버지가 갑자기 돌아가시자 그녀는 이전에 경험하지 못했던 커다란 슬픔을 경험했다. 그녀는 슬픔에 잠겨서 왜 아버지를 그녀에게서 앗아 갔나 하는 생각에 많은 시간을 보내고 있다. 아버지의 죽음에 대한 생각이 다른 사람들의 정서를 처리하는 그녀의 능력을 방해하고 그녀가 더 긍정적인 정서를 경험하는 것을 차단한다. 그녀는 어머니가 느끼는 슬픔에 대해서는 이해하지 못하고 어머니와 말다툼을 하게 된다. 지금 티나는 정서지능이 감소된 것을 경험하고 있지만 이 사례에서 낮은 정서지능은 정서장애의 원인이 아니라 **결과**다.

233

어느 관점이 옳은가? 낮은 정서지능은 불운한 상황이 나타나서 병리를 일으키는 것을 기다리고만 있는 숨어 있는 취약점인가? 혹은 낮은 정서지능은 처치를 받은 후에 사라지는 정서장애의 다양한 증후 중 하나일 뿐인가? 인과관계 이슈는 표준 성격 특성에 대한 연구자들의 오랜 관심사였다. Barnett와 Gotlib(1988)는 비록 정서장애가 있는 환자들이 자주 상승된 신경과민성을 보이지만, 이 성격 특성은 치료를 받으면 정상 수준으로 돌아가는 경향이 있기 때문에 정서불안정은 안정적인 취약성 요인이라기보다 증상이라고 했다. 하지만 더 최근의 종단적 연구들은 상승된 신경과민성이 미래의 장애를 예측한다는 것을 보여 주고(Matthews, Deary & Whiteman, 2009) 인과 역할을 확인했다. 인과관계의 방향이 작동하는 상호적인 과정이 있는 것으로 보인다(예 : 성격에서 병리로, 그리고 병리에서 다시 부정적인 성격 변화로).

이런 종류의 인과문제에 답하기 위해서는 성격에서 이상성이 먼저인지 아니면 임상적 증상이 나타나는 것이 먼저인지 결정할 수 있는 꽤 오랜 기간의 종단적 연구가 필요하다. 그런 연구는 아직 정서지능의 역할과 관련하여 체계적으로 수행된 적이 없다. 특성 정서지능과 낮은 신경과민성 간에 높은 중첩이 있기 때문에(제2장 참조), 정서지능이 낮은 사람의 신경과민성이 높다고 생각할 수 있으며 따라서 낮은 정서지능이 다양한 임상적 장애에 대한 취약성 요인으로 작용할 것이라고 생각한다.

직접적인 증거를 제공하는 몇 안 되는 연구 중 Hansenne와 Bianchi (2009)가 벨기에 심리치료 센터에서 54명의 우울증 입원 환자들을 연구한 것이 대표적이다. 20명의 환자가 성공적인 처치를 받고 장애가 완화된 후에 재검사를 받았다. 특성 정서지능을 평가하기 위해 Schutte Self Report Inventory(SSRI)가 사용되었다. 예상한 대로, 우울증 환자들의 표본은 초기에 특히 기분조절과 정서평가와 관련한 정서지능에서 대응 통제 집단보다 낮았다. 하지만 회복 중인 우울증 환자는 임상적 장애 일화에 여전히 취약하다고 알려져 있음에도 불구하고, 회복된 우울증 환자들의 정서지능은 정신적으로 건강한 통제 집단과 다르지 않았다. Hansenne 와 Bianchi(2009)는 낮은 정서지능은 미래 우울증에 대한 안정적인 취약성 요인이라기보다 심한 우울증의 결과로 보인다는 결론을 내렸다. 반대로, 피해 회피와 (낮은) 자기주도성과 같은 우울증과 연결된 표준 성격 특성들은 회복된 표본에서 상승된 그대로 유지되고 있었다. 이것은 소규모 표본의 유일한 연구라는 것을 기억해야만 한다. 그럼에도 불구하고 그 연구가 시사하는 바는 표준 성격 척도가, 최소한 SSRI를 사용했을 때, 특성 정서지능보다 우울증에 대한 위험 요인을 더 잘 구분해 낸다는 것이다.

요약하면, 정서지능 연구자들은 낮은 정서지능이 진짜 취약성 요인이라는 것을 보여 주는 기본적인 과제를 성취해야 한다. 낮은 정서지능이 결과가 아니라 증상이라는 것을 증명한다고 해도, 그 개념은 병리와 환자가 갖고 있는 정서조절과 대인관계 기능의 어려움을 이해하는 데 있어서 중요하다. 낮은 정서지능이 촉발요인이 아니라고 해도, 낮은 정서지능은 병리를 유지하는 데 영향을 미칠 수 있다. 지금으로서는 연구가 부족하기 때문에 정서지능 옹호자들에게 유리한 판정을 하고 여러 가지 다양하게 가장하고 있을 수 있는 낮은 정서지능의 임상적 표현들을 더 탐구할 것이다.

정서적 병리의 다양성

임상심리학은 역기능적인 정서를 놀라울 정도로 여러 가지로 표현하고 있다. 불안과 우울증은 자신의 문제를 곰곰이 생각하면서 안으로 초점을 맞추어 자신의 가치와 가능성에 대해 지나치게 부정적인 평가를 하게 만드는 것으로 보인다. 장애는 일반적으로 자신에 대한 잘못된 신념을 갖고 있거나 정서적 스트레스를 자신에게 비생산적으로 다루는 것과 같이 자신에 집중되어 있다(Beck, Emery & Greenberg, 1985). 반대로 정서적 공격성 및 충동 통제와 관련된 장애는 자신에 대한 생각을 지나치게 하지 않는다. 그런 사람은 자신의 행동이 어떤 결과를 가져올지 생각하지 않고, 덤벼들고, 훔치고, 혹은 재미로 위험한 번지 점프를 한다(영국에서는 'tomb stoning'[1]이라고 한다).

세 번째 장애 유형은 사회적인 것으로 개인 간 상호작용에서의 정서조절력 부족으로 나타난다. 대부분의 사람들은 쉽게 그리고 일부 무의식적으로 얼굴 표정, 몸짓 언어, 그리고 말의 내용에서 말하는 사람의 정서를 '읽는다'(제3장에서 설명했듯이 이것들은 모두 정서지각의 중요한 성분들이다). 우리는 또한 다른 사람의 정서를 읽고 난 후에 우리 자신의 정서를 표현함으로써 반응한다. 이런 다소 숨어 있는 정서적 대화가 상호작용을 조절하고 기본적인 기능을 한다(Oatley & Johnson-Laird, 1995). 자폐증이 있는 사람들은 이 능력이 부족한 것으로 보이며 그래서 다른 사람

---

1) 역주 : 영국에서는 절벽에서 떨어지는 사람 모양이 비석 같다고 해서 비석 세우기라는 표현을 쓴다.

의 정서를 이해하지도 못하고 자신의 기분을 표현하지도 못하기 때문에 머리를 흔들거나 반복적인 행동을 함으로써 사회적으로 부적절한 행동을 보여 준다. 정신분열증도 — 자폐증과 증상이 많이 다르지만 — 사회적 기능의 어려움과 관련이 있다.

고전적인 정서장애

〈표 6.1〉은 DSM-IV의 정신장애(축 1)와 기저의 이상 성격 특성(축 2)과 연관 지어서 세 가지 장애 군집으로 보여 준다. 이미 원인과 결과를 구분하기 어려운 문제점에 대해 논의했지만, 그 특성들을 장애에 대한 소인이나 취약성으로 볼 수 있다. 첫 번째 군집은 종종 강하고 지속적인 분노나 우울증으로 나타나는 과도한 부정적인 정서의 특징을 갖고 있다. 이 증세들은 정서의 '과조절' 상태로 묘사되었다(Mullin & Hinshaw, 2007). 이런 사람은 사소한 일이나 자신의 정서적 · 신체적 불편함에 너무 민감하여 불합리하게 두려워하고 걱정하는 것으로 보인다. 대조적으로 두 번째 군집은 조절력이 부족한 장애를 말한다. 이런 사람은 무모한 도전을 시도하고 자극에 대해 분노와 공격으로 반응하려는 것과 같은 다양한 어리석은 충동을 통제하지 못한다. 세 번째 군집은 사회적 만남과의 조절에 관련된 것이다. 정신분열 성향은 정신분열증의 전조일 수 있으며, 전형적으로 환각이나 망상과 같은 의식의 붕괴와 사회적 역기능이 공존하는 정신병이다. 자폐증은 자기와 가장 가까운 사람을 포함한 다른 사람의 의도와 정서를 이해하지 못해서 심각한 행동 문제를 일으키게 되는 다른 증세다.

표 6.1 세 종류의 '낮은 정서지능' 장애

분류	DSM 축 I	DSM 축 II
정서장애	– 기분장애 – 불안장애	– '신경증적' 성격장애(예 : 의존성 성격장애, 경계성 성격장애, 강박성 성격장애)
외현화 장애	– 다른 곳에서 분류되지 않는 충동조절장애(예 : 도벽, 방화광) – 파괴적 행동장애(예 : 품행장애)	– 반사회적 성격장애 – 반사회적 성격장애(또한 정신병질)
사회적 단절	– 정신분열증	– 분열성 · 분열형 성격장애 – 자폐증, 아스퍼거 증후군

〈표 6.1〉의 첫 번째 범주는 불안과 우울증을 포함하는 부정적인 정서에 대한 과도한 취약성과 관련된 특성과 장애를 묘사한다. 여기에서는 지면 제약상 이 다양한 증세들을 상세하게 논의할 수는 없지만(Antony & Barlow, 2010), 특수한 위협적인 근원에 대한 공포(예 : 광장공포증), 공황, 외상후 스트레스 장애, 강박장애뿐만 아니라 부정적인 정서가 만연하고 마음대로 요동치는 증세(예 : 범불안장애)도 포함된다. 증상으로는 과도한 부정적인 정서와 비현실적인 부정적 신념, 불안한 신체적 감각(공황장애에서)과 같은 인지적 증상과, 강박과 같은 행동도 포함한다.

과도한 부정적 정서의 처리

이 장애들은 부분적으로는 세로토닌과 같은 뇌 신경전달물질의 기능적 이상이 원인일 수 있다. 여기에서 우리는 과도한 불안이나 우울과 관련된 심리적 · 인지적 · 정의적 과정에 초점을 맞출 것이다. 이런 종류의 몇 가지 과정을 살펴보면 다음과 같다.

1. **비현실적인 부정적 자기평가.** 환자들은 전형적으로 자신의 단점과 대처하지 못하는 무능력을 과장한다. Beck 등(1985)의 스키마 이론에 의하면, 부정적인 자기신념은 비현실적으로 신념과 기대를 부호화하는 잠재되어 있는 자기 스키마를 반영한다.

2. **역기능적인 대처.** 환자들은 그들이 통제할 수 없는 문제에 대해 자신을 탓하는 것과 같이 그들의 정서적 증상을 호전시키기보다 더 악화시키는 대처 전략을 사용한다. 사회공포증 환자는 다른 사람과의 만남을 회피함으로써 대처하기 때문에 자신의 사회적 고립감을 강화한다.

3. **주의와 메타인지.** 환자들은 종종 정서와 걱정의 내면세계에 사로잡혀 있어서 이 내적인 주의집중을 유지하는 것이 중요하다고 믿는다 (Wells, 2000). 이렇게 자신에게 주의의 초점을 맞추면 과도한 반추와 걱정을 하게 되고, 실제로 정서적 증상을 강화할 수 있다 — 또 다른 유형의 역기능적인 대처 전략.

4. **인지와 정서의 통합.** 환자들은 정서의 인지적 이해에 문제가 있을 수 있다. 예를 들어 외상후 스트레스 장애가 있는 사람들은 강간과 같은 외상 후의 극한 정서를 일상생활을 이해하기 위해 사용하는 인지적 구조에 동화하는 데 어려움이 있다(Cahill & Foa, 2007). 정서장애에서 한 가지 공통적인(일반적이지는 않지만) 증세는 정서를 확인하고 말로 표현하는 것에서의 어려움인데 이것을 **감정표현불능증**이

라고 한다(Taylor, Bagby & Parker, 1997).

이러한 정서장애의 심리적 원천은 꽤 잘 알려져 있으며 역기능적인 인지적·정서적 기능을 수정하기 위한 치료 전략들을 지지한다. 기능적으로 이상이 있으면 정서적 사건을 관리하는 능력에 방해를 받기 때문에 기능상의 이상을 느슨하게 말해서 '정서적으로 지적이지 않다'라고 할 수 있겠지만, 정서지능이 부족한 정서장애를 더 자세하게 설명할 방법이 없을까?

기본적인 문제는 최근에는 정서지능을 주로 '구조적'으로 본다는 점이다. 즉 요인 모델에 의해 정의되듯이(예 : 제3장에서 논의한 네 가지 모델), 연구자들은 개인의 성격이나 능력의 안정된 특성들에 초점을 맞춘다. 반대로, 현재 임상심리학은 사람이 어떤 도전적인 사건을 대면하게 될 때 신경, 인지, 그리고 사회적 기능에서의 변화를 설명하는 '과정' 모델을 훨씬 더 중요하다고 생각한다.

예를 들어 Mayer, Salovey, Caruso와 Sitarenios(2003)는 정서관리를 정서지능의 구조적 성분으로 묘사한다. 불안하거나 우울한 사람이 정서관리에 대한 심리측정에서 낮은 점수를 받는다는 것을 보여 주는 자료(Downey et al., 2008)는 경험적인 증거를 제공하지만, 더 이상 말해 주는 것이 없다. 우울증을 정서관리의 부족 때문이라고 하는 것은 진부하다. 우리는 정서조절에 대한 어떤 과정이 정상인과 우울한 사람에서 다르게 작용하는지, 그리고 이 과정이 어떻게 정서적인 증상과 그 외 다른 증상이 나타나게 하는지 더 알 필요가 있다. 위에서 보여 준 간단한 리스트와 같이, 많은 다양한 가능성이 있고, 다른 정서장애는 정서조절에서의 다른 이상성과 관련이 있을 수 있다. 최근 정서지능 모델은 과정을 너무 간과하기 때문에 연구 방향에 대한 좋은 단서를 주지 않는다.

정서지능을 과정 모델과 연결 짓는 연구의 부족은, 앞으로의 연구가 이 부족을 메워 줄 수 있겠지만, 임상에 적용하기에는 한계점을 갖고 있다. 더 생산적인 연구 영역들 중 하나인 감정표현불능증에 대해 설명함으로써 정서장애에 대한 탐색을 끝내기로 한다. 위에서 지적했듯이, 이 증세는 인지와 정서의 통합에 어려움이 있는 것을 말한다.

감정표현불능증과 부정적 정서

임상심리학자는 전형적으로 환자에게 어떤 도전적인 상황 속에서 느끼는 기분을 묘사해 보라고 하거나 어떤 스트레스에 대한 떠오르는 생각과 이미지를 묘사해 보라고 함으로써 문제에 접근한다. 가끔 어떤 환자는 자신의 내적 세계를 개방하는 것에 대해 어려움을 갖는다. 그는 정서상태를 표현하거나 상세하게 묘사할 수 없어서 구체적이고 외적인 사건에 대해서 이야기하는 것을 좋아할 수 있다. 그런 사람을 '감정표현불능증'이 높다고 한다. 감정표현불능증은 '느낌에 대한 단어의 부족'을 뜻하는 그리스어에서 나왔다(Sifneos, 1973). 감정표현불능증은 임상심리학자들에게는 장애물 이상의 것이다. 자신의 내면적인 정서상태를 인식하지 못하고 이해하지 못하면 정서장애에 대한 취약성을 증가시킨다(Taylor et al., 1997).

Lumley, Neely와 Burger(2007)는 감정표현불능증의 임상적 중요성에 대한 연구를 했다. 그들은 감정표현불능증 환자는 정서와 신체적 증상을 혼동하는 경향이 있기 때문에 초기에는 정신신체적 장애를 가진 환자에게서 감정표현불능증이 뚜렷하게 나타난다고 말한다. 그 이후의 연구에서는 심장병과 유방암에서 만성적인 가려움증까지 다양한 증세를 갖고 있는 환자들에서 감정표현불능증이 증가한 것으로 나타났다. 감정표현불능증이 면역체계 기능의 저하와 관련이 있다는 증거까지 나왔다(Temoshok et al., 2008). 정신의학에서, 감정표현불능증은 정서장애에서만 증가한 경향이 있는 것이 아니라 병적 도박과 정신분열증을 포함한 다른 증세들에서도 상승한 것으로 나타났다(Seghers, McCleery & Docherty, 2011). 최근 연구는 또한 감정표현불능증과 관련이 있는 공감부족과 같은 대인관계 결함도 확인했다(Grynberg, Luminet, Corneille, Grézes & Berthoz, 2010).

이미 지적했듯이, 치료 상황에서 감정표현불능증은 자주 골칫거리다. 이 특성이 있는 환자는 자신의 감정을 전달하고, 자신의 정서에 대한 통찰력을 갖고, 치료자와 정서적으로 연결하는 데 어려움이 있을 수 있다(Lumley et al., 2007). 하지만 그 증세를 이해하면 치료자가 적절한 치료법을 선택하는 데 도움이 될 수 있다. 감정표현불능증은 고전적인 통찰지향 심리치료의 효과는 없지만, 더 구조화된 인지-행동 치료(예 : 의사소통 기술 향상을 위한 연습)에는 더 효과가 있다(Lumley et al., 2007). 사실 이 환자들에게는 꿰뚫을 수 없는 신비한 감정을 개방할 필요 없이 명시적인 행동 훈련 프로그램을 사용하는 것이 더 효과적일 수 있다.

감정표현불능증은 분류학적인 실무율 증세라기보다 차원적인 특성이라는 것이 꽤 복잡한 심리측정 분석에 의해 확인되었다(Parker, Keefer, Taylor & Bagby, 2008). 가장 유명한 측정 도구는 토론토 감정표현불능증 척도Toronto Alexithymia Scale, TAS-20(Parker, Taylor & Bagby, 2003)이며, 그것은 다음과 같은 세 가지 하위 척도로 구성되어 있다.

1. 감정 확인의 어려움과 감정과 정서적 각성에 대한 신체적 감각을 구분하는 것의 어려움
2. 감정 묘사의 어려움
3. 외부 지향적 사고, 상상/환상/내적 경험보다 일상생활 속의 구체적인 사소한 것들을 선호

TAS-20 점수는 신경과민증과 상관이 있고, 낮은 외향성 및 개방성과는 조금 더 낮은 상관이 있다(Luminet, Bagby, Wagner, Taylor & Parker, 1999). 몇몇 연구자들이 지적했듯이(Lumley et al., 2007), 임상 연구에서 감정표현불능증과 부정적인 정서성이 중첩되는 경우가 많기 때문에 각각의 역할을 구분하기 어렵다. 감정표현불능증이 신경과민증과 상당한 상관이 있기 때문에 감정표현불능증의 다양한 설문 측정이 낮은 특성 정서지능과 상관이 있는 것은 당연하다(Mikolajczak, Luminet, Leroy & Roy, 2007). 작지만 유의미한 부적 상관이 TAS-20과 MSCEIT(Lumley, Gustavson, Patridge & Labouvie-Vief, 2005) 간에 발견되었으며, MacCann과 Roberts(2008)도 또한 정서관리와 이해의 상황 판단 검사에서 같은 연구 결과를 얻었다. 하지만 특성 정서지능을 오로지 감정표현불능증으로 축소시킬 수는 없다. Mikolajczak 등(2007)은 특성

정서지능이 감정표현불능증을 통제하고서도 정서적 반응성을 예측한다고 보고했다.

요약하면, 감정표현불능증이 임상심리학에서의 정서장애와 정신의학 그리고 의학 증세와 관련성이 있다는 것에 대해서는 의심할 바가 없다. 정서이해와 표현의 어려움은 환자들에게 꽤 일반적으로 나타나며 치료에 영향을 미친다(Lumley et al., 2007; Parker, 2005). 또한 감정표현불능증, 특성 정서지능, 표준 성격 특성에 대한 설문 척도 간에 어느 정도 중첩이 있다는 것도 의심할 여지가 없다. 하지만 정서지능과 특수한 정서조절 과정을 연결하는 연구가 없기 때문에 이런 중첩에 대한 임상적 함의는 불분명한 상태로 남아 있다. Vachon과 Bagby(2007, p. 351)가 결론적으로 말하고 있듯이 "임상가들이 인식할 수 있고, 측정할 수 있고, 치료할 수 있도록 협의로 구조화되어 있고, 이론에 기초를 두고 있고 잘 연구되었기 때문에 감정표현불능증이 정서지능보다 더 유용한 구인이라고 할 수 있다."

외현화 장애 : 충동성과 반사회적 행동

임상 아동심리학에서 나온 한 가지 개념이 우리의 두 번째 장애 범주를 이해하는 데 도움이 된다. '외현화 장애'라는 용어는 아동이 공격성, 비행, 그리고 다른 품행장애와 같은 행동을 통해 그의 문제를 행동으로 표현하는 장애를 말한다(Mullin & Hinshaw, 2007; Zeidner & Matthews, 출판 중). DSM-IV에서 이 장애는 다음과 같은 것을 포함하고 있다.

- 적대적 반항장애Oppositional Defiant Disorder, ODD. 주요 증상으로는 과도한 분노, 분노 발작, 그리고 부모나 교사와 같은 권위적인 인물에 대한 의도적 반감이 있다. 이 장애는 특히 가족의 붕괴를 초래할 수 있다.

- 품행장애Conduct Disorder, CD. 적대적 반항장애와 마찬가지로 이 장애는 공격적 행동을 통해 표현된다. 하지만 절도, 거짓말하기, 괴롭힘, 동물 학대, 혹은 기물 파손과 같이 광범위하게 심각한 행동적 문제가 있고 청소년기에는 다양한 형태의 범죄를 일으킨다.

- 주의력결핍/과잉행동장애Attention-Deficit/Hyperactivity Disorder, ADHD. 이것은 아동에게 가장 일반적인 정신장애다. 두 가지 종류의 증상이 있다. 주의력결핍의 증상으로는 주의산만, 권태 성향, 과제 완결의 어려움이 있다. 과잉행동-충동성 증상으로는 충동적인 행동뿐만 아니라 뛰어 돌아다니기, 쉬지 않고 말하고 행동하기가 포함된다. 두 가지 유형의 증상은 하나만 나타나기도 하고 두 가지가 한꺼번에 나타나기도 한다. 두 가지 중 어떤 경우라도 ADHD 아동은 조용히 앉아서 주의를 기울여야 하는 교실에서 특히 어려움을 겪는다.

외현화 장애는 특히 유아기에 잘 나타나고, 미국에서 정신건강 서비스를 필요로 하는 아동의 반 이상이며(Kazdin, 1995), 여아보다 남아에게서 더 많이 발생한다(불안과 우울증은 아동의 품행장애와 상관이 매우 약하며 '내재화 장애internalizing disorder'의 예들이다).

ADHD와 같은 외현화 장애는 성인기까지 지속된다는 인식이 증가하고 있다. 하지만 외현화 문제는 성인기에는 축 1 장애보다는 이상 성격 (DSM 축 2)의 형태로 더 일반적으로 나타난다. 가장 분명한 특성은 반사회적 성격으로 그것은 자주 범죄와 관련이 있으며 정신병까지도 관련이 있다. 현대 이상성 차원 모델(Egan, 2009; Livesley & Larstone, 2008)은 다른 사람들을 거부하고 의심하는 것과 관련이 있는 반사회적 경향성의 광범위한 특성을 인정하고 있으며 반사회적 경향성은 5요인 모델의 친화성과 약간 중첩된다.

외현화 장애가 정서적 증상을 동반하는 것은 일반적이다. 사실, 낮은 정서조절이 그것의 중심적인 역할을 할 수 있다(Mullin & Hinshaw, 2007). 품행장애가 있는 아동은 정서도화선이 짧아서 자신을 괴롭히는 학우에게 쉽게 자극을 받아 화를 내고 보복한다. 정서적 증상이 다른 병리에 부차적인 경우도 있다. 예를 들어 ADHD 아동은 수업 시간에 집중하기가 힘들어서 좌절감을 갖게 되고 인지적-주의 결핍에서 부정적인 정서가 나타난다. 또 다른 경우에는, 비록 임상심리의 다른 영역들에서와 마찬가지로 정서과정의 원인이 무엇인지 결정하기가 어려운 경우가 많지만, 과도한 분노 반응과 같은 정서적 역기능이 병리를 일으키는 데 더 직접적인 역할을 할 수 있다.

정서지능의 한 측면으로서의 자기통제

자기통제가 Mayer-Salovey 모델에서는 뚜렷하게 드러나는 부분이 아니지만, 정서지능에 대한 서술적인 설명에서는 종종 핵심 역량으로 인용된다(Goleman, 1995). 분노와 공격적인 반응을 억제하고, 위험한 행동을 깊이 생각하고, 장기적인 이득을 위해 단기적으로 희생하는 것은 삶에 도움이 되는 것 같다. 모두는 아니지만 특성 정서지능을 측정하는 질문지들은 자기통제 척도를 포함한다. 예를 들어 자기통제는 특성 정서지능 질문지Trait EI Questionnaire, TEIQue의 4개 상위 요인 중 하나로 포함되어 있으며 자기통제는 정서조절, 스트레스 관리, 낮은 충동성으로 정의된다(제2장 참조). Vernon, Villani, Schermer와 Petrides(2008)는 자기통제와 신경과민성 간에 -0.74, 성실성과 0.48, 그리고 친화성과 0.35의 상관이 있는 것을 발견했다. 최소한 이 질문지에서는 자기통제가 빅 파이브와 거의 다르지 않은 것으로 보인다. 반대로 Mayer, Salovey와 Caruso(2000)의 능력 정서지능 모델에서는 자기통제가 중요하게 드러나지 않는다. 아마도 더 넓은 범주인 정서관리/조절에 포함된 것으로 생각된다.

정서지능과 자기통제 간에 개념적인 연결이 있고, 심리측정적으로 구별되는 정서지능의 관련된 측면들이 있는데도 불구하고 정서지능, 자기통제 그리고 충동적 반응에 대한 연구가 거의 없다. MSCEIT를 사용한 여러 연구가 많은 일탈 집단에서 상대적으로 낮은 검사 점수를 보여 주었지만(Rivers, Brackett, Salovey & Mayer, 2007), 이런 종류의 연구는 병리를 일으킬 수 있는 낮은 정서지능과 연관된 정서적 과정까지는 확인해 주지 못했다. 따라서 정서지능에 대한 경험적인 연구 결과보다 앞으로의 연구 방향에 중점을 두고 충동성에 대해 이야기할 것이다.

외현화 장애의 정서적 결핍과 메커니즘
외현화 장애를 일으키는 다소 다른 세 가지 정서적 결핍 유형을 확인할 수 있다(비록 이 세 가지가 어느 정도 상호 관련성이 있지만). 그것은 의도적인 통제의 부족, 타인에 대한 왜곡된 평가, 그리고 공감의 부족이다. 이제 이 성격 결함들이 각각 정서지능과 어떤 관련이 있는지 살펴보기로 하자.

의도적 통제의 부족   아동 발달에 대한 연구는 의도적 통제가 기질의 주요한 한 차원임을 확인했다(Rothbart, Sheese & Conradt, 2009). 자기통제를 담당하는 뇌 영역이 2, 3세에 발달하기 시작하면서 아동은 부엌에 있는 과자통에서 과자를 훔치는 것과 같은 즉각적인 보상이 있지만 나중에 벌이 따르는 행동에 대한 충동을 억제할 수 있다. 고전적인 한 가지 예로, 더 큰 보상을 얻기 위해 자기만족감을 지연하는 '마시멜로 검사'가 있다(Mischel & Ebbesen, 1970; Mischel, Shoda & Rodriguez, 1989). 이 검사에서 4세 아동들이 15분을 기다리면 마시멜로 2개를 얻을 수 있기 때문에 그들 앞에 놓여 있는 마시멜로를 먹는 것을 지연할 수 있다. 어떤 아동들은 달콤한 마시멜로의 유혹에 저항할 수 없다. 그 현상을 보여 주는 여러 가지 유튜브 비디오가 있으며(http://www.youtube.com/watch?v=6EjJsPy1EOY), 세서미 스트리트는 만족감 지연을 훈련하기 위한 비디오를 만들었으며(http://www.sesamestreet.org/parents/save/), 정치풍자가인 Stephen Colbert는 2011 에피소드에 그 검사를 패러디했다(http://www.colbertnation.com/the-colbert-report-videos/389614/june-14-2011/close-sesame).

마시멜로 천국의 즐거움을 지연하는 것은 훗날의 적응을 매우 잘 예측한다. 유아기에 유혹에 저항할 수 있었던 아이는 청소년이 되었을 때 부모와 동료들로부터 더 집중력이 있고 어려움이 있어도 더 잘 참고 더 사회적으로 유능하다는 평가를 받았다(Mischel, 1996). 마찬가지로 Rothbart 등(2009)은 통제력의 부족은 훗날의 반사회적 행동과 ADHD에 대한 위험적인 요인이라는 것을 보여 주는 연구를 인용하고 있다(Nigg, 2006). 의도적 통제는 성인의 성실성에 대한 전조로 보인다(Rothbart et al., 2009).

이 지점에서 아동기 기질과 성인기 성격 및 정신병리와의 상관은 일반적으로 그 정도가 미미하다는 것을 강조할 필요가 있다(Lewis, 2001). 성격 발달의 여러 단계에서 측정된 값 사이의 통계적인 상관을 발견할 수는 있지만, 개인적인 아동의 운명을 예측할 수는 없다. 마시멜로를 본 순간 바로 손으로 쥔 아동이 반드시 성취도가 낮거나 범죄를 저지르는 삶을 살 운명은 아니다.

의도적 통제는 순수하게 인지적인 측면에서 볼 수 있다. 사실 Rothbart 등(2009)은 의도적 통제를 특히 현재 과제와 관련이 없는 자극을 억제하는 실행 통제 기능들을 지원하는 주의집중 네트워크와 연결시킨다. 하지만 그것이 갖고 있는 몇 가지 기능 중 하나가 정서적으로 유발된 충동적인 반응을 억제하는 것일 수 있다. Mischel(1996)은 만족감 지연을 더 원시적이고 자극에 유발된 정서적 처리 시스템을 중단시키는 '찬$_{cool}$' 인지 통제 시스템(진진두엽에 위치하는)의 능력을 반영하는 것으로 본다. 그는 주의를 다른 정신적 활동에 집중하는 것과 같이, 유혹으로부터 주의를 딴 데로 돌리게 하는 것은 정서-조절 전략의 사용에 달려 있다고 한다.

따라서 의도적 통제의 부족을 외현화 장애에 영향을 미치는 낮은 정서지능의 한 형태로 볼 수 있다. 하지만, 정서장애의 대표적인 걱정 기반의 전략과 같이, 의도적 통제에 대한 연구에서 의도적 통제가 정서조절에 미치는 다른 영향들과는 뚜렷하게 다르다는 것을 보여 주는 것이 중요하다(Rothbart et al., 2009).

타인에 대한 왜곡된 평가   품행장애와 같은 외현화 장애에서는 공격적인 행동이 공통적이다. 공격성은 분노와 좌절 때문에 표출되는 '반응적 공격성reactive aggression'과 공격적인 행동이 더 침착하고 계산적인 '적극적 공격성proactive aggression' 두 가지로 구분할 수 있다(Caprara, Barbaranelli & Zimbardo, 1996). 높은 부정적인 정서성이 낮은 의도적 통제와 함께 작용하면 반응적 공격성으로 나타날 수 있다(Frick & Morris, 2004). 학교에서 조금 놀림을 당한 아이가 있다고 해 보자. 만일 반응적 공격성 경향이 있다면 그는 그 놀림을 의도적인 악한 감정에서 나왔다고 해석하고, 그 자리에서 바로 분노하고, 효과적인 대처 전략으로 폭력적인 행동을 선택한다(Coie & Dodge, 1998). 그 공격적인 행동은 다른 사람에 대한 평가와 가능한 대처 전략의 활용에 대한 평가에 있어서 체계적인 왜곡을 반영한다.

다른 사람들을 실제보다 더 적대적이라고 오해하는 것은 낮은 정서지능의 사례로 볼 수 있다. 실제로, 10세 아동의 질문지 정서지능 측정에서 낮은 점수는 더 빈번한 외현화 행동과 관련이 있었다(Santesso, Reker, Schmidt & Segalowitz, 2006). Petrides, Sangareau, Furnham과

Frederickson(2006)은 정서지능이 낮은 10세 아동들이 교사와 동료 모두에 의해 파괴적이고 공격적이라는 평가를 받는 경향이 있는 것을 발견했다. (하지만 이 두 연구 모두 낮은 친화성과 높은 신경과민성과 같은 공격성과 연관된 5요인 모델 특성 때문에 정서지능 효과가 나타난 것인지에 대해서는 검증하지 않았다.) 이 분야에서 다음 단계의 정서지능 연구는 낮은 정서지능과 공격성 간의 관계가 다른 사람에 대한 왜곡된 평가에 의해 중재되는가를 밝히는 것으로 보인다. 반대로, 반사회적 행동에 영향을 미치는 다양한 인지적 편견과 낮은 친화성이 관련이 있다는 것을 보여주는 증거는 많다(Jensen-Campbell, Knack & Rex-Lear, 2009).

공감 부족   폭력적인 행동 중 가장 놀랍고 충격적인 사례는 정신병질자 psychopath에게서 볼 수 있다. 정신병질자라고 하면 여러 영화와 TV 쇼에 나오는 연쇄 살인자나, Jack the Ripper, Dennis Rader, Jeffrey Dahmer와 같은 실제 연쇄 살인자를 떠올리게 된다. 하지만 연구에 의하면 정신병질은 다른 이상 성격 특성들과 마찬가지로 지속적인 특성을 나타낸다(Hare & Neumann, 2009). 거의 모든 사람이 공감 부족, 조작성 manipulativeness, 충동성, 반사회적 경향성과 같은 중심적인 정신병질적 특성을 최소한 조금은 갖고 있다. 그러나 상대적으로 이 특성들을 실제 폭력이나 범죄 행동으로까지 이어가는 사람은 거의 없다. Cooke와 Michie (2001)는 〈표 6.2〉에서 보여 주는 세 가지 정신병질 특성의 다른 측면들을 확인했다. 정신병질은 반사회적 성격장애와 중첩되지만 DSM-IV에서 진단하는 장애가 아니다.

충동성과 반사회적 경향성은 여러 가지 외현화 장애에 일반적이지만, 공감 부족은 특히 정신병질에서 두드러진다. 범죄 정신병질자는 그의 희생자가 당하는 고통에 대하여 특이하게 냉담한 무관심을 나타낸다. 넓은 의미에서 공감이란 타인의 감정을 인식하고 공유하는 것을 말하지만, 일반적으로 두 가지 성분, 즉 다른 사람에 대한 정서적 민감성과 다른 사람의 관점에 대한 인지적 이해로 나뉜다.

비록 공감의 측면들이 감정표현불능증(Grynberg et al., 2010)과 자폐증(아래에서 논의됨)을 포함한 다양한 증세에서 손상되어 있지만, 정신병질자들은 특별히 손상된 형태를 보여 준다. Jones, Happ, Gilbert, Burnett와 Viding(2010)은 9~16세 소년들 중에서 임상 기준에 따른 두드러진 정신병질적 경향성이 있는 아동들과 나머지 아동들을 비교했다. 그들에게 짧은 다양한 공격적인 이야기들을 제시하고, 죄책감과 처벌에

표 6.2 정신병질의 세 가지 양상

오만하고 기만적인 대인관계 유형	피상적인 매력
	거대한 자기가치감
	병적 거짓말
	조작성
감정 경험 결핍	후회와 죄책감의 부족
	얕은 정서
	공감 부족
	냉담함
충동적이고 책임감 없는 행동 유형	자극에 대한 요구
	기생하는 생활양식
	현실적인 목표 부족
	충동성
	무책임감

대한 두려움과 같이 그 사건들에 대하여 얼마만큼 관심을 갖는지 점수를 주도록 요구했다. 정상 통제 집단과 비교해서, 정신병질적 소년들은 다른 사람들의 감정에 대한 관심이 덜하고, 그들 자신의 감정에 대해서도 관심이 덜하고, 두려움도 적은 것으로 보고되었다. 그들은 정서적 공감이 결핍된 것으로 보였지만 다른 사람들의 관점을 이해하는 인지적 능력은 그렇지 않았다. Jones 등(2010)이 말하듯이 다른 연구에 의하면 정신병질 자들은 다른 사람들의 고통을 인식하는 데 어려움을 갖고 있는 것으로 나타났다.

공감에 대한 척도는 정서지능 질문지의 주요 성분이다(예 : Bar-On EQ-i는 이 성분을 측정하는 문항들을 갖고 있다). 공감이 5요인 모델의 친화성의 중심적인 속성이라는 것을 근거로 공감이 특성 정서지능과 상관이 있다고 생각할 수 있다. 하지만 공감적인 반응에서의 정서지능의 역할을 직접적으로 조사한 연구는 거의 없다. 예외적으로 한 최근 연구(Ali, Amorim & Chamorro-Premuzic, 2009)는 참여자들에게 행복한 사람, 슬픈 사람, 그리고 행복하지도 슬프지도 않은 사람의 모습을 보여 준 후에 그들의 감정을 평가하도록 했다. 그 결과 정신병질이 슬픈 모습에 노출 된 후의 더 긍정적인 정서와 상관이 있었다. 그것은 정신병질자들이 다른 사람의 고통 받는 모습을 즐기는 경향성과 같은 것으로 생각된다. 하지만, 특성 정서지능은 정서적 이미지에 대한 반응과 관련이 없었으며, 대신에 특성 정서지능은 슬프지도 기쁘지도 않은 중성적인 이미지를 본 후 더 긍정적인 정서와 상관이 있었다. 그 밖에, 특성 정서지능은 '1차' 정신병질(그 특성의 핵심적인 증상)과는 관련이 없었지만 '2차' 정신병질적 증상(예 : 충동성과 반사회적 행동)과는 유의미한 부적 상관이 있었다. 이 연구는 정신병질의 냉담한-비공감정인 요인과 낮은 정서지능은 거리가 멀다는 것을 지적하는 것으로 보인다. 하지만 질문지 정서지능 평가는 제2장에서 그 제한점을 논의했듯이 정신질병의 공감 결핍을 골라내지 못할 가능성이 있다.

또한 그 이슈에 대한 두 가지 풀어야 할 문제점을 간단하게 언급할 필요가 있다. 첫째, 임상 연구들은 어떤 정신병질자들이 최소한 보통보다 높은 수준의 정서적 역량의 징후를 보여 준다고 한다. 이 사람들은 카리스마가 있고 다른 사람들을 자신이 의도하는 대로 조작할 수 있다. 예를 들어 카사노바는 다른 사람들에게 매력을 발휘해서 성적으로 완전히 응종하게 만들 수 있다. 그런 경향성은 르네상스 시대 이탈리아의 기만적인 정치 철학자인 Niccolò Machiavelli 이름에서 따온 '마키아벨리즘'에 대한 척도를 사용하여 평가할 수 있다. 사실 특성 정서지능은 마키아벨리즘과 부적 상관이 있다(Ali et al., 2009; Austin, Farrelly, Black & Moore, 2007). 하지만 Austin 등이 지적하듯이 마키아벨리즘 척도는 실제 역량이 아니라 정서적으로 조작적인 행동의 승인을 측정한다. 사실 마키아벨리즘은 사회적 · 정서적 이해와 부적 상관이 있는 것으로 보인다(Barlow, Qualter & Stylianou, 2010). 따라서 정서지능이 진짜 조작적인 능력과 관련이 있는지 아직 알 수 없으며, 그 구인에 대한 최근 척도에 의해 밝혀지지 않는 정서지능의 어두운 측면이 있을 수 있다. 예를 들어 실제 연쇄살인자인 Ted Bundy와 '양들의 침묵'에 나오는 허구의 인물인 Hannibal Lecter는 정신병질적이지만 개인적인 카리스마를 갖고 다른 사람들을 지배할 수 있다.

두 번째 풀어야 할 문제는 정서적 공감에 부정적인 면이 있을 수 있다는 것이다. 우리는 일반적으로 공감을 유익한 것으로 생각한다 ― 정신병질자만이 정신병질자가 되기를 원한다. 하지만 Ferguson(출판 중)은 '공감적 디스트레스empathic distress' 라는 현상에 주목한다. 공감 능력은 다른 사람의 고통을 공유하는 것에서 나오는 부적 정서의 원천일 수 있다. 한 연구는 공감을 더 높은 우울증과 연결시킨다(Youngmee, Schulz & Carver, 2007). 너무 많은 공감은 인간의 고통을 매일 대하고 처리해야 하는 직업을 갖고 있는 사람들에게는 부정적으로 작용할 수 있다. 이 상황에서는 최소한 정서지능이 어느 정도 강한 마음과 정서적 거리를 유지하는 것이 필요하다(의과대학생의 악명 높은 냉담한 유머는 비슷한 필요성에서 나올 수 있다).

요약하면, 충동 통제력이 부족한 사람이 정서적으로 지적이지 못하다는 것을 부족한 자기통제, 왜곡된 대인관계 관점, 공감적 정서의 결핍으로 각각 나누어 살펴보았다. 공감의 복잡성에 대해 이미 살펴보았지만, 이 성질들은 정서지능의 심리측정 검사를 사용하여 찾아낼 수 있다. 하지만 정서지능의 개념에 대한 다른 공헌이 연구에서 여전히 확인되어야 한다. 다양한 충동조절장애에는 공통적인 요인들이 있지만, 치료를 위해서는 다양한 증세 간의 차이에 초점을 두는 것이 필요하다(Mullin & Hinshaw, 2007). 사실 ADHD와 품행장애는 그것들 자체가 각각 다른 처치 접근을 필요로 하는 하위 유형들로 나뉠 수 있다. 정서지능에 관련하여 증후들의 핵심적인 차이점으로 접근하지 않고 전체적으로 넓게 접근한다면 치료에 도움이 되기보다 오히려 방해가 될 수 있다.

사회적 단절장애

환자가 다른 사람들과 사회적으로 연결하는 데 어려움이 있는 몇 가지 임상적 증세가 있다. 정서의 첫 번째 기능이 의사소통과 사회적 상호작용을 촉진하는 것이기 때문에(Oatley & Johnson-Laird, 1996), 자폐증이나 정신분열증에서 나타나는 심각한 사회적 결함이 정서적 역량의 결함과 관련이 있는 것이 아닌지 생각해 볼 수 있다.

자폐증과 정서적 기능

자폐증은 사회적 상호작용(비언어적 행동 포함), 언어 사용, 그리고 적절한 사회적 행동 결함 스펙트럼을 말한다. 스펙트럼의 낮은 끝에 있는 아동은 독립적인 삶이 어려울 정도로 심한 인지적 결함이 있을 수 있다. 하지만 아스퍼거 증후군의 경우에는 지적 능력이 보통이거나 그 이상일 수도 있다(DSM-IV에서 아스퍼거 증후군은 자폐증과 다른 장애다. DSM-V에서는 다소 논쟁적으로 그 구분의 폐지를 제안하고 있다).

고기능 아스퍼거 증후군 환자들은 낮은 정서지능에 대한 일종의 임상적 모델이 될 수 있다. 비록 인지적으로는 정상적으로 보일지라도, 아스퍼거 증후군 환자들은 다른 사람의 의도를 이해하지 못하고 사회적인 만남에서 어떻게 행동해야 할지 모른다. 아스퍼거 증후군이 있으면서 지적으로 뛰어난 사람 중에 Temple Grandin 박사가 있다. 그녀는 가축 관리에 중요한 공헌을 했으며 자신의 경험에 대한 많은 글을 썼다. (그녀의 이야기는 Claire Danes가 주연을 맡은 전기 영화로 만들어져 2010년에 HBO에서 방영되었다. 눈여겨볼 점은 그녀가 심리학을 전공했다는 것이 다.) 자서전 속에서(Grandin, 1996) 그녀는 '그림 그리듯이' 시각적으로 생각한다고 말한다. 그녀에게 언어적 사고와 사회적 사고 모두는 외국어 를 공부하는 것과 마찬가지로 노력해서 공부해야 하는 힘든 일이었다.

지금까지 정서지능보다 사회적 지능에 대하여 논의한 것 같다. 하지만 감정표현불능증(Fitzgerald & Bellgrove, 2006)과 공감 부족(Montgo-mery, McCrimmon, Schwean & Saklofske, 2010)을 포함한 정서적 어려움은 자폐증에서 흔히 일어난다. 위에서 묘사한 연구에서 Jones 등 (2010)은 자폐 아동이 정서적 공감보다 공감의 인지적 요인들(다른 사람들의 관점 이해하기)에서 더 많은 결함을 보인다는 것을 발견했다. 반대로 정신병질자들은 정서에 결함이 있지만 인지적 조망 수용 능력에서는 결함이 나타나지 않았다.

Losh와 Capps(2006)는 한때 자폐증 환자들이 정서를 표현하거나 경험하는 능력이 부족한 것으로 생각되었다고 지적한다. 현대 연구는 훨씬 더 복잡한 그림을 보여 준다. 고기능 자폐증 환자들은 종종 사회적 · 정서적 상호작용을 하려 하며 정서적 지식을 갖고 있다. Losh와 Capps(2006)에 의하면, 자폐증은 기본적인 정서의 인식과 표현이 가능할 뿐만 아니라 고기능 자폐증 환자들은 당황감이나 자부심과 같은 더 복잡하고 자의식 적 정서들 때문에 힘들어할 수 있다.

사회적 상황 속에서 자의식적 정서를 이해하려고 하는 것은 힘들게 하는 원천이 되고 정서지능의 한 측면이 될 수 있는 가능성도 있다(정서지능의 경험적 연구들이 사회적으로 기반 한 정서보다 기본적인 정서에 훨씬 더 집중하는 것은 모순인 것 같다). Montgomery 등(2010)은 젊은 자폐증 환자들이 Bar-On의 EQ-i에서 통제 집단보다 상당히 더 낮은 점수를 받은 것을 보여 주었다. 불행히도 Bar-On 측정이 주로 5요인 모델 특성들(제2장 참조)을 평가하기 때문에, 성격의 차이가 검사된 것이 아니었다. 그들은 Bar-On General Mood 척도에서 정상 집단과 자폐 집단 간에 가장 큰 차이를 발견했으며, 자폐 집단이 높은 신경과민성을 갖고 있는 것으로 나타났다. 흥미 있는 점은 그들이 MSCEIT에서 자폐증의 효과를 발견하지 못했다는 것이다 — 사실 자폐증 환자들이 정시이해 가지에서 통제 집단보다 더 높은 점수를 얻었다. Montgomery 등은 고기능 자폐 환자들이 정상적인 정서의 추상적인 지식은 갖고 있지만, 이 지식을 실생활에 적용하는 것에 어려움이 있다고 했다. 또한 Montgomery 등(2010)은 능력 정서지능이 아니라 특성 정서지능이 표본의 부모가 평가한 사회적 기술과 연관이 있는 것을 발견했다.

정신분열증의 사회적 · 정서적 결함

정신분열증(자폐와는 상당히 다른 장애)은 정신병을 일으키는 잘 알려진 환각과 망상과 함께 사회적 결함이 증상으로 뚜렷하게 나타난다. 예를 들어 Mancuso, Horan, Kern과 Green(2011)은 경험적으로 세 가지 결함 군집을 확인했다 — 적대적인 귀인 유형, 낮은 수준의 사회적 단서 탐지, 높은 수준의 추론과 조절 과정. 세 가지 결함 유형 모두가 어떤 정서적 내용을 갖고 있다. 우리는 이미 타인 지각에서의 적대감을 논의했다.

Mancuso 등의 정신분열증 환자의 표본에서 적대감이 부정적 정서와 관련이 있었다는 것을 기억하자. 낮은 수준의 사회적 단서 탐지는 얼굴에 나타난 정서의 확인과 비언어적 행동을 해석하는 측면들이 포함된다. 고 수준의 사회적 처리는 사회적 인지의 다소 예민한 요인들(야유 탐지)과 정서관리(그들의 연구에서 MSCEIT로 측정된)를 말한다. 사회적 결함은 또한 정신분열 성향의 특징이다. 정신분열 성향이란 사회적 관계에 대한 관심이 부족하고 정서적 경험이 제한된 이상 성격 특성이다(Claridge, 2009).

몇몇 연구는 정신분열증 환자들이 전형적으로 MSCEIT 점수가 낮고 정서적 처리 과정을 요구하는 다양한 과제를 잘 못하는 것을 확인했다 (Kee et al., 2009). 정신분열 성향이 높은 성격을 갖고 있는 대학생들도 MSCEIT 점수가 낮다(Aguirre, Sergi & Levy, 2008). 일반적인 경향과 다른 예외로, Holmen, Juuhl-Langseth, Thormodsen, Melle와 Rund (2010)는 초기 정신분열증을 갖고 있는 청소년들을 대상으로 한 MSCEIT에서 결함을 발견하지 못했다. 그들은 MSCEIT 문항에 기술되어 있는 사회적 인지(예 : 직장에서의 사건)에 대한 상황이 이 연령 집단에게 적절하지 않다고 말했다. 전반적으로 MSCEIT는 정신분열증 환자에게 임상적으로 인지적 치료의 효과를 측정하기 위한 표준화 검사집에 포함될 수 있을 정도로 정신분열증 연구를 위한 충분한 신뢰성을 갖고 있다(Keefe et al., 2011).

Kee 등(2009)과 Aguirre 등(2009) 모두 그들의 표본에서 MSCEIT가 사회적 역기능을 예측할 수 있다는 증거를 발견했다. 정신분열증 환자에 대한 또 다른 연구(Eack et al., 2010)는 다소 혼합된 연구 결과를 얻었다. MSCEIT(전체 점수와 선택된 가지 점수)가 증상의 심각성에 대해 임상의가 평가한 몇 가지 척도에 대한 점수들과 상관이 있었다. 전체적인 정신의학적 증상들은 MSCEIT에서 낮은 정서지각 및 이해와 상관이 있었다. MSCEIT 전체 점수는 사회적 기능에 대한 척도와 관련되어 있었다(전체 사회적 적응과는 상관이 없었다). 연구자들은 또한 사회적 인지 프로파일Social Cognition Profile(Hogarty et al., 2004)을 사용하여 관대함, 지각, 지지, 자신감에 관련한 네 가지 영역에 있어서 환자의 행동적 기능을 임상의가 평가하도록 했다. 이 측정에 따르면, 전체 MSCEIT 점수와 하위 점수 모두가 사회적·인지적 기능과 상관이 없었다. Eack 등(2010)이 지적하듯이 어떤 특수한 사회적·인지적 결함이 MSCEIT 점수들과 관련이 있는지 밝힐 필요가 있다.

사회적·정서적 역기능 메커니즘

임상적 장애와 낮은 정서지능 간의 다양한 개념적·경험적 연결을 지지하는 가능한 메커니즘들이 확인되기 시작했다. 두 가지 예를 들면 다음과 같다.

마음 이론. 자폐증의 주요 이론(Baron-Cohen, 2001)은 '마음 이론'에서 결함의 조건을 확인한다. 자폐증 환자는 신념, 의도와 정서를 다른 사람에게 귀인하는 것에 어려움이 있기 때문에 그들의 행동을 이해할 수 없다. 정신분열증에서도 마음 이론의 결함이 있는 것으로 나타났으며

(Mancuso et al., 2011), 정신분열 성향적인 성격도 단순한 정서인식의 결함보다는 마음 이론의 결함과 더 강하게 연결되어 있는 것으로 보인다 (Aguirre, Sergi & Levy, 2008). Ferguson과 Austin(2010)은 특성 정서지능 질문지와 MacCann과 Roberts의 정서이해를 위한 상황 판단 검사(제3장 참조)뿐만 아니라, 두 가지 마음 이론 과제를 비임상 표본_{non-clinical sample}에게 실시했다. 정서지능은 마음 이론 검사 중 하나와는 상관이 없었다. 그러나 식당에서 손님을 웨이터로 잘못 인식하는 것과 같이 사회적으로 부적절한 행동의 사례를 탐지하는 것을 요구하는, 특성 검사와 능력 검사는 모두 마음의 사회적·인지적 마음 이론 검사와 상관이 있었다. 특성 정서지능과 능력 정서지능 측정 모두와 마음 이론 과제의 낮은 점수를 연결하는 다소 비슷한 연구 결과가 Barlow 등(2010)이 실시한 학령 아동을 대상으로 한 연구에서도 발견되었다.

정서적 경험. 또 다른 유형의 결함은 정서 자체를 경험하는 데 있다. 정신분열증 환자들은 사회적 관계에 대한 관심과 즐거움을 경험하는 능력과 같은 핵심적인 인간적 성질에 부족함이 있는 것으로 보인다. 이것들을 부정적인 증상이라고 한다. 정서를 경험하기 위한 능력을 완전히 상실하도록 만드는 정신분열증의 신경인지적인 어떤 근거가 있을까? Kee 등 (2009)은 MSCEIT 점수가 쾌감 상실증(쾌감의 부족), 정서적 둔마(제한된 정서적 경험), 무욕증(무관심과 일반적인 동기의 부족)을 포함하는 부정적인 증상들과 부적 상관이 있는 것을 보여 주었다.

Losh와 Capps(2006)는 자폐증 환자들이 대응 통제 집단보다 정서를 다르게(혹은 덜) 경험하는가 하는 질문을 제기했다. 우리가 논의했듯이, 그들은 자폐증 환자들이 특히 더 복잡하고 사회적으로 주입된 정서와 관련하여 빈약한 정서를 경험한다는 결론을 내렸다. 그들은 연구에서 고기능 자폐 아동들에게 다양한 정서를 느끼는 사례들에 대하여 이야기하도록 했다. Losh와 Capps는 그 결과를 자폐증이 정서적 기억의 결함과 관련이 있다는 것으로 해석했다. 그들은 "자폐 집단은 정서적 경험들을 스쳐가듯이 말하기 때문에 자서전적 기억에 충분히 새겨지지 않는 것 같다."(p. 816)고 말한다. 즉 이 아동들은 그들의 정서를 어떤 의미 있는 개인적인 내러티브로 통합하는 것에 어려움이 있다. 우리가 세상을 이해하기 위해 정서적 기억을 사용한다는 점에서 생각하면, 자폐증 환자는 세상을 이해하기 위한 핵심적인 도구가 부족하다고 할 수 있다.

　요약하면, 사회적 연결의 어려움은 자폐증과 정신분열증을 포함한 임상적 장애에 공통적이다. 정서적 역량의 결함이 임상적 증세에 영향을 미칠 수 있으므로 대인관계 기능의 결함은 낮은 정서지능을 반영할 수 있다. 비록 능력 정서지능은 고기능 자폐증 환자들에게서 정상이거나 더 높을 수 있지만(Montgomery et al., 2010), 넓게 보면 자폐증, 정신분열증, 정신분열 성향이 있는 사람들이 정서지능 검사에서 낮은 점수를 받는 것으로 나타났다. 여러 가지 정서적 그리고 사회적 · 정서적 결함이 자폐증과 정신분열증 환자에게서 모두 나타났으며, 이 결함들이 정확하게 무엇인지에 대해서는 앞으로 더 많은 연구에서 밝힐 필요가 있다(Zeidner, Matthews & Roberts, 2009). 정서지능의 결함과 연결해서 그 메커니즘을 밝히려는 연구들이 나타나고 있다. 특히 마음 이론으로 자폐증을 설명

하기 위해 필요한 사회적 · 인지적 처리(Ferguson & Austin, 2010)와 정
서적 경험을 조성하기 위한 정서적 기억 표상(Losh & Capps, 2006) 연
구들이 대표적이다. 지금까지는 이런 연구에서 정서지능의 성격과 능력
변수들의 역할에 거의 관심을 갖지 않았다. 정서지능의 인과 상태도 또한
아직 불분명하다. '마음 이론'에서의 결함은 낮은 정서지능의 원인인가,
아니면 결과인가?

요약 및 결론

정서적 장애가 있는 사람들은 정서지능이 부족하다고 말하기는 너무나 쉽
다. 분명히 다양한 종류의 정서적 역기능은 여러 가지 증세 속에 나타난다.
더 어려운 문제는 정서지능 연구가 최근 이상심리 이론과 치료를 위한 전
략에 도움이 되는 새로운 무엇인가를 제시하는지다. 이 장에서 우리는 정
서지능의 임상적 개념에 대한 몇 가지 질문을 내놓았다. 아직 더 많은 연구
가 필요하지만, 몇 가지는 답이 보이기 시작했다.

우리는 무엇보다도 먼저 정서지능이 정신장애의 원인인지 아니면 결
과인지 질문했다. 원인과 결과의 두 가지 가능성이 모두 있지만 증거가
불충분하다. 정서지능과 의도적 통제의 부족과 같은 아동의 기질 간의 관
계에서 정서지능이 원인으로 영향을 미치는 것을 알 수 있다. 정서지능은
또한 장애에 대한 취약성을 증가시키는 것으로 보이는 신경과민성과 정
신분열 성향과 같은 성격 특성과 관련이 있을 수 있다.

우리는 정서지능이 정신 질병에 대한 일반적인 취약성과 연관이 있는
가 하는 질문을 내놓았다. 정서역량의 개념을 여러 가지로 나누어 개념화

하는 것이 더 가능성이 있는 것으로 보인다. 부적응적인 정서조절을 불안이나 우울증과 같은 전통적인 정서장애, 외현화 장애, 사회적 단절장애로 나누어 생각할 수 있다. 이 세 가지로 분류된 장애는 서로 구분되는 각각의 다양한 특수한 장애들을 포함하고 있다.

비슷하게, 우리는 다양한 이상성을 확인함으로써 병리의 메커니즘에 대한 우리의 질문에 답할 수 있다. 〈표 6.3〉에서 세 가지 광범위한 장애 유목을 이 장에서 논의한 다양한 메커니즘에 연결해 보여 준다. 이것들은 단지 넓게 분류한 것에 지나지 않기 때문에 (1) 각 유목 속에 포함되어 있는 장애들은 각각 다른 메커니즘에 관련될 수 있다. 그리고 (2) 감정표현불능증, 공감 부족, 집행적 통제를 포함하는 메커니즘은 여러 장애에 영향을 미칠 수 있다.

우리는 여기에서 특수한 메커니즘을 함께 묶어 몇 가지 더 일반적인 주

표 6.3 주요 메커니즘과 관련한 세 가지 장애 군집

증세의 유형	두드러진 장애와 증세	주요 메커니즘
정서장애	• 주요 우울증 • 범불안 • 기타 불안장애 : 공황, 외상후 스트레스장애(PTSD), 공포증, 강박장애(OCD)	• 비현실적인 부정적 자기평가 • 역기능적인 대처 • 자기중심적인 주의와 메타인지 • 인지와 정서의 잘못된 통합 : 감정표현불능증
외현화 장애	• 품행장애 • 반사회적 성격 • 정신병질 • ADHD	• 의도적 통제 혹은 집행적 통제의 부족 • 다른 사람에 대한 왜곡된 평가 • 공감 부족
사회적 고립	• 정신분열증 • 고기능 자폐증	• 마음 이론의 부족 • 정서적 경험에 대한 부적당한 표상

제를 찾아낼 수 있다.

1. **정서적 기능에서의 기본적인 결함.** 어떤 환자들은 부분적으로 신경 기능에 이상이 있기 때문에 정서를 확인하고 경험하기 위한 기본적인 능력이 부족할 수 있다. 이를 지지하는 신경학적인 연구들이 있지만 이것은 이 장의 범위를 넘어서기 때문에 여기서는 다루지 않는다.

2. **정보 처리에서의 기본적인 결함.** 주의와 인지 통제의 메커니즘에서의 결함이 정서적 자극의 처리(또한 다른 유형의 처리)를 방해할 수 있다. 정서기억과 같은 정서처리 과정에 그리고 인지와 감정을 통합하기 위한 처리 과정에 결함이 있을 수 있다.

3. **자기조절의 결핍.** 고수준의 인지 과정들은 자신과 다른 사람들의 평가를 조절하고, 대처 전략을 선택하고 정서를 조절한다. 이런 종류의 결함은 또한 자신과 다른 사람들에 대한 잘못된 믿음을 반영할 수 있다. 효과적인 자기조절은 또한 특수한 사회적 상황 속에서의 자신을 이해하는 능력을 필요로 한다.

4. **사회적 사고.** 마음 이론은 사회적 · 정서적 기능을 위해 결정적인 다른 사람을 이해하는 특별한 도전을 강조한다.

정서적 역기능을 설명하는 여러 접근은 정서지능이 사회적 · 정서적 기능에 미치는 영향을 매개하는 특수한 통로를 발견하기 위한 유망한 연구들을 제안하고 있으며, 우리는 이 장에서 관련된 몇 가지 연구의 예를 들어 묘사했다.

마지막으로, 우리는 심리치료 개선과 관련하여 정서지능에 대한 연구의 실제 활용성에 대한 질문을 내놓았다. 우리의 마지막 제안은 병리에 대한 특수한 메커니즘에 대하여 초점을 맞추는 것이 총체적으로 낮은 정서지능을 개선하려고 하는 것보다 더 생산적일 수 있다는 것이다. 각 유형의 메커니즘에 따라 특수한 중재 유형이 있다(더 자세한 설명은 Zeidner et al., 2009를 참조하라). 신경학적 결함은 약물치료를 필요로 하고, 정보처리 결함은 관련된 기술을 훈련함으로써 개선할 수 있다. 자기조절에서의 결함은 자신에 대하여 더 적응적이고 현실적으로 사고할 수 있도록 하는 인지-행동적 치료를 통해서 접근할 수 있다. 최근의 새로운 치료 방법으로는 초연한 마음챙김detatched mindfulness과 같이 부정적 정서에 대하여 더 건설적으로 사고하도록 고무하는 기법(Ciarrochi & Blackledge, 2006)과 적응적인 정서적 표현을 지지하기 위한 기법이 있다(Kennedy-Moore & Watson, 1999). Temple Grandin의 예에서 볼 수 있듯이 우리들이 획득하는 대부분의 사회적·정서적 능력은 명시적인 기술로 직관적으로 배울 수 있지만, 자폐증에서 뚜렷하게 나타나는 마음 이론의 부족함을 치료하기 위한 쉬운 방법은 아직 없는 것으로 보인다.

정서지능 101

7

결론

정서는 이성의 지배를 항상 즉각적으로 받지 않지만, 행동의
지배는 항상 즉각적으로 받는다.

– William James

제1장에서 제6장까지 현재 우리가 알고 있는 정서지능에 대한 개념, 측정, 여러 삶 영역에서의 적용이라는 세 가지 기둥에 대하여 살펴보았다. 정서지능에 대한 여러 연구들이 다양한 검사와 측정치들이 전통적인 인지능력 이상의 중요한 인간 특질을 성공적으로 확인한 것을 우리는 보았다. 〈표 7.1〉은 우리가 이 책에서 이야기한 다양한 메타분석의 결과를 요약하고 있으며, 능력과 자기보고 척도의 준거 타당도에 대한 증거를 제공한다(메타분석이란 많은 연구들의 결과를 이용해 상관이나 통계치들의 평균을 구하는 기법이다). 일반적으로 연구들은 정서지능의 척도가 안녕감과 건설적인 사회적 상호작용의 다양한 지표를 예측하는 것을 입증했다(Martins, Ramalho & Morin, 2010). '정서가 특히 중요한' 직업에 초점을 맞춘 접근에서는 가능성이 보이지만(Joseph & Newman, 2010), 직업적 성공과 교육적 성공에 정서지능이 큰 영향을 미친다는 증거는 찾기 어렵다. 사회·정서적 학습(SEL)의 훈련 프로그램(Durlak, Weissberg, Dymnicki, Taylor & Schellinger, 2011)도 실생활에서 중추적인 역할을 하는 사회적·정서적 역량과 기술의 존재를 암시한다.

표 7.1 정서지능에 관련한 메타분석의 요약

연구자	연구 문제	결론
Van Rooy 등 (2005)	정서지능 측정치들은 서로 어떤 관련이 있고, 성격 및 인지능력과 어떤 관련이 있는가?	• 질문지 정서지능과 능력 정서지능은 최소의 관련성이 있다. • 질문지 정서지능은 능력보다 성격과 관련성이 있다. • 능력 정서지능은 성격보다 능력과 관련성이 있다.
Roberts, Schulze와 MacCann (2008)	MSCEIT의 가지들은 인지능력과 성격 간에 어떤 관련이 있는가?	• MSCEIT는 일반 결정성 능력과 중간 정도의 상관이 있고, 유동성 능력과는 더 약한 상관이 있다. • 정서이해 가지는 능력과 가장 강한 연관이 있다. • MSCEIT는 5요인 모델과 약한 연관이 있고, 친화성 및 정서관리와 가장 강한 연관이 있다.
Van Rooy와 Viswesvaran (2004)	정서지능은 직무 수행과 관련이 있는가?	• 질문지 정서지능과 능력 정서지능은 수행 준거와 중간 정도의 관련이 있을 뿐이다. • 인지능력을 통제하면, 정서지능은 최소한의 수행 예측을 부가할 뿐이다.
Joseph과 Newman (2010)	직무 수행에 요구되는 감정노동에 따라서 정서지능이 미치는 효과가 다른가?	• 정서지능은 낮은 감정노동 직업보다 높은 감정노동 직업에서의 수행을 더 잘 예측한다. • 질문지 정서지능은 능력 정서지능보다 더 잘 예측한다.
Martins 등 (2010)*	정서지능은 안녕감 그리고 정신건강과 관련이 있는가?	• 질문지 정서지능은 정신건강과 신체건강의 질문지 평가와 상당한 관련이 있다. • 능력 정서지능은 유의미하지만 약한 건강 예측변인이다.

(계속)

표 7.1 정서지능에 관련한 메타분석의 요약

연구자	연구 문제	결론
Durlak 등 (2011)	학교에서의 사회 · 정서적 학습 (SEL) 프로그램은 사회적 · 정서적 기능에 대한 다양한 준거들을 향상시키는가?	• SEL 프로그램은 사회적 그리고 정서적 기술, 태도, 사회적 행동을 향상시킨다 • 사회적 · 정서적 기술에 대한 상당한 중재효과가 있고, 다른 준거들에 대해서는 긍정적이지만 약한 효과가 있다

주 : 여기에서는 선택적으로 주요한 결과들만 보여 주고 있다.
* 초기의 메타분석(Schutte, Malouff, Thorsteinsson, Bhullar & Rooke, 2007)에서도 비슷한 결과를 얻었다.

동시에, 정서지능에 대한 연구는 인간 생활에 지극히 중요한 영향을 미친다는 주장에는 동의하지 않는 것으로 보인다. 정서지능에 대해 너무 큰 열의를 갖지 말고 신중해야 하는 데는 두 가지 큰 이유가 있다. 첫째, 일반 '정서지능'이라고 하는 것이 실제로 존재한다는 것 자체가 분명하지 않다. 정서적인 상황에 도움이 될 수 있는 적성, 역량, 기술 등이 연구에 의해 확인되었다. 하지만 사회적 · 정서적 기능에 도움이 되는 다양한 특성들의 기저에 있는 하나의 개인적인 성질이 있다고 밝혀지지는 않았다. 예를 들어 Mayer-Salovey-Caruso 정서지능검사(MSCEIT)와 질문지 평가로 어떤 성질을 측정하더라도 메타분석 결과는 서로가 매우 다르다는 것을 보여 준다(Van Rooy, Viswesvaran & Pluta, 2005). 분명히 어떤 일반 정서지능이 있다는 증거가 있지만 아직은 일반 인지지능에 대한 지지에 훨씬 못 미친다. IQ가 EQ(정서지능)보다 우세한 것이다.

신중해야 하는 두 번째 이유는 정서지능 검사의 타당도가 연구 결과 일반적으로 낮게 나타나기 때문이다. 대표적으로 MSCEIT를 사용한 능력 검사는 안녕감 및 사회적 기능과 관련해서는 어느 정도 예측하지만, 일반적으로 그 상관의 크기가 작거나 보통이다. 따라서 MSCEIT로 어떤 성격을 측정하더라도 그것은 실생활에 어느 정도 도움이 된다. 하지만 능력 정서지능은 성격 특성과 관련된 능력의 일부일 뿐이다 ― 누군가가 말한 개인의 적응을 위한 초석이 아니다. 대조적으로, 일반 지능(g)은 작동기억(Ackerman, Beier & Boyle, 2005)과 같은 특수한 심리적 과정 그리고 직무숙달(Schmidt & Hunter, 2004)과 같은 결과들과 더 강력하게 연결되어 있다.

우리는 또한 안녕감과 그 외 준거의 예측변인으로서 정서지능의 질문지 평가가 능력 검사보다 더 높은 타당도를 갖고 있는 것을 보았다(제2장 참조). 특성 정서지능 척도들이 분명히 스트레스 내성, 자기통제, 정서조절 유형과 같은 성질을 평가하는 데 유용하다. 여기서 문제는 모두는 아니지만 많은 이런 질문지의 예측력이 5요인 모델(FFM)과 같은 표준화 성격 특성들과의 중첩에서 나온다는 것이나(Burns, Bastian & Nettelbeck, 2007). 5요인 모델을 통제하면 특성 정서지능에 대한 타당도가 남지만(Petrides, Furnham & Mavroveli, 2007), 훨씬 줄어든다. 그리고 IQ와 마찬가지로, 성격은 정서지능과는 상관없이 소득, 재산, 사망률과 같은 중요한 결과들을 예측한다(Lindqvist & Vestman, 2011; Roberts, Kuncel, Shiner, Caspi & Goldberg, 2007). 다시 말하지만, 우리는 개인적인 성질들에 대한 혁명을 일으키기보다는 성격을 더 잘 이해하기 위해 도움이 되는 개인적 성질들을 논의한다고 볼 수 있다.

따라서 우리는 정서지능이 개인과 사회의 모든 고민을 치료하는 만병통치약이라고 믿어서도 안 되고 또한 그 구인을 손 닿지 않게 멀리 거부해도 안 된다. 우리 저자들의 입장은 '정서지능'은 하나의 잘 정의된 개인적인 성질이 아니라, 정서적 기능의 개인차에 대한 광범위한 탐구 분야를 지칭하는 것으로 사용하는 것이 더 적절하다는 것이다. 결론을 내리는 이 장의 나머지 부분에서 우리는 정서지능의 우산 아래서 함께 할 수 있는 다른 구인들을 간단하게 소개하고, 그것들의 실용적인 중요성에 대해 요약하고, 그리고 앞으로의 연구를 위한 몇 가지 유망한 연구 방향을 제시할 것이다.

정서지능 : 4악장 교향곡

이전에 우리들(Matthews, Zeidner & Roberts, 2005; Roberts, Zeidner & Matthews, 2007)은 최소한 네 가지 유형의 구인이 정서지능 행동을 구성한다고 주장했다. 네 가지 유형은 〈표 7.2〉에 요약되어 있다. 더 체계적으로 이 구인들을 차별화하면 더 조화롭게 아이디어들을 구조화함으로써 이 분야에서의 개념적인 불협화음을 대체할 수 있을 것이다. 우리는 하나씩 간단하게 소개하고 측정 방법에 대해서도 설명할 것이다.

기질

제2장에서 논의했듯이 사람들은 사회성과 부정적 정서에 대한 취약성과 같은 기본적인 기질이 다르다. 기질은 유아기부터 분명하게 나타나며, 유전적 영향과 문화적으로 조성된 사회 학습과의 상호작용을 반영한다.

표 7.2 '정서지능'의 네 가지 다른 측면

구인	가능한 측정 방법	핵심적인 과정	훈련 가능성
기질	• 표준화 성격 측정 (예 : FFM) • 여러 특성 정서지능 척도	• 각성, 주의, 강화 민감성을 통제하는 신경 및 인지 과정	낮음 — 기질은 유전자와 초기 학습에 의해 결정된다.
정보처리	• 빠른 안면 정서인식 과제 • 정서자극에 대한 암묵적 처리를 요구하는 과제	• 특수한 처리 모듈	낮음 — 고정된 자극-반응 연합을 제외하고는 훈련을 통해 자동화될 수 있다.
정서조절	• 선택된 특성 정서지능 척도(예 : TMMS)	• 자아개념과 자기조절	보통 — 기질이 영향을 미치지만 특수한 전략들을 모델링과 연습을 통해 가르치는 것이 가능하다.
상황 중심적 정서지식과 기술	• MSCEIT(선언적 기술) • SJT	• 획득된 여러 절차적 기술과 서술적 기술	높음 — 특수한 기술과 지식을 학습한다.

FFM은 NEO-PI-R과 같은 질문지를 지지하는 주된 기질 차원에 대한 인기 있는(비록 세계적인 인정을 받는 것은 아니지만) 설명이다.

정서지능에 대한 질문지가 나오기 오래전부터, 정서적·사회적 기능의 개인차를 FFM 특성들을 중심으로 설명한 사실은 분명하다(Matthews, Deary & Whiteman, 2009). 외향성을 사회적 영향에, 신경과민성을 부정적 정서성에, 성실성을 자기통제에, 친화성을 다른 사람에 대한 배려에, 개방성을 예술적 표현에 연결할 수 있다(McCrae, 2000). 중요한 것은 유용하게 보이는 특성들에 부정적인 면이 있을 수 있다는 점이다(Matthews, Zeidner & Roberts, 2002). 예를 들어 외향성은 충동적인 행동으로 나타나기 쉽고, 친화적인 사람은 경쟁적인 상황에서 쩔쩔매기가 쉽고, 신경과민성인 사람은 의사를 더 자주 찾아가서 치명적일 수 있는 병을 초기에 발견할 수 있다(Mayne, 1999). 따라서 기질적 특성은 절대적으로 바람직하거나 바람직하지 않은 성질이라기보다 주로 적응 스타일을 나타낸다.

제2장에서 논의했던 것과 같은 정서지능에 대한 질문지는 이런 기질이나 성격에 속하는 것으로 보인다(Petrides et al., 2007). 사실 이 새로운 특성들을 이미 알려진 것들과 다른 종류라고 보기 어렵겠지만, 평가될 수 있는 성격 특성의 범위를 유용하게 확장할 수는 있을 것이다. 특성 정서지능 연구는 기존의 성격 척도에 의해 잘 평가되지 않는 특성들이나 특성 군집들을 확인할 때 가장 유용하게 사용할 수 있다. 예를 들어 Petrides 등 (2007; Tett, Fox & Wang, 2005)에 의해 확인된 '정서성emotionality' 요인은 FFM과 보통 정도의 상관이 있을 뿐이다. 하지만 특성 정서지능 연구가 능력이나 지능에 대해 아무것도 말해 주지 않는다는 것은 분명하다.

정서적 정보처리

더 분명하게 능력 영역 부분은 정서적 자극을 처리하도록 하는 객관적이고 속도를 요구하는 검사를 만들어서 측정할 수 있다. 반응의 속도나 정확성을 측정하여 능력을 평가할 수 있다. 주의, 기억, 반응 속도를 연구하기 위한 표준화 인지심리 패러다임을 수정하여 그 과정을 어느 정도 자세하게 구체화할 수 있다. 예를 들어 제3장에서 얼굴의 정서적 자극에 대한 빠른 반응에 기초한 검사들을 논의했다. 또한 인지신경과학 방법을 사용하여 반응을 통제하는 뇌 시스템을 살펴볼 수 있다(Freudenthaler, Fink & Neubauer, 2006).

그런 행동 검사는 분명히 연구해 나가야 할 가치가 있다. 하지만 커다란 두 가지 문제가 나타났다. 첫째는 지능 검사에서 볼 수 있는 반응 속도의 요인들에 대응하는 일반적인 '정서적 정보처리' 요인이나 요인들이 있다는 증거가 없다(Roberts & Stankov, 1999). 사실 과제에 대한 반응 속도는 자극의 성격이 정서적인지 혹은 중성적인지에 관계없이 일반 능력을 반영할 수 있다(Fellner et al., 2007; Roberts et al., 2006). 두 번째 문제는 유의미성이다. 얼굴 정서를 보통사람들보다 천분의 몇 초 빨리 인식한다고 해서 그 사람의 실생활에 차이가 있는가? 특별히 그 사람의 생명에 위협이 되는 상황에서는 그럴 수도 있을 것이다. 하지만 체계적으로 그런 문제를 다룬 연구는 아직 없다.

우리는 자신과 다른 사람들에 대한 잠재되어 있는 무의식적인 '암묵적' 판단과 같은 더 복잡한 사회적·정서적 과정에 연구의 초점을 맞출 것을 기대한다. 제3장에서 이런 유형의 측정 중 하나인 암묵적 연합 검사 Implicit Association Test, IAT의 가능성에 대해 간단하게 논의했다. Schnabel, Asendorpf와 Greenwald(2008)가 말하듯이, 암묵적 측정은 표준 성격 특성 외에도 관련된 행동을 예측하는 꽤 훌륭한 기록을 갖고 있다. 아마도 사회적·정서적 환경에서 진짜 적응에 도움을 주는 암묵적 처리 절차들의 어떤 군집이 있을 것이다. 아직까지는 그런 '암묵적 정서지능'이 존재하는지에 대한 단서를 제공하는 연구는 거의 없으며, 앞으로 더 많은 연구가 필요하다.

정서조절

자신에 대해서는 특별한 무엇이 있다. 이는 우리 자신을 단지 특별하고 독특하다고 느끼는 것이 아니라, 우리가 누구인가 하는 우리의 내적 표상을 조절하는 독특한 처리 과정이 있다는 것이다(Boekaerts, Pintrich & Zeidner, 2000). 정서는 우리에게 자신의 지위에 대한 즉각적이고 통합적인 신호를 보낸다. 예를 들면 보상에 접근하고 있는, 위험에 처해 있는, 모욕을 당하고 있는, 행복을 느끼고 있는 신호들이다(Lazarus, 1999). 정서조절은 따라서 삶의 기회와 위협에 대처하기 위해 필수적이다. 자신의 개인적인 목표를 추구할 수 있도록 감정을 효과적으로 감시하고 조정하는 사람들은 일반적으로 삶의 유리한 입장에 있다. 반대로 정서에 충동적으로 반응을 하거나 문제에 대한 헛된 고민을 하는 것과 같은 정서적 역기능은 안녕감에 독이 되거나 정신병리를 일으킬 수도 있다(제6장 참조).

자기조절은 부분적으로 기질 그리고 성격과 중첩된다. 예를 들어 신경과민성이 높은 사람은 자신과 다른 사람이 삶의 목표를 추구하는 것을 때로 방해할 수 있는 과한 부정적인 신념을 갖고 있다. Salovey, Mayer, Goldman, Turvey와 Palfai(1995)의 특성 메타기분 척도Trait Meta-Mood Scale, TMMS와 같은 척도는 정서지각과 기분회복의 명료성과 같은 넓은 정서조절 특성을 평가한다. 반대로, Metacognitions Questionnaire (Wells & Cartwright-Hatton, 2004)와 같은 비정상 영역의 척도는 불안한 상태에 대한 과도한 걱정과 같이 해로운 방향으로 정서를 조절하는 성향을 찾아낸다.

하지만 그런 성격과 비슷한 척도는 구체적인 상황에서 사용되는 정서를 조절하기 위한 실제 전략이 아니라, 일반 특성과 경향성을 측정한다는 제한점이 있다. 예를 들어 적절한 지도를 받으면 자발적으로 자신의 조절 스타일을 바꾸는 것이 가능하다(예 : 정서를 밖으로 표현하는 것을 억압하는 것에서 정서의 근원을 재검토하는 것까지)(Gross, 2002). 실생활의 특수한 상황에서 효과적으로 정서를 조절할 수 있는 방법으로는 교통체증 속에서 침착하기(뉴욕, 로스앤젤레스, 애틀랜타 등에서는 어렵다), 문제가 많은 동료에게 정서적으로 지지하기, 사소한 문제에 대해 끝없이 불평하는 친척에게 관대하기, 학점이 나쁜 친구를 위로하기 등이 있다. 상황에 적응적이든 비생산적이든 이렇게 구체적인 상황에 근거한 조절 스타일을 평가할 수 있는 새로운 측정 접근이 필요하다.

정서적 기술

우리가 정서적 상황을 처리하는 방식들은 사회적 · 문화적 영향을 받아 조성된 학습에 의해 얻어진 기술이다. 이 기술들 중에는 스트레스를 받고 있는 사람에 대해 공감을 표현하는 것이나 화를 내는 사람에게 대립적인 행동을 회피하는 것과 같은 일반적인 것이 있다. 다른 한편에는 관계가 매우 가까운 사람들의 정서적 상태에 대처하는 방식에 대한 지식과 같이 매우 구체적인 기술도 있다.

지능 이론에서, 결정성 지능과 유동성 지능의 차이는 획득된 지적 기술(예 : 십자말 풀이를 하는 방법)과 타고난 적성(제3장 참조) 간의 차이를 말한다. 비슷하게, 정서적 기능의 획득된 일반적인 지식을 나타내는 광범위한 결정성 정서지능이 있을 수 있다(Roberts et al., 2011). 사실, Mayer-Salovey 능력 모델에서의 정서이해와 정서관리 가지들은 이런 종류의 지식이라고 할 수 있다.

하지만 MSCEIT가 더 상황 중심적인 지식을 찾아내는지는 의심스럽다. 또 Brody(2004)가 지적했듯이 MSCEIT는 실용적인 기술보다는 추상적으로 정서를 다루는 방식에 대한 지식을 평가한다. 심리학 전공 학생이 심리치료의 원리에 대해서는 잘 알 수 있겠지만 실제 내담자를 상담할 수 있는 능력은 없다. 여기에서 중요한 차이는 **선언적 지식**(원리에 대한 언어적 표현)과 **절차적 지식**(기술을 실제로 사용; Anderson, 1987)의 차이다. 선언적 지식에 대해서는 MSCEIT와 그 외에도 꽤 효과적인 검사들이 있지만, 다른 사람에게 영향을 미칠 수 있게 정서를 표현하는 방법과 같은 절차적 기술을 측정할 수 있는 좋은 도구는 현재 찾기 어렵다.

정서적 정보를 신속하게 처리하고, 정서를 잘 통제하고, 많은 선언적 기술과 절차적 기술이 있으며, 쾌활하고 친절한 기질을 갖고 있는 사람이 '정서적으로 지적이다'라고 생각하는 것이 타당하다. 다른 사람들의 정서지능은 따라서 다소 독립적인 다양한 성질들을 통합하여 판단하게 된다. 하지만 연구에서는 각각에 대한 더 타당하고 '더 순수한' 검사를 만들고 내적 관계를 체계적으로 탐색하기 위해 이 성질들 간의 차이를 분명하게 할 필요가 있다(정신병질자를 정서적으로 지적이라고 하고 싶지 않기 때문에 정서지능의 도덕적 준거도 첨가하고 싶다).

정서지능은 무엇에 좋은가?

정서지능이 도움이 되는 것은 "아무것도 없어!"라고 대답하는 사람은 아마 아무도 없을 것이다. 정서지능 연구의 활용성에 대한 평가는 정서지능의 다양한 측정에 대한 타당성을 입증하는 것에서 시작한다(표 7.1 참조). 우리는 이 책의 여러 곳에서, 특히 제4장에서 정서지능 척도가 실생활에서 우수한 사회적·경제적 기능에 대한 준거와 관련이 있는 것을 보았다. 이것들에는 개인적인 관계, 직장, 교육이 있다. 낮은 정서지능 또한 정서장애와 관련되어 있다(제6장 참조). 하지만 이 연구 결과들은 다음과 같은 이유 때문에 조심해서 해석해야 한다. 일반적으로 (1) 정서지능은 객관적인 결과변인보다 주관적인 결과변인과 더 강하게 연결되어 있고, (2) 예측타당도는 기존의 성격 및 능력 구인들과 부분적으로 중첩되는 것을 반영하며, (3) 정서지능 효과를 중재하는 심리적·신경학적 과정들이 잘 밝혀지지 않았다. 그럼에도 불구하고 정서지능의 다양한 측정은 실생활에 영향을 미치는 개인적 특성들(능력 특성과 성격 특성을 모두 포함한)의 지표가 된다.

우리는 또한 제5장에서 Durlak 등(2011)에 의한 메타분석에서 확인되었듯이 무엇을 그리고 어떻게 훈련할 수 있는지 분명하게 알 수 없지만, 정서지능을 구성하는 최소한 몇 개의 성질은 훈련 가능하다는 것을 보았다. 사실 앞에서 제시했던 정서지능을 여러 가지 측면으로 보는 관점이 훈련에 대한 이해에 도움이 될 수 있다. 기질은 유아기에는 가소성이 있지만, 뇌 시스템과 안정적인 자기신념에 기반하고 있기 때문에 가장 훈련하기 힘들다(Matthews et al., 2009). 많은 인지심리학 연구에 의하면 고

정된 자극-반응 매핑 정도까지의 기본적인 **정보처리** 절차는 훈련 가능하다고 한다(Fisk & Schneider, 1983). 따라서 얼굴 정서를 인식하는 것은 비디오 자료를 사용하여 훈련할 수 있는 것으로 보인다(Ekman, 2003). Gross(2002)의 연구에서 나타나듯이 사람들은 비록 연구가 제한적이기는 하지만, 여러 가지 **정서조절** 전략의 사용에 있어서 융통성을 보인다. 훈련 효과는 역기능적인 전략의 사용을 감소시키기 위한 심리치료에서 가장 잘 나타난다(Wells, 2000). 학습은 **정서지식**의 개념에 본질적인 것으로 쉽게 훈련이 가능하다. 하지만 암묵적, 절차적 기술로 가르치는 것보다는 MSCEIT 정서이해 가지로 평가되는 것과 같은 명시적인 지식으로 가르치는 것이 더 쉽다. 제5장에서 검토했던 훈련 프로그램들은 두 가지 유형의 학습을 모두 접근하는 것으로 생각된다(프로그램들이 학습 과정을 더 분명하게 기술하면 더 도움이 되겠지만 말이다).

따라서 기질의 경우를 제외하고 정서지능의 몇 가지 측면은 훈련시킬 수 있는 여지가 많은 것으로 보인다. 다음에는 우수한 사회적·정서적 기능에서 나오는 세 가지 장점을 향상하기 위한 가장 유망한 전략들로 개인적인 안녕감, 건설적인 사회적 관계, 직업과 교육 환경에서의 뛰어난 수행에 대해 설명하기로 한다.

안녕감

메타분석 결과에 의하면 정서지능이 다른 결과들보다는 일반적으로 주관적인 안녕감과 만족감에 대한 준거와 더 강한 상관이 있다(Martins et al., 2010). 제4장에서 논의했듯이 정서지능은 직장에서 직무 만족감과 관련이 있다. 우리는 또한 특성 정서지능과 안녕감의 관련성이 정서지능과 정서성에 연결되어 있는 기질 특성 간의 중첩에 의존한다는 것을 보았다. 특성은 변화시키기가 어려운데, 어떤 사람들은 다른 사람들보다 삶을 즐기는 성향이 있다는 출발점에 정서지능이 초점을 맞추면 어떤 '부가된 가치'를 더할 수 있을까?

한 가지 옵션은 대처 기술을 향상시키는 것이다. 제4장에서 보았듯이 도전적인 사건에 대처하는 방식은 본질적으로 유연하다(Lazarus, 1999). 우리는 보통 사건의 성격에 따라서 대처 전략을 융통적으로 사용한다. 기질적 성질은 어떤 대처 방법을 편향적으로 사용할 수 있지만, 어떤 상황에서든, 경험과 학습이 기질만큼 혹은 기질보다 더 중요하다.

대처의 중요성은 이미 학교에서 실시하는 것과 같은 실제 훈련 프로그램에서 잘 이해되고 있다(제5장 참조). Elias, Kress와 Hunter(2006)에 의해 확인된 세 가지 핵심 역량은 직접 대처와 연결된다. 책임감 있는 의사결정은 더 좋은 삶의 선택을 돕기 위한 서비스에서 문제 중심이나 과제중심의 진단을 필요로 한다. 자신의 정서 상태를 인식하는 것과 같은 자기인식은 건설적인 정서집중을 위해 중요하다. 이런 인식이 부족 사람은 자신의 정서를 효과적으로 조절할 수 없다. 자기관리도 또한 효과적인 정서집중을 위해 중요하다. 예를 들어 정서가 유발한 무모한 충동을 인식하기와 억제하기, 문제가 있는 정서적 반응에 대해 체계적으로 작용하기가 있다.

제5장에서 논의했듯이, SEL 프로그램의 성공은 대처 방법을 향상시키기 위한 기법들이 학교 환경을 넘어서까지 적용될 수 있다는 것을 말해준다. 사실 대처 방법의 중요성은 직원들을 위한 스트레스 관리에서 오래

전부터 인식되었다(Quick, Quick, Nelson & Hurrell, 1997). 임상에서는(제6장 참조) 일반적으로 내담자의 문제가 부적응적인 대처 전략의 사용보다 더 뿌리가 깊지만, 대처 방법을 지원할 수 있는 훈련 기술을 적용하는 경우가 많다. 그런 기술들은 불안이나 걱정에 대한 통제력을 획득하는 것과 같이 내적인 정서조절력이나 사회적 기술과 같은 행동적인 것에 관련된 것들이다.

정서지능의 응용 연구들은 안녕감을 위한 대처의 중요성을 확인한다. 정확한 역할에 대해서는 앞으로의 연구에서 밝혀져야겠지만, 정서지능은 대치 능력을 조성하는 몇 가지 관련된 성향 중 하나일 수 있다(Zeidner, Matthews & Roberts, 2006). 중심적인 한 이슈는 광범위한 일반적인 상황보다는 어떤 구체적인 상황 속에서 대처 방법을 훈련하는 것이 가장 효과적이다. 다시 말해서, 최근의 정서지능 개념화에서 간과되는 것으로 보이는 절차적 기술을 포함한 정서적 기술에 대해 접근할 필요가 있다. Elias 등(2006)의 SEL에 대한 연구는 추상적인 대처 개념과 중재를 위한 구체적인 목표를 연결하는 발전을 보여 준다.

원칙적으로 정서지능의 이해는 특히 더 효과적인 정서집중 대처를 향상시킨다. 스트레스 연구는 무서운 상황의 회피뿐만 아니라 자기비판 및 반추와 같은 정서 중심의 역기능적인 대처 방식을 강조하는 경향이 있다. 사실 정서지능이 높은 사람은 이런 대처 전략을 피한다(Zeidner et al., 2006). 하지만 정서를 중요하게 생각하고 긍정적인 재평가와 같은 더 건설적인 정서 중심 대처 방식으로 나아가야 한다(Lazarus, 1999). 앞으로는 정서지능 연구에서 정서 중심의 대처 방식에 더 많은 관심을 가질 것으로 기대한다.

사회적 상호작용

우리는 두 가지 자명한 진실을 갖고 출발할 수 있다. 첫째, 우리 주변 사람들과의 만남의 질은 주관적인 안녕감과 사회적 지위 상승 모두를 위해 매우 중요하다. 따라서 사회적 기능을 향상시키면 대처 이외에도 안녕감에 영향을 미칠 수 있다. Elias 등(2006)에 의하면 SEL 프로그램과 관련된 중요한 역량에는 **사회 지각**과 **관계 관리**가 있다. 둘째, 우리는 기질의 영향력에 취약하다. 친화성이 낮은 사람을 따뜻하고 껴안아 주고 싶게 만들거나 신경과민성이 높은 사람을 스트레스하에서 침착한 모델로 만들기는 쉽지 않다. 그래서 모든 기질적인 성격을 갖고 있는 사람들이 더 건설적인 사회적 관계를 즐기도록 도울 수 있는 정서지능에 대한 연구로부터 무엇을 얻을 수 있는가? 분명히 과학적으로 그리고 개인적으로 흥미 있는 중요한 주제다!

　기질 요인들을 넘어서 살펴보면, 우리는 제4장에서 가까운 관계에서 특히 정서조절 기술이 필요하다는 것을 보았다. 가까이 지내는 사람들이 (다른 사람들보다) 우리를 곤란하게 하거나 실망시킬 때가 있으며 이 정서를 관리하는 것이 건설적인 관계를 유지하기 위해 중요하다. 절친한 관계 속에서 '불꽃을 계속 피어 있게 하는 것'과 같이 사회적 상호작용에 의해 유발된 긍정적인 정서를 유지하는 것 또한 중요하다. 하지만 더 높은 정서지능이 절친한 관계에서 더 큰 만족감과 관련이 있다는 증거 외에는 이 이슈에 대한 직접적인 증거가 거의 없다(Brackett, Warner & Bosco,

2005; Smith, Ciarrochi & Heaven, 2008).

몇몇 연구자들은 관계에 어려움을 경험하고 있는 사람들을 위한 상담에서 정서지능이 중요하다고 지적한다(Cooper & Ng, 2009). 정서지능 관련 성분들을 커플에게 훈련하는 것은 효과가 있을 것으로 보인다. Smith 등(2008)이 관계에서 의사소통 전략의 중요성을 지적하고 있지만, 직접적으로 정서지능을 이론적 기반으로 하는 상담 전략에 대한 연구는 거의 없는 것으로 보인다. 관계에서의 성공은 더 일반적인 정서조절 전략을 적용하는 것보다는 상황 중심적인 선언적 기술과 절차적 기술에 의존할 가능성이 있다.

대처 기술의 훈련(제5장)은 친밀한 관계뿐만 아니라 소위 말하는 '평범한' 관계에도 이롭다. 때로는 불화의 원인을 확인하는 문제 중심 전략이나 어려운 관계에 대하여 이야기하기 위한 시간을 마련하는 것과 같은 해결 방법의 문제 중심 전략이 쉽지는 않다. 다시 말하지만, 이것은 특별히 새로운 제안이 아니다. 정서지능에 대한 연구가 관계 회피 이슈의 위험성을 강조하기는 했지만, 사회적 관계를 개선하기 위한 새로운 훈련 가능한 대처 전략들을 앞으로 밝혀내야 한다(Smith et al., 2008).

관계에 대하여 마지막으로 언급할 것은 더 많은 개인 간의 정서지능 요인들이 연구에서 간과되어 왔다는 점이다. 두 연구(Smith et al., 2008; Zeidner & Kaluda, 2008)는 파트너와의 관계에서 정서지능이 높은 사람 자신에게는 이롭지만 상대방에게는 이로운 점이 없다는 것을 발견했다. '의미 있는' 타자가 정서적으로 성장할 수 있도록 돕는 개인적인 성질이 있는 것으로 보이지만 지금까지 현장 연구에서 검증된 정서지능의 측정에서는 이 성질들을 찾아내지 못한 것으로 보인다.

직업 환경과 교육 환경에서의 수행

이 책의 한 가지 주제는 정서지능 검사는 객관적인 결과보다는 자기보고
식의 안녕감과 관계 만족감을 포함하는 주관적인 준거를 더 잘 예측하는
경향이 있다는 것이다. 그럼에도 불구하고, 높은 정서지능이 학업 성공과
직무 수행 향상에 잠재적인 영향을 미칠 것이라는 지속적인 관심을 받았
다. 사실, 초기의 정서지능에 대한 열광은 높은 'EQ'가 IQ보다 직업적 성
공에 더 중요하다는 과장되고 증거가 없는 주장에서 나왔다(Goleman,
1995). 과장된 주장을 거부한다고 해도, 정서를 더 잘 관리하는 것이 직장
과 학교에서 과제 집중에 도움이 되고 나아가 수행을 향상시키는 데 도움
이 될 것이라는 생각은 가능한 것으로 보인다.

대략적으로, 많은 연구에서 높은 정서지능이 당신의 인생과 대인관계
에 대하여 만족스럽게 생각하게 해 준다고 하지만, 객관적인 행동에 대해
서는 거의 영향을 미치지 않는다. 예를 들어 정서지능이 조직 시민성, 헌
신, 다른 직원들과의 팀워크와 지지, 개인 간 갈등에 대한 건설적인 협상
을 포함한 다른 중요한 직장 행동을 위해 더 중요할 수 있지만(Jordan,
Ashkanasy & Ascough, 2007), 메타분석은 높은 정서지능이 직무 수행을
위해 결정적이라는 증거를 제시하지 못했다(Van Rooy & Viswesvaran,
2004). 또한 몇몇 연구는 정서지능이 능력과 성격을 통제했을 때에는 학
교 성적과 같은 학업 성공에 대한 객관적인 지표와 관련이 없다는 것을
보여 준다(Amelang & Steinmayr, 2006; Barchard, 2003; Rode,

Arthaud-Day, Mooney, Near & Baldwin, 2008). 그러나 어떤 연구들은 정서지능이 유일하게 학업 결과의 예측을 부가한다는 것을 보여 주고 있으며(MacCann & Roberts, 2008; Van der Zee, Thijs & Schakel, 2002), SEL 중재가 학교 성적을 높일 수 있는 것으로 보인다(Durlak et al., 2011).

높은 정서지능이 전반적인 행동을 개선다고 기대하는 것은 너무 낙관적일 수 있다. 우리가 정서지능이 특별히 중요한 역할을 하는 특수한 집단의 사람들이나 특별한 수행 상황을 확인하는 것은 운인 것 같다. Petrides Fredrickson과 Furnham(2004)은 650명의 영국 고등학생을 대상으로 학업 수행의 예측변인을 조사했다. 그들은 일반적으로 IQ가 특성 정서지능보다 훨씬 더 강력한 수행의 예측변인이라는 것을 확인했다. 하지만 그들은 영어(수학이나 과학에서 그렇게 나타나지 않았다)에서는 IQ가 낮은 학생들의 수행에서 특성 정서지능이 더 좋은 수행과 연관이 있는 것을 보여 줌으로써, 정서지능이 학생들의 지적 능력의 부족을 보상해 줄 수 있다고 제안했다.

직업적 상황에서, 제4장에서 논의했듯이, Joseph와 Newman(2010)은 그 직무가 '감정노동(예 : 서비스 산업에서 볼 수 있듯이 고객에서 친절하도록 애쓰는 것)'을 요구할 때에만 수행에 도움이 된다는 것을 발견했다. 비슷하게, Côté와 Miners(2006)는 높은 정서지능은 그 조직을 향한 조직 시민성에 대한 이점을 부여하지만, 특별한 개인에 대해서는 이점을 부여하지 않았음을 발견했다. 정서지능이 특별히 중요한 환경인 교육과 직장 모두에서 하위 집단과 상황들을 더 확인하는 것이 중요한 것으로 보인다.

정서지능의 미래

우리 저자들의 견해로는, 정서지능이 'IQ'만큼 중요한 개인적인 특성이라는 것을 연구를 통해 입증하는 데 실패했다. 대신에 우리는 연구들이 사회적 · 정서적 기능의 개인차에 영향을 주는 여러 가지 독립적인 능력, 특성, 기술을 확인하는 데 기여했다고 믿는다. 이 장의 서두에서 소개한 정서지능의 네 가지 측면은 앞으로의 연구 방향을 제시하는 데 도움이 될 수 있겠지만, 우리는 지식이 혁명적으로 발전하는 것이 아니라 누적적으로 발전한다고 생각한다. 우리는 정서지능라는 이름을 붙인 구인을 발전시키기 위한 몇 가지 유망한 연구 방향에 대하여 간단하게 언급하는 것으로 끝을 맺는다.

다중 극 모델

이 분야의 심리측정은 여전히 불확실하지만, 정서지능의 여러 속성이 한 구조 모델 내에서 상호 관련되는 자료를 수집하는 것은 쉬운 일이다. 따라서 특성 정서지능의 다양한 차원과 성향적인 기분조절을 5요인 모델과 같은 유행하는 성격 모델에 끼워 맞출 수 있다. 그런 모델에 급진적인 변화가 일어날 것 같지는 않다. 마찬가지로 수행 기반의 정서적 정보처리 차원들과 선언적 지식에 기반 한 요인들(대표적으로 MSCEIT의 가지들)이 Carroll의 3수준 능력 모델(제3장 참조) 내에 자리를 찾을 수 있다. 유동성 지능, 결정성 지능과 같은 기존의 구인들 외에 어떤 고수준의 요인이 나타날 것인지는 중요한 질문으로 남아 있다. 아마 '선언적 정서지식'이 중간 수준의 요인으로 출현할 것이다.

정서지능에는 단순히 '성격'이라는 탑과 '지능'이라는 성의 부속건물이나 증축건물을 짓는 것 이상의 무언가가 있다. 우리 생각으로는 정서지능의 가장 새롭고 흥미 있는 요인들이 전통적인 성격 검사나 능력 검사로는 측정되지 않고 있다. 특히 실생활에 영향을 미치는 것은 사회적·정서적 도전을 처리하기 위해 획득되는 상황 중심적 기술이다. 우리는 절차적 기술을 어떻게 측정하는지, 개인차의 잠재적인 차원들은 무엇인지, 매우 특수한 기술을 넘어 어떤 차원이 존재하는지에 대해서조차 매우 제한된 내용만을 알고 있다.

다양한 기질 특성, 능력, 기술, 지식의 좋은 모델들이 있다고 가정하면, 상호 관련된 정서지능의 여러 가지 차원도 또한 가능하다. 특성 정서지능과 능력 정서지능 검사들 간에 연관성이 약하기 때문에, 다른 구인 유형들 간에 세밀한 관계를 맺는 방법을 찾아야만 한다. Zeidner, Matthews, Roberts와 MacCann(2003)은 발달 모델이 가장 적절하다고 제안했다. 기질, 인지능력, 정서지능의 측면들은 모두 아동의 사회적·정서적 발달에 대한 어느 정도 다른 제약을 줄 수 있다. 사회적·정서적 기술은 우선적으로 학습을 반영하지만, 또한 이러한 다양한 편파적 요인들의 흔적도 갖고 있다.

새로운 평가 방법

지능 검사와 비슷한 정통 질문지와 검사 모두 제한점이 있다. 자기보고식 질문을 통한 '지능' 측정의 단점은 잘 알려져 있다(O'Sullivan, 2007). 진짜 지능을 측정하기 위해서는 정답과 오답이 있는 객관적인 검사를 사용하는 타당한 검사를 해야 한다. 속임수를 써서 쉽게 높은 정서지능 점수를 받을 수 있다는 점도 사원 채용과 같은 중대한 이해관계가 있는 상황에서 질문지 검사를 사용하기가 힘든 이유다. 반대로, MSCEIT와 같은 능력 검사의 단점은 검사 문항에 대한 정답이 무엇인지 결정하기 위한 준거 설정의 불명확성(제3장 참조)과 정서적 역량을 지지하는 절차적 기술의 평가에 있다(Brody, 2004). 따라서 특히 정서적 정보처리 및 기술과 같은 정서지능의 다른 측면을 평가하기 위한 새롭고 창의적인 방법이 필요하다. 제3장에서 우리는 유망한 새로운 접근을 논의했다. 예를 들어 정서적 자극을 처리하기 위한 기본적인 적성을 탐색하기 위해 정서적 탐색시간과 암묵적인 정서적 연합을 측정하는 검사를 개발할 수 있다. 이 장에서는 또한 다중매체 상황 판단 검사multimedia situational judgements test, SJT도 다루었다. 더 현실적으로 상황을 처리하는 기술을 평가하기 위해 컴퓨터기술을 사용하여 피험자에게 어떤 현실적인 정서적 상황을 경험하게 하는 것이 가능할 것이다. 기술이 발전함에 따라 더 정확하게 특수한 유형의 정서적 상황을 모의실험 할 수 있기 때문에, 가상현실 속에서 상황적 기술을 평가하는 것이 가능할 수 있다.

  또 다른 유망한 새로운 평가 영역은 뇌 처리 과정을 측정하기 위해 정신생리학적 기법을 사용하는 것이다. 예를 들어 몇몇 연구들은 정서지능이 높은 사람과 낮은 사람은 정서적 자극에 대한 그들의 뇌파기록electroencephalographic, EEG이 다르다고 한다(Jaušovec & Jaušovec, 2010).

Killgore와 Yurgelun-Todd(2007)는 기능성자기공명영상functional magnetic resonance imaging, fMRI을 사용하여 정서지능과 무서운 얼굴을 보는 동안에 일어나는 뇌 활성화 간의 관련성을 보여 주었다. 그런 증거는 정서지능과 정서를 생성하는 피질하의 시스템(예 : 편도체), 그리고 정서를 조절하는 고수준 실행 시스템(예 : 전전두엽 피질)과 연결시키기 위해 사용될 수 있다. 모든 사람에게 타당한 검사나 매트릭스를 개발하기에는 집단 자료에서 정서지능과 뇌 반응 간의 상관에 상당한 차이가 있다. 그럼에도 불구하고, 정신생리학은 정서지능의 어떤 측면, 특히 기본적인 정서석 기능과 관련된 것들을 평가하기 위한 방법을 제공할 수 있다.

이론에 기초한 훈련 프로그램

제5장에서 지적했듯이, 훈련 프로그램의 효과가 최소한 어느 정도 나타나는 경우가 많지만 또한 다소 임시적이다. 자기통제, 주장성과 같은 특수한 기술을 개발하기 위한 훈련은 정서지능이 출현하기 이전에도 있었던 것이다. 어느 정도는 프로그램들이 단순히 선전하기 위해 '정서지능'이라는 이름을 편의상 채택했다. 비슷하게, 직장에서 대처 능력을 향상시키기 위한 기존의 스트레스 관리 프로그램에 정서지능에 대한 연구가 무엇을 더 제공해야 하는지 분명하지가 않다.

이상적으로, 훈련은 튼튼한 정서지능 이론으로부터 정보를 제공받아야 한다. 사실 Mayer-Salovey의 네 가지 모델과 같은 기존의 정서지능의 개념화는 훈련을 위한 더 엄격한 접근을 제시한다. 정서지각과 정서이해는 쉽게 훈련이 가능해 보인다. 정서의 짧은 '미세한 표현microexpressions'을 인식하도록 훈련하는 소프트웨어가 있다(Ekman, 2003). 정서관리는 상황 의존적이기 때문에 더 어려울 수 있다. 하지만 제6장에서 논의한 교육 프로그램들은 어느 정도 가능성을 보여 준다. 정서가 어떻게 사고에 동화되는지는 미스터리다. 예를 들어 정서를 색깔이나 신체 감각으로 경험하는, 공감각synesthesia 훈련에 의해 제기되는 이슈들을 생각해 보라. 여기에서 우리들의 개념적인 분석 결과는 정서조절 전략을 포함하여 훈련은 반드시 상황 중심적 기술로 지향해야 한다는 것이다.

　더 강한 정서지능 이론은 또한 임상적 실천에 도움이 된다. 제6장 결론 부분에서 우리는 서로 관련되지만 독립적인 기본적인 정서적 기능, 기본적인 정보 처리, 자기조절, 사회적 사고(예 : 마음 이론)라고 하는 병리의 네 가지 원천을 구분했다. 정서지능이 기존의 임상적 실천에 무엇을 더 제공해야 하는지 아직 결론적으로 말할 수는 없지만, 최소한 기본적인(그리고 아마도 신경학적인) 결함을 보충하기 위한 훈련 전략과 적응적인 자기조절을 위해 필요한 정서를 이해하고 관리하는 역량을 향상하기 위한 훈련 전략을 위해 최소한 도움을 줄 수 있는 잠재력을 갖고 있는 것은 분명하다.

정서지능과 인공지능

마지막 연구 방향은 정서를 인공 시스템으로 개발하는 것이다(Matthews, 2005). Picard(2007)가 논의하듯이, 인간의 정서를 인식할 수 있고 인간에게 정서적 반응을 자극하도록 컴퓨터와 로봇을 프로그래밍하면 인간-컴퓨터 상호작용을 향상시킬 수 있을 것이다. 정신생리학적 감지장치로 인간 정서를 인식하는 테크놀로지는 상황에 적절한 정서적 반응을 일으키도록 하는 소프트웨어와 마찬가지로 발전하고 있다. 예를 들어 컴퓨터가 인간 사용자가 좌절할 때 감지하고, 안심시키고, 좌절을 감소시키도록 인터페이스의 작동을 수정할 수 있을 것이다. 로봇은 계속해서 더 세련되어지고 인간 조작자가 계속해서 통제하지 않아도 인간처럼 자율적으로 작동하는 능력을 갖게 될 것이다. 정서는 부분적으로는 사람들 간의 의사소통을 돕기 위해서 진화했다(Oatley & Johnson-Laird, 1996). 지적인 인공 시스템과 소통하기 위한 효과적인 통로를 설계하기 위해서는 진화에서 배울 필요가 있을 것이다.

결론

정서지능에 대한 연구는 여러 상황에서 사람들의 정서적 기능이 어떻게 다른지 이해하는 데 많은 발전을 가져왔다. 우리가 기술했던 다양한 검사들은 기질적 성질, 적성, 역량, 기술을 평가하기 위한 체계적인 방법을 제공한다. 마찬가지로, 정서지능 검사는 지속적으로 의미 있는 연구들을 자극할 것이다. 우리는 문헌을 비평할 때에는 조심하고 의심도 하는 것이 좋다고 생각한다. 어떤 사람들은 정서지능이란 오래된 포도주를 반짝이는 새 병에 담은 것에 지나지 않는다거나, 기업, 교육, 건강 영역들에서의 지나가는 한때 유행일 뿐이라고 말했다(Murphy & Sideman, 2006). 다른 한편에서는 정서지능에 대해 거창하게 말하는 것이 비록 거짓이라고 해도, 우리가 앞에서 제시한 4개 분야에서의 체계적인 연구는 능력과 성격에 대한 이해를 발전시킬 수 있는 밝은 전망을 갖고 있다고 한다. 낙관론자는 정서지능이 지금부터 시작이라고 믿는 반면에, 비관주의자는 정서지능은 머지않아 사라질 것이라고 믿는다. 그 결과는? 시간만이 말해 줄 것이다.

参고문헌

Aber, J. L., Jones, S. M., Brown, J. L., Chaudry, N., & Samples, F. (1998). Resolving conflict creatively: Evaluating the developmental effects of a school-based violence prevention program in neighborhood and classroom context. *Development and Psychopathology, 10*, 187–213.

Abraham, R. (2005). Emotional intelligence in the workplace: A review and synthesis. In R. Schulze & R. D. Roberts (Eds.), *Emotional intelligence: An international handbook* (pp. 255–270). Cambridge, MA: Hogrefe & Huber.

Ackerman, P. L., Beier, M. E., & Boyle, M. O. (2005). Working memory and intelligence: The same or different constructs? *Psychological Bulletin, 131*, 30–60.

Ackerman, P. L., & Heggestad, E. D. (1997). Intelligence, personality, and interests: Evidence for overlapping traits. *Psychological Bulletin, 121*, 219–245.

Aguirre, F., Sergi, M. J., & Levy, C. A. (2008). Emotional intelligence and social functioning in persons with schizotypy. *Schizophrenia Research, 104*, 255–264.

Ali, F., Amorim, I. S., & Chamorro-Premuzic, T. (2009). Empathy deficits and trait emotional intelligence in psychopathy and Machiavellianism. *Personality and Individual Differences, 47*, 758–762.

Amelang, M., & Steinmayr, R. (2006). Is there a validity increment for tests of emotional intelligence in explaining the variance of performance criteria? *Intelligence, 34*, 459–468.

American Educational Research Association, American Psychological Association, National Council on Measurement in Education. (1999). *Standards for Educational and Psychological Tests.* Washington, DC: American Educational Research Association.

Anderson, J. R. (1987). Skill acquisition: Compilation of weak-method problem situations. *Psychological Review, 94,* 192–210.

Antonakis, J., Ashkanasy, N. M., & Dasborough, M. T. (2009). Does leadership need emotional intelligence? *The Leadership Quarterly, 20,* 247–261.

Antony, M. M., & Barlow, D. H. (Eds.). (2010). *Handbook of assessment and treatment planning for psychological disorders* (2nd ed.). New York, NY: Guilford Press.

Argyle, M. (2001). *The psychology of happiness* (2nd ed.). New York, NY: Routledge.

Ashkanasy, N. M., & Tse, B. (2000). Transformational leadership as management of emotion: A conceptual review. In N. M. Ashkanasy, C. E. Härtel, & W. J. Zerbe (Eds.), *Emotions in the workplace: Research, theory, and practice* (pp. 221–235). Westport, CT: Quorum Books/Greenwood.

Ashton, M. C., Lee, K., & Paunonen, S. V. (2002). What is the central feature of extraversion?: Social attention versus reward sensitivity. *Journal of Personality and Social Psychology, 83,* 245–251.

Ashton, M. C., Lee, K., Vernon, P., & Jang, K. L. (2000). Fluid intelligence, crystallized intelligence, and the openness/intellect factor. *Journal of Research in Personality, 34,* 198–207.

Austin, E. J. (2005). Emotional intelligence and emotional information processing. *Personality and Individual Differences, 39,* 403–414.

Austin, E. J. (2010). Measurement of ability emotional intelligence: Results for two new tests. *British Journal of Psychology, 101,* 563–578.

Austin, E. J., Boyle, G. J., Groth-Marnat, G., Matthews, G., Saklofske, D. H., Schwean, V. L., & Zeidner, M. (2011). Integrating intelligence and personality: Theory, research and implications for clinical assessment. In G. Groth-Marnat (Ed.), *Integrative assessment of adult personality* (3rd ed., pp. 119–151). New York: Guilford Press.

Austin, E. J., Farrelly, D., Black, C., & Moore, H. (2007). Emotional intelligence, Machiavellianism, and emotional manipulation: Does EI have a dark side? *Personality and Individual Differences, 43*, 179–189.

Austin, E. J., & Saklofske, D. H. (2005). Far too many intelligences? On the communalities and differences between social, practical, and emotional intelligences. In R. Schulze & R. D. Roberts (Eds.), *International handbook of emotional intelligence* (pp. 107–128). Cambridge, MA: Hogrefe & Huber.

Austin, E. J., Saklofske, D. H., Huang, S. H. S., & McKenney, D. (2004). Measurement of trait emotional intelligence: Testing and cross-validating a modified version of Schutte et al.'s (1998) measure. *Personality and Individual Differences, 36*, 555–562.

Banziger, T., Grandjean, D., & Scherer, K. R. (2009). Emotion recognition from expressions in face, voice, and body: The Multimodal Emotion Recognition Test (MERT). *Emotion, 9*, 691–704.

Barchard, K. A. (2003). Does emotional intelligence assist in the prediction of academic success? *Educational and Psychological Measurement, 63*, 840–858.

Barchard, K. A., & Hakstian, R. A. (2004). The nature of emotional intelligence abilities: Basic dimensions and their relationships with other cognitive-ability and personality variables. *Educational and Psychological Measurement, 64*, 437–462.

Barling, J., Slater, F., & Kelloway, E. K. (2000). Transformational leadership and emotional intelligence: An exploratory study. *Leadership & Organization Development Journal, 21*, 157–161.

Barlow, A., Qualter, P., & Stylianou, M. (2010). Relationships between Machiavellianism, emotional intelligence and theory of mind in children. *Personality and Individual Differences, 48*, 78–82.

Barnett, P. A., & Gotlib, I. H. (1988). Psychosocial functioning and depression: distinguishing among antecedents, concomitants, and consequences. *Psychological Bulletin, 104*, 97–126.

Bar-On, R. (1997). *The Emotional Intelligence Inventory (EQ-i): Technical Manual*. Toronto, ON: Multi-Health Systems.

Bar-On, R. (2000). Emotional and social intelligence: Insights from the Emotional Quotient Inventory. In R. Bar-On & J. D. A. Parker (Eds.), *The handbook of emotional intelligence: Theory, development, assessment, and application at home, school, and in the workplace* (pp. 363–388). San Francisco, CA: Jossey-Bass.

Baron-Cohen, S. (2001). Theory of mind and autism: A review. In L. M. Glidden (Ed.), *International review of research in mental retardation: Autism (vol. 23)* (pp. 169–184). San Diego, CA: Academic Press.

Bartley, C. E., & Roesch, S. C. (2011). Coping with daily stress: The role of conscientiousness. *Personality and Individual Differences, 50,* 79–83.

Bass, B. M. (2002). Cognitive, social, and emotional intelligence of transformational leaders. In R. E. Riggio & S. E. Murphy (Eds.), *Multiple intelligences and leadership* (pp.105–118). Hillsdale, NJ: Erlbaum.

Bastian, V. A., Burns, N. R., & Nettelbeck, T. (2005). Emotional intelligence predicts life skills, but not as well as personality and cognitive abilities. *Personality and Individual Differences, 39,* 1135–1145.

Batey, M., & Furnham, A. (2006). Creativity, intelligence, and personality: A critical review of the scattered literature. *Genetic, Social, and General Psychology Monographs, 132,* 355–429.

Baum, K. M., & Nowicki, S. (1998). Perception of emotion: Measuring decoding accuracy of adult prosodic cues varying in intensity. *Journal of Nonverbal Behavior, 22,* 89–108.

Beck, A. T., Emery, G., & Greenberg, R. L. (2005). *Anxiety disorders and phobias: A cognitive perspective.* New York, NY: Basic Books.

Benton, D. (2008). Nutrition and intellectual development. In P. C. Kyllonen, R. D. Roberts, & L. Stankov (Eds.), *Extending intelligence: Enhancement and new constructs.* (pp. 313–330). New York, NY: Taylor & Francis.

Blickle, G., Momm, T. S., Kramer, J., Mierke, J., Liu, J., & Ferris, G. R. (2009). Construct and criterion-related validation of a measure of emotional reasoning skills: A two-study investigation. *International Journal of Selection and Assessment, 17,* 101–118.

Boekaerts, M., Pintrich, P. R., & Zeidner, M. (Eds.) (2000). *Handbook of self-regulation.* San Diego, CA: Academic Press.

Boring, E. G. (1923). Intelligence as the tests test it. *The New Republic, 36,* 35–37.

Boyatzis, R. E. (1982). *The competent manager: A model for effective perfor-*

mance. New York, NY: Wiley & Sons.

Boyatzis, R. E. (2001). How and why individuals are able to develop emotional intelligence. In C. Cherniss & D. Goleman (Eds.), *The emotionally intelligent workplace* (pp. 234–253). San-Francisco, CA: Jossey-Bass.

Boyatzis, R. E. (2007). Developing emotional intelligence competencies. In J. Ciarrochi & J. D. Mayer (Eds.), *Applying emotional intelligence: A practitioner's guide* (pp. 28–52). New York, NY: Psychology Press.

Boyatzis, R. E., Goleman, D., & Rhee, K. (2000). Clustering competence in Emotional Intelligence: Insights from the emotional competence inventory. In R. Bar-On & J. D. A. Parker (Eds.), *The handbook of emotional intelligence* (pp. 343–362). San Francisco, CA: Jossey-Bass.

Boyatzis, R. E., & Sala, F. (2004). The Emotional Competence Inventory (ECI). In G. Geher (Ed.), *Measuring emotional intelligence: Common ground and controversy* (pp. 147–180). Hauppauge, NY: Nova Science.

Brackett, M. A., & Katulak, N. A. (2007). Emotional Intelligence in the classroom: Skill-based training for teachers and students. In J. Ciarrochi & J. D. Mayer (Eds.), *Applying emotional intelligence: A practitioner's guide* (pp. 1–27). New York, NY: Psychology Press.

Brackett, M. A., & Mayer, J. D. (2003). Convergent, discriminant, and incremental validity of competing measures of emotional intelligence. *Personality and Social Psychology Bulletin, 29*, 1147–1158.

Brackett, M. A., Mayer, J. D., &Warner, R. M. (2004). Emotional intelligence and its relation to everyday behavior. *Personality and Individual Differences, 36*, 1387–1402.

Brackett, M. A., Palomera, R., Mojsa-Kaja, J., Reyes, M. R., & Salovey, P. (2010). Emotion-regulation ability, burnout, and job satisfaction among British secondary-school teachers. *Psychology in the School, 47*, 406–417.

Brackett, M. A., Rivers, S. E., Shiffman, S., Lerner, N., & Salovey, P. (2006). Relating emotional abilities to social functioning: A comparison of self-report and performance measures of emotional intelligence.

Journal of Personality and Social Psychology, 91, 780–795.

Brackett, M. A., Warner, R. M., & Bosco, J. S. (2005). Emotional intelligence and relationship quality among couples. *Personal Relationships, 12,* 197–212.

Brody, N. (2004). What cognitive intelligence is and what emotional intelligence is not. *Psychological Inquiry, 15,* 234–238.

Buck, R. (1984). *The communication of emotion.* New York: Guilford Press.

Burns, N. R., Bastian, V. A., & Nettelbeck, T. (2007). Emotional intelligence: More than personality and cognitive ability? In G. Matthews, M. Zeidner, & R. D. Roberts (Eds.), *The science of emotional intelligence: Knowns and unknowns* (pp. 167–196). New York, NY: Oxford University Press.

Bushman, B. J. (2002). Does venting anger feed or extinguish the flame? Catharsis, rumination, distraction, anger, and aggressive responding. *Personality and Social Psychology Bulletin, 28,* 724–731.

Cacioppo, J. T. (2006). Social neuroscience. *American Journal of Psychology, 119,* 664–668.

Cahill, S. P., & Foa, E. B. (2007). Psychological theories of PTSD. In M. J. Friedman, J. Matthew, T. M. Keane, & P. A. Resick, (Eds.), *Handbook of PTSD: Science and practice* (pp. 55–77). New York, NY: Guilford Press.

Caprara, G. V., Barbaranelli, C., & Zimbardo, P. G. (1996). Understanding the complexity of human aggression: Affective, cognitive, and social dimensions of individual differences in propensity toward aggression. *European Journal of Personality, 10,* 133–155.

Carmeli, A. (2003). The relationship between emotional intelligence and work attitudes, behavior and outcomes: An examination among senior managers. *Journal of Managerial Psychology, 18,* 788–813.

Carmeli, A., & Josman, Z. E. (2006). The relationship among Emotional Intelligence, task performance, and organizational citizenship behaviors. *Human Performance, 19,* 403–419.

Carroll, J. B. (1995). On methodology in the study of cognitive abilities. *Multivariate Behavioral Research, 30,* 429–452.

Carroll, J. B. (1993). *Human cognitive abilities: A survey of factor-analytic studies*. New York, NY: Cambridge University Press.

Carstensen, L. L., Graff, J., Levenson, R. W., & Gottman, M. J. (1996). Affect in intimate relationships: The development course of marriage. In C. Magai & S. H. McFadden (Eds.), *Handbook of emotion, adult development, and aging* (pp. 227–247). San Diego, CA: Academic Press.

Caruso, D. R., & Wolfe, C. J. (2004). Emotional intelligence and leadership development. In D. V. Day, S. J. Zaccaro, & S. M. Halpin (Eds.), *Series in applied psychology. Leader development for transforming organizations: Growing leaders for tomorrow* (pp. 237–263). Mahwah, NJ: Lawrence Erlbaum Associates.

Catanzaro, S. J., & Mearns, J. (1999). Mood-related expectancy, emotional experience, and coping behavior. In I. Kirsch (Ed.), *Expectancy, experience, and behavior* (pp. 67–91). Washington, DC: American Psychological Association.

Cattell, R. B. (1987). *Intelligence: Its structure, growth and action*. Amsterdam, Netherlands: North-Holland.

Cattell, R. B. (1963). Theory of fluid and crystallized intelligence: A critical experiment. *Journal of Educational Psychology, 54*, 1–22.

Chamorro-Premuzic, T., Bennett, E., & Furnham, A. (2007). The happy personality: Mediational role of trait emotional intelligence. *Personality and Individual Differences, 42*, 1633–1639.

Cherniss, C. (2010). Emotional intelligence: Toward clarification of a concept. *Industrial and Organizational Psychology: Perspectives on Science and Practice, 3*, 110–126.

Cherniss, C. (2000). Social and emotional competence in the workplace. In R. Bar-On & J. D. A. Parker (Eds.), *The handbook of emotional intelligence* (pp.433–458). San Francisco, CA: Jossey-Bass.

Cherniss, C., & Adler, M. (2000). *Promoting emotional intelligence in organizations*. Alexandria, VA: American Society for Training and Development.

Cherniss, C., & Goleman, D. (2001). Training for emotional intelligence: A model. In C. Cherniss & D. Goleman (Eds.), *The emotionally intelligent workplace* (pp. 209–233). San Francisco, CA:

Jossey-Bass.

Cherniss, C., Goleman, D., Emmerling, R., Cowan, K., & Adler, M. (1998). *Bringing emotional intelligence in organizations.* New Brunswick, NJ: Consortium for Research on Emotional Intelligence in Organizations, Rutgers University.

Cherniss, C., Grimm, L. G., & Liautaud, J. P. (2010). Process-designed training: A new approach for helping leaders develop emotional and social competence. *Journal of Management Development, 29,* 413–431.

Ciarrochi, J. V., & Blackledge, J. T. (2006). Emotional intelligence and interpersonal behavior: A theory and review of the literature. In J. P. Forgas (Ed.), *Affect in social thinking and behavior* (pp. 291–310). New York, NY: Psychology Press.

Ciarrochi, J. V., Chan, A. Y. C., & Caputi, P. (2000). A critical evaluation of the emotional intelligence construct. *Personality and Individual Differences, 28,* 539–561.

Ciarrochi, J. V., & Deane, F. P. (2001). Emotional competence and willingness to seek help from professional and nonprofessional sources. *British Journal of Guidance and Counselling, 29,* 233–246.

Ciarrochi, J. V., Deane, F. P., & Anderson, S. (2002). Emotional intelligence moderates the relationship between stress and mental health. *Personality and Individual Differences, 32,* 197–209.

Claridge, G. (2009). Personality and psychosis. In P. L. Corr & G. Matthews (Eds.), *Cambridge handbook of personality* (pp. 631–648). Cambridge, UK: Cambridge University Press.

Clark, D. A., & Beck, A. T. (2010). *Cognitive therapy of anxiety disorders: Science and practice.* New York, NY: Guilford Press.

Cohen, J. (Ed.). (1999a). *Educating minds and hearts: Social emotional learning and the passage into adolescence.* New York, NY: Teachers College Press.

Cohen, J. (1999b). Learning about social and emotional learning: Current themes and future directions. In J. Cohen (Ed.), *Educating minds and hearts: Social emotional learning and the passage into adolescence* (pp. 184–191). New York, NY: Teachers College Press.

Cohen, J. (1999c). Social and emotional learning: Past and present. In J. Cohen (Ed.), *Educating minds and hearts: Social emotional learning and the passage into adolescence* (pp. 3–23). New York, NY: Teachers College Press.

Coie, J. D., & Dodge, K. A. (1998). Aggression and antisocial behavior. In N. Eisenberg & W. Damon (Eds.), *Handbook of child psychology, Vol. 3: Social, emotional, and personality development* (5th ed., pp. 779–862). New York, NY: Wiley.

Conduct Problems Prevention Research Group (CPPRG) (1999a). Initial impact of the Fast Track prevention trial for conduct problems: II. Classroom effects. *Journal of Consulting and Clinical Psychology, 67*, 648–657.

Conduct Problems Prevention Research Group (CPPRG) (1999b). Initial impact of the Fast Track prevention trial for conduct problems: I. The high risk sample. *Journal of Consulting and Clinical Psychology, 67*, 631–647.

Connor-Smith, J. K., & Flachsbart, C. (2007). Relations between personality and coping: a meta-analysis. *Journal of Personality and Social Psychology, 93*, 1080–1107.

Cooke, D. J., & Michie, C. (2001). Refining the construct of psychopath: Towards a hierarchical model. *Psychological Assessment, 13*, 171–188.

Cooper, J. B., & Ng, K.-M. (2009). Trait emotional intelligence and perceived supervisory working alliance of counseling trainees and their supervisors in agency settings. *International Journal for the Advancement of Counselling, 31*, 145–157.

Cooper, R. K., & Sawaf, A. (1997). *Executive EQ: Emotional intelligence in leaders and organizations.* New York, NY: Grosset/Putnam.

Corr, P. J. (2009). The Reinforcement Sensitivity Theory of personality. In P. L. Corr & G. Matthews (Eds.), *Cambridge handbook of personality* (pp. 347–376). Cambridge, UK: Cambridge University Press.

Costa, P. T., Jr., & McCrae, R. R. (1992). *NEO PI-R Professional Manual.* Odessa, FL: Psychological Assessment Resources.

Côté, S., & Miners, H. (2006). Emotional intelligence, cognitive intelligence, and job performance. *Administrative Science Quarterly, 51*, 1–28.

Coté, S., & Moskowitz, D. S. (1998). On the dynamic covariation between interpersonal behavior and affect: prediction from neuroticism, extraversion, and agreeableness. *Journal of Personality and Social Psychology, 75*, 1032–1046.

Cronbach, L. J., & Meehl, P. E. (1955). Construct validity in psychological tests. *Psychological Bulletin, 52*, 281–302.

Darwin, C. (1872). *The expression of the emotions in man and animals.* Chicago,IL: University of Chicago Press.

Dawda, D., & Hart, S. D. (2000). Assessing emotional intelligence: Reliability and validity of the Bar-On Emotional Quotient Inventory (EQ-i) in university students. *Personality and Individual Differences, 28*, 797–812.

Day, A. L. (2004). The measurement of emotional intelligence: The good, the bad, and the ugly. In G. Geher (Ed.), *Measuring emotional intelligence: Common ground and controversy* (pp. 245–270). New York, NY: Nova Science Publishers.

Day, A. L., & Carroll, S. A. (2008). Faking emotional intelligence (EI): Comparing response distortion on ability and trait-based EI measures. *Journal of Organizational Behavior, 29*, 761–784.

Day, A. L., Therrien, D. L., & Carroll, S. A. (2005). Predicting psychological health: Assessing the incremental validity of emotional intelligence beyond personality, type a behaviour, and daily hassles. *European Journal of Personality, 19*, 519–536.

De Raad, B. (2009). Structural models of personality. In P. L. Corr & G. Matthews (Eds.), *Cambridge handbook of personality* (pp. 127–147). Cambridge, UK: Cambridge University Press.

De Raad, B. (2005). The trait-coverage of emotional intelligence. *Personality and Individual Differences, 38*, 673–687.

Deary, I. J. (2000). *Looking down on human intelligence: From psychometrics to the brain.* Oxford, UK: Oxford University Press.

Denham, S. A. (2006). Emotional Competence: Implications for Social Functioning. In J. L. Luby (Ed.), *Handbook of preschool mental health: Development, disorders, and treatment* (pp. 23–44). New York: Guilford Press.

Department for Children, Schools and Families (2007). *Social and emo-*

tional aspects of learning for secondary schools. Nottingham: DCSF Publications.

Downey, L. A., Johnston, P. J., Hansen, K., Schembri, R., Stough, C., Tuckwell, V., & Schweitzer, I. (2008). The relationship between emotional intelligence and depression in a clinical sample. *European Journal of Psychiatry, 22,* 93–98.

Dulewicz, V., & Higgs, M. (2004). Can emotional intelligence be developed? *The International Journal of Human Resource Management, 15,* 95–111.

Dunning, D., Heath, C., & Suls, J. M. (2004). Flawed self-assessment: Implications for health, education, and the workplace. *Psychological Science in the Public Interest, 5,* 69–106.

Durlak, J. A., Weissberg, R. P., Dymnicki, A. B., Taylor, R. D., & Schellinger, K. B. (2011). The impact of enhancing students' social and emotional learning: A meta-analysis of school-based universal interventions. *Child Development, 82,* 405–432.

Durlak, J. A., Weissberg, R. P., Quintana, E., & Perez, F. (2004). Primary prevention: Involving schools and communities in youth health promotion. In L. A. Jason, C. B. Keys, Y. Suarez-Balcazar, R. R. Taylor, & M. I. Davis (Eds.), *APA decade of behavior Vols. Participatory community research: Theories and methods in action* (pp. 73–86). Washington, DC: American Psychological Association.

Durrell, L. (1960). *Clea.* London. Faber.

Eack, S. M., Greeno, C. G., Pogue-Geile, M. F., Newhill, C. E., Hogarty, G. E., & Keshavan, M. S. (2010). Assessing social-cognitive deficits in schizophrenia with the Mayer-Salovey-Emotional Intelligence Test. *Schizophrenia Bulletin, 36,* 370–380.

Egan, V. (2009). The 'Big Five': Neuroticism, Extraversion, Openness, Agreeableness and Conscientiousness as an organisational scheme for thinking about aggression and violence, In M. McMurran & R. Howard, Eds., *Personality, personality disorder, and risk of violence: An evidence-based approach* (pp. 63–84). Chichester, UK: John Wiley & Sons.

Eilander, A., Gera, T., Sachdev, H. S., Transler, C., van der Knaap, H. C. M., Kok, F. J., & Osendarp, S. J. M. (2010). Multiple micronutrient supplementation for improving cognitive performance in children: Systematic review of randomized controlled trials. *American Journal of Clinical Nutrition, 91,* 115–130.

Ekman, P. (2003). *METT. Micro Expression Training Tool.* CD-ROM. Paul Ekman.

Ekman, P. (2004). MicroExpression Training Tools (METT) and Subtle Expression Training Tools (SETT). Retrieved from http://www.paulekman.com

Ekman, P., & Friesen, W. V. (1978). *Facial Action Coding System.* Palo Alto, CA: Consulting Psychologists Press.

Ekman, P., & Rosenberg, E., L. (1997). *What the face reveals: Basic and applied studies of spontaneous expression using the Facial Action Coding System (FACS).* New York, NY: Oxford University Press.

Elias, M. J., & Clabby, J. (1992). *Building social problem solving skills: Guidelines from a school-based program.* San Francisco, CA: Jossey-Bass.

Elias, M. J., Hunter, L., & Kress, J. S. (2001). Emotional intelligence and education. In J. V. Ciarrochi, J. P. Forgas, & J. D. Mayer (Eds.), *Emotional intelligence in everyday life* (pp.133–149). Philadelphia, PA: Psychology Press.

Elias, M. J., Kress, J. S., & Hunter, L. (2006). Emotional intelligence and the crisis in the schools. In J. V. Ciarrochi, J. P. Forgas, & J. D. Mayer (Eds.), *Emotional intelligence in everyday life: A scientific inquiry* (2nd ed., pp. 166–186). Philadelphia, PA: Psychology Press.

Elias, M. J., Zins, J. E., Weissberg, R. P., Frey, K. S., Greenberg, M. T., Haynes, N. M., Kessler, R., Schwab-Stone, M. E., & Shriver, T. P. (1997). *Promoting social and emotional learning: Guidelines for educators.* Alexandria, VA: Association for Supervision and Curriculum Development.

Emmerling, R. J., & Cherniss, G. (2003). Emotional intelligence and the career choice process. *Journal of Career Assessment, 11,* 153–167.

Extremera, N., Durán, A., & Rey, L. (2007). Perceived emotional intelligence and dispositional optimism-pessimism: Analyzing their role in predicting psychological adjustment among adolescents.

Personality and Individual Differences, 42, 1069–1079.

Extremera, N., & Fernández-Berrocal, P. (2005). Perceived emotional intelligence and life satisfaction: Predictive and incremental validity using the Trait Meta-Mood Scale. *Personality and Individual Differences, 39*, 937–948.

Farrelly, D., & Austin, E. J. (2007). Ability EI as an intelligence? Associations of the MSCEIT with performance on emotion processing and social tasks and with cognitive ability. *Cognition and Emotion, 21*, 1043–1063.

Fellner, A., Matthews, G., Funke, G. J., Emo, A. K., Zeidner, M., Pérez-González, J. C., & Roberts, R. D. (2007). The effects of emotional intelligence on visual search of emotional stimuli and emotion identification. *Proceedings of the Human Factors and Ergonomics Society, 51*, 845–849.

Ferguson, E. (in press). Personality is of central concern to understand health: Towards a theoretical model, new hypotheses and directions for health psychology. *Health Psychology Review.*

Ferguson, F. J., & Austin, E. J. (2010). Associations of trait and ability emotional intelligence with performance on Theory of Mind tasks in an adult sample. *Personality and Individual Differences, 49*, 414–418.

First, M. B., Frances, A., & Pincus, H. A. (2004). *DSM-IV-TR Guidebook Edition 1.* Washington, DC: American Psychiatric Publishing.

Fisk, A. D., & Schneider, W. W. (1983). Category and word search: Generalizing search principles to complex processing. *Journal of Experimental Psychology: Learning, Memory, and Cognition, 9*, 177–195.

Fitness, J. (2006). The emotionally intelligent marriage. In J. V. Ciarrochi, J. R. Forgas, & J. D. Mayer (Eds.), *Emotional intelligence in everyday life* (2nd ed., pp. 129–139). Hove, England: Psychology Press.

Fitness, J. (2001). Emotional intelligence and intimate relationships. In J. V. Ciarrochi, J. P. Forgas, & J. D. Mayer (Eds.), *Emotional intelligence in everyday life: A scientific inquiry* (pp. 98–112). New York, NY: Psychology Press.

Fitzgerald, M., & Bellgrove, M. A. (2006). The overlap between alexithymia and Aspergers' syndrome. *Journal of Autism and Developmental Disorders, 36,* 573–576.

Flanagan, D. P., McGrew, K. S., & Ortiz, S. O. (2000). *The Wechsler Intelligence Scales and Gf-Gc theory: A contemporary approach to interpretation.* Needham Heights, MA: Allyn & Bacon.

Foa, E. B., Keane, T. M., Friedman, M. J., & Cohen, J. (Eds.). (2008). *Effective treatments for PTSD: Practice guidelines from the International Society for Traumatic Stress Studies* (2nd ed.). New York, NY: Guilford Press.

Folkman, S. (1991). Coping across the life span: Theoretical issues. In E. M. Cummings, A. L. Greene, & K. H. Karraker (Eds.), *Life-span developmental psychology: Perspectives on stress and coping* (pp. 3–19). Hillsdale, NJ, England: Lawrence Erlbaum Associates.

Foo, M. D., Elfenbein, H. A., Tan, H. H., & Aik, V. C. (2004). Emotional intelligence and negotiation: The tension between creating and claiming value. *International Journal of Conflict Management, 15,* 411–429.

Freudenthaler, H. H., Fink, A., & Neubauer, A. C. (2006). Emotional abilities and cortical activation during emotional information processing. *Personality and Individual Differences, 41,* 685–695.

Freudenthaler, H. H., & Neubauer, A. C. (2007). Measuring emotional management abilities: Further evidence of the importance to distinguish between typical and maximum performance. *Personality and Individual Differences, 42,* 1561–1572.

Freudenthaler, H. H., Neubauer, A. C., Gabler, P., Scherl, W. G., & Rindermann, H. (2008). Testing and validating the Trait Emotional Intelligence Questionnaire (TEIQue) in a German-speaking sample. *Personality and Individual Differences, 45,* 673–678.

Frick, P. J., & Morris, A. S. (2004). Temperament and developmental pathways to conduct problems. *Journal of Clinical Child and Adolescent Psychology, 33,* 54–68.

Friedman, H. S., Kern, M. L., & Reynolds, C. A. (2010). Personality and health, subjective well-being, and longevity. *Journal of Personality, 78,* 179–216.

Furnham, A. (2006). Explaining the popularity of emotional intelligence. In K. R. Murphy (Ed.), *A critique of emotional intelligence: What are the problems and how can they be fixed?* (pp. 141–159). Mahwah, NJ: Lawrence Erlbaum Associates.

Furr, R. M., & Funder, D. C. (1998). A multimodal analysis of personal negativity. *Journal of Personality and Social Psychology, 74,* 1580–1591.

Gardner, H. (1983). *Frames of mind: The theory of multiple intelligences.* New York, NY: Basic Books.

Geher, G., Warner, R. M., & Brown, A. S. (2001). Predictive validity of emotional accuracy research scale. *Intelligence, 29,* 373–388.

Gohm, C. L., Corser, G. C., & Dalsky, D. J. (2005). Emotional intelligence under stress: Useful, unnecessary, or irrelevant? *Personality and Individual Differences, 39,* 1017–1028.

Goldenberg, I., Matheson, K., & Mantler, J. (2006). The assessment of emotional intelligence: A comparison of performance-based and self-report methodologies. *Journal of Personality Assessment, 86,* 33–45.

Goleman, D. (1995). *Emotional intelligence: Why it can matter more than IQ.* New York, NY: Bantam Books, Inc.

Goleman, D. (1998). *Working with emotional intelligence.* New York, NY: Bantam Books.

Goleman, D. (2001). Emotional intelligence: Issues in paradigm building. In C. Cherniss & D. Goleman (Eds.), *The emotionally intelligent workplace* (pp. 13–26). San Francisco, CA: Jossey-Bass.

Goleman, D., Boyatzis, R., & McKee, A. (2002). *Primal leadership: Realizing the power of emotional intelligence.* Boston, MA: Harvard Business School Press.

Grandey, A. A. (2003). When "the show must go on": Surface acting and deep acting as determinants of emotional exhaustion and peer-rated service delivery. *Academy of Management Journal, 46,* 86–96.

Grandin, T. (1996). *Thinking in pictures: And other reports from my life with autism.* Vintage.

Grant, M. A. (2007). Enhancing coaching skills and emotional intelligence through training. *Industrial and Commerical Training, 39,*

257–267.

Greenberg, L. S. (2006). Emotion-focused therapy: A synopsis. *Journal of Contemporary Psychotherapy, 36,* 87–93.

Greenberg, L. S. (2011). *Emotion-focused therapy.* Washington, DC: American Psychological Association.

Greenberg, M. T., & Kusché, C. A. (2006). Building social and emotional competence: The PATHS curriculum. In S. R. Jimerson & M. J. Furlong (Eds.), *Handbook of school violence and school safety: From research to practice* (pp. 395–412). Mahwah, NJ: Erlbaum.

Greenberg, M. T., Kusché, C. A., & Riggs, N. (2004). The PATHS curriculum: Theory and research on neurocognitive development and school success. In J. E. Zins, M. R. Bloodworth, R. P. Weissberg, & H. J. Walberg, H. J. (Eds.), *Building academic success on social and emotional learning: What does the research say?* (pp. 170–188). New York, NY: Teachers College Press.

Greenwald, A. G., McGhee, D. E., & Schwartz, J. L. K. (1998). Measuring individual differences in implicit cognition: The Implicit Association Test. *Journal of Personality and Social Psychology, 74,* 1464–1480.

Gross, J. J. (2002). Emotion regulation: Affective, cognitive, and social consequences. *Psychophysiology, 39,* 281–291.

Groves, K. S., McEnrue, M. P., & Shen, W. (2008). Developing and measuring the emotional intelligence of leaders. *Journal of Management Development, 27,* 225–250.

Grubb, W. L., & McDaniel, M. A. (2007). The fakability of Bar-On's Emotional Quotient Inventory Short Form: Catch me if you can. *Human Performance, 20,* 43–59.

Grynberg, D., Luminet, O., Corneille, O., Grèzes, J., & Berthoz, S. (2010). Alexithymia in the interpersonal domain: A general deficit of empathy? *Personality and Individual Differences, 49,* 845–850.

Guilford, J. P. (1967). *The nature of human intelligence.* New York: McGraw-Hill.

Guilford, J. P. (1988). Some changes in the structure-of-intellect model. *Educational and Psychological Measurement, 48,* 1–4.

Hall, J. A., Andrzejewski, S. A., & Yopchick, J. E. (2009). Psychosocial correlates of interpersonal sensitivity: A meta-analysis. *Journal of Nonverbal Behavior, 33,* 149–180.

Halpern, D. F. (2006). Introduction: How organizations can alleviate the traffic jam at the intersection of work and family. *American Behavioral Scientist, 49,* 1147–1151.

Hansenne, M., & Bianchi, J. (2009). Emotional intelligence and personality in major depression: Trait versus state effects. *Psychiatry Research, 166,* 63–68.

Hare, R. D., & Neumann, C. S. (2009). Psychopathy and its measurement. In P. L. Corr & G. Matthews (Eds.), *Cambridge handbook of personality* (pp. 660–686). Cambridge, UK: Cambridge University Press.

Harms, P. D., & Credé, M. (2010). Emotional intelligence and transformational and transactional leadership: A meta-analysis. *Journal of Leadership & Organizational Studies, 17,* 5–17.

Hawkins, J. D., Smith, B. H., & Catalano, R. F. (2004). Social development and social and emotional learning. In J. E. Zins, R. P. Weissberg, M. C. Wang, & H. J. Walberg (Eds.), *Building academic success on social and emotional learning. What does the research say?* (pp. 135–150). New York, NY: Teachers College Press.

Hemmati, T., Mills, J. F., & Kroner, D. G. (2004). The validity of the Bar-On emotional intelligence quotient in an offender population. *Personality and Individual Differences, 37,* 695–706.

Hertel, J., Schütz, A., & Lammers, C.-H. (2009). Emotional intelligence and mental disorder. *Journal of Clinical Psychology, 65,* 942–954.

Hogan, M. J., Parker, J. D. A., Wiener, J., Watters, C., Wood, L. M., & Oke, A. (2010). Academic success in adolescence: Relationships among verbal IQ, social support and emotional intelligence. *Australian Journal of Psychology, 62,* 30–41.

Hogarty, G. E., Flesher, S., Ulrich, R., Carter, M., Greenwald, D., Pogue-Geile, M., Kechavan, M., Cooley, S., DiBarry, A. L., Garrett, A., Parepally, H., & Zoretich, R. (2004). Cognitive enhancement therapy for schizophrenia. Effects of a 2-year randomized trial on cognition and behavior. *Archives of General Psychiatry, 61,* 866–876.

Holmen, A., Juuhl-Langseth, M., Thormodsen, R., Melle, I., & Rund, B. R. (2010). Neuropsychological profile in early-onset schizophrenia-spectrum disorders: Measured with the MATRICS battery. *Schizophrenia Bulletin, 36,* 852–859.

Horn, J., & Noll, J. (1994). A system for understanding cognitive capabilities: A theory and the evidence on which it is based. In D. K. Detterman (Ed.), *Current topics in human intelligence: Volume IV.* (pp. 151–203). New York: Springer-Verlag.

Horn, J. L. (2008). Spearman, *g,* expertise, and the nature of human cognitive capability. In P. C. Kyllonen, R. D. Roberts, & L. Stankov (Eds.), *Extending intelligence: Enhancement and new constructs* (pp. 159–194). New York, NY: Taylor & Francis.

Horn, J. L., & Hofer, S. M. (1992). Major abilities and development in the adult period. In R. J. Sternberg & C. Berg (Eds.), *Intellectual development* (pp. 44–99). New York, NY: Cambridge University Press.

Horn, J. L., & Masunaga, H. (2000). New directions for research into aging and intelligence: The development of expertise. In T. J. Perfect & E. A. Maylor (Eds.), *Models of cognitive aging* (pp. 125–159). Oxford, UK: Oxford University Press.

Hughes, J. (2005). Bringing emotion to work: Emotional intelligence, employee resistance and the reinvention of character. *Work, Employment and Society, 19,* 603–625.

Humphrey, N., Curran, A., Morris, E., Farrell, P., & Woods, K. (2007). Emotional intelligence and education: A critical review. *Educational Psychology, 27,* 235–254.

Humphrey, N., Lendrum, A., & Wigelsworth, M. (2010). Social and emotional aspects of learning (SEAL) programme in secondary schools: National evaluation. Retrieved September 21, 2011, from http://www.education.gov.uk/research

Jaušovec, N., & Jaušovec, K. (2010). Emotional intelligence and gender: A neurophysiological perspective. In A. Gruszka, G. Matthews, & B. Szymura (Eds.), *Handbook of individual differences in cognition: Attention, memory and executive control* (pp. 109–126). New York, NY: Springer.

Jensen-Campbell, L. A., Knack, J. M., & Rex-Lear, M. (2009). Personality and social relations. In P. L. Corr & G. Matthews (Eds.), *Cambridge handbook of personality* (pp. 506–523). Cambridge, UK: Cambridge University Press.

John, O. P., & Gross, J. J. (2007). Individual differences in emotion regulation. In J. J. Gross (Ed.), *Handbook of emotion regulation* (pp. 351–372). New York, NY: Guilford Press.

Johnson, S. J., Batey, M., & Holdsworth, L. (2009). Personality and health: The mediating role of trait emotional intelligence and work locus of control. *Personality and Individual Differences, 47,* 470–475.

Jones, A. P., Happ, F. G. E., Gilbert, F., Burnett, S., & Viding, E. (2010). Feeling, caring, knowing: Different types of empathy deficit in boys with psychopathic tendencies and autism spectrum disorder. *Journal of Child Psychology and Psychiatry, 51,* 1188–1197.

Jordan, P. J., Ashkanasy, N. M., & Ascough, K. (2007). Emotional intelligence in organizational behavior and industrial-organizational psychology. In G. Matthews, M. Zeidner, & R. D. Roberts (Eds.), *Emotional intelligence: Knowns and unknowns* (pp. 356–375). New York, NY: Oxford University Press.

Jordan, P. J., & Troth, A. C. (2002). Emotional intelligence and conflict resolution: Implications for human resource development. *Advances in Developing Human Resources, 4,* 62–79.

Jordan, P. J., Murray, J. P., & Lawrence, S. A. (2009). The application of emotional intelligence in industrial and organizational psychology. In C. Stough, D. H. Saklofske, & J. D. A. Parker (Eds.), *Assessing emotional intelligence: Theory, research, and applications* (pp. 171–190). New York, NY: Springer Science and Business Media.

Joseph, D. L., & Newman, D. A. (2010). Emotional intelligence: An integrative meta-analysis and cascading model. *Journal of Applied Psychology, 95,* 54–78.

Kafetsios, K., & Zampetakis, L. A. (2008). Emotional intelligence and job satisfaction: Testing the mediatory role of positive and negative affect at work. *Personality and Individual Differences, 44,* 712–722.

Kahneman, D., Krueger, A. B., Schkade, D. A., Schwarz, N., & Stone, A. A. (2004). A survey method for characterizing daily life experience: The Day Reconstruction Method. *Science, 306,* 1776–1780.

Kam, C., Greenberg, M. T., & Kusché, C. A. (2004). Sustained effects of the PATHS curriculum on the social and psychological adjustment of children in special education. *Journal of Emotional and Behavioral Disorders, 12,* 66–78.

Kaufman, A. S. (2009). *IQ testing 101.* New York, NY: Springer Publishing Company.

Kazdin, A. E. (1995). *Conduct disorders in childhood and adolescence* (2nd ed.). Thousand Oaks, CA: Sage.

Kee, K. S., Horan, W. P., Salovey, P., Kern, R. S., Sergi, M. J., Fiske, A. P., Lee, J., Subotnik, K. L., Nuechterlein, K., Sugar, C. A., & Green, M. F. (2009). Emotional intelligence in schizophrenia. *Schizophrenia Research, 107,* 61–68.

Keefe, R. S. E., Fox, K. H., Harvey, P. D., Cucchiaro, J., Siu, C., & Loebel, A. (2011). Characteristics of the MATRICS Consensus Cognitive Battery in a 29-site antipsychotic schizophrenia clinical trial. *Schizophrenia Research, 125,* 161–168.

Keefer, K. V., Parker, J. D. A., & Saklofske, D. H. (2009). Emotional intelligence and physical health. In C. Stough, D. H. Saklofske, & J. D. A. Parker (Eds.), *Assessing emotional intelligence: Theory, research, and applications* (pp. 191–218). New York, NY: Springer Science and Business Media.

Kelly, B., Longbottom, J., Potts, F., & Williamson, J. (2004). Applying emotional intelligence: Exploring the Promoting Alternative Thinking Strategies curriculum. *Educational Psychology in Practice, 20,* 221–240.

Keltner, D., & Haidt, J. (2001). Social functions of emotions. In T. J. Mayne & G. A. Bonanno (Eds.), *Emotions: Current issues and future directions* (pp.192–213). New York, NY: Guilford Press.

Kennedy-Moore, E., & Watson, J. C. (1999). *Expressing emotion: Myths, realities, and therapeutic strategies.* New York, NY: Guilford Press.

Kerlinger, F. N. (1973). *Foundations of behavioral research* (2nd ed.). New York, NY: Holt, Rinehart, and Winston.

Killgore, W. D. S., & Yurgelun-Todd, D. A. (2007). Neural correlates of emotional intelligence in adolescent children. *Cognitive, Affective, and Behavioral Neuroscience, 7,* 140–151.

Kluemper, D. H. (2008). Trait emotional intelligence: The impact of core-self evaluations and social desirability. *Personality and Individual Differences, 44,* 1402–1412.

Koenen, K. C., Moffitt, T. E., Poulton, R., Martin, J., & Caspi, A. (2007). Early childhood factors associated with the development of post-traumatic stress disorder: Results from a longitudinal birth cohort. *Psychological Medicine, 37,* 181–192.

Koriat, A., Melkman, R., Averill, J. R., & Lazarus, R. S. (1972). The self-control of emotional reactions to a stressful film. *Journal of Personality, 40,* 601–619.

Kyllonen, P. C., & Christal, R. E. (1990). Reasoning ability is (little more than) working memory capacity?! *Intelligence, 14,* 389–433.

Kyllonen, P. C., Roberts, R. D., & Stankov, L. (Eds.) (2008). *Extending intelligence: Enhancement and new constructs.* New York, NY: Routledge.

Landy, F. J. (2006). The long, frustrating, and fruitless search for social intelligence: A cautionary tale. In K. R. Murphy (Ed.), *A critique of emotional intelligence: What are the problems and how can they be fixed?* (pp. 81–123). Mahwah, NJ: Erlbaum.

Landy, F. J. (2005). Some historical and scientific issues related to research on emotional intelligence. *Journal of Organizational Behavior, 26,* 411–424.

Lane, R. D. (2000). Levels of emotional awareness: Neurological, psychological, and social perspectives. In R. Bar-On & J. D. A. Parker, (Eds.), *The handbook of emotional intelligence: Theory, development, assessment, and application at home, school, and in the workplace.* (pp. 171–191). San Francisco, CA: Jossey-Bass.

Lane, R. D., Quinlan, D. M., Schwartz, G. E., Walker, P. A., & Zeitlin, S. B. (1990). The Levels of Emotional Awareness Scale: A cognitive-development measure of emotion. *Journal of Personality Assessment, 55,* 124–134.

Lane, R.D., Reiman, E.M., Axelrod, B., Yun, L-S., Holmes, A., &

Schwartz, G.E. (1998.) Neural correlates of levels of emotional awareness: Evidence of an interaction between emotion and attention in the anterior cingulate cortex. *Journal of Cognitive Neuroscience, 10*, 525–535.

Lantieri, L., & Patti, J. (1996). *Waging peace in our schools*. Boston: Beacon Press.

Law, K. S., Wong, C. S., & Song, L. J. (2004). The construct and criterion validity of emotional intelligence and its potential utility for management studies. *Journal of Applied Psychology, 89*, 483–496.

Lazarus, R. S. (1999). *Stress and emotion: A new synthesis*. New York, NY: Springer Publishing.

Lazarus, R. S. (1991). *Emotion and adaptation*. New York, NY: Oxford University Press.

Lazarus, R. S. (1990). Theory-based stress measurement. *Psychological Inquiry, 1*, 3–13.

Lazarus, R. S., & Folkman, S. (1984). *Stress, appraisal, and coping*. New York, NY: Springer.

LeDoux, J. E. (1996). *The emotional brain: The mysterious underpinnings of emotional life*. New York, NY: Simon & Schuster.

Lee, S. H. (2008). Working memory and intelligence in children: What develops? *Journal of Educational Psychology, 100*, 581–602.

Legree, P. J., Psotka, J., Tremble, T., & Bourne, D. R. (2005). Using consensus based measurement to assess emotional intelligence. In R. Schulze & R. D. Roberts (Eds.), *Emotional intelligence: An international handbook* (pp. 155–179). Cambridge, MA: Hogrefe & Huber.

Lenaghan, J. A., Buda, R., & Eisner, A. B. (2007). An examination of the role of emotional intelligence in work and family conflict. *Journal of Managerial Issues, 19*, 76–94.

Lewis, M. (2001). Issues in the study of personality development. *Psychological Inquiry, 12*, 67–83.

Libbrecht, N., & Lievens, F. (2011). *Further validity evidence for the situational judgment test paradigm to emotional intelligence measurement*. Unpublished manuscript submitted for publication.

Lilienfeld, S. O., Lynn, S. J., Ruscio, J., & Beyerstein, B. L. (2009). *Fifty great myths of popular psychology: Shattering widespread mis-*

conceptions about human behavior. Chichester, England: Wiley-Blackwell.

Lindqvist, E., & Vestman, R. (2011). The labor market returns to cognitive and noncognitive ability: Evidence from the Swedish Enlistment Study. *American Economic Journal: Applied Economics, 3,* 101–128.

Lischetzke, T., & Eid, M. (2006). Why extraverts are happier than introverts: The role of mood regulation. *Journal of Personality, 74,* 1127–1162.

Livesley, W. J., & Larstone, R. M. (2008). The Dimensional Assessment of Personality Pathology (DAPP). In G. J. Boyle, G. Matthews, & D.H. Saklofske, (Eds.), *The SAGE handbook of personality theory and assessment, Vol 2: Personality measurement and testing* (pp. 608–625). Thousand Oaks, CA: Sage Publications.

Lopes, P. N., Brackett, M. A., Nezlek, J. B., Schutz, A., Sellin, I., & Salovey, P. (2004). Emotional intelligence and social interaction. *Personality and Social Psychology Bulletin, 30,* 1018–1034.

Lopes, P. N., Salovey, P., & Straus, R. (2003). Emotional intelligence, personality, and the perceived quality of social relationships. *Personality and Individual Differences, 35,* 641–658.

Lopes, P. N., Salovey, P., Côté, S., &. Beers, M. (2005). Emotion regulation abilities and the quality of social interaction. *Emotion, 5,* 113–110.

Losh, M., & Capps, L. (2006). Understanding of emotional experience in autism: Insights from the personal accounts of high-functioning children with autism. *Developmental Psychology, 42,* 809–818.

Lucas, R. E., & Diener, E. (2000). Personality and subjective well-being across the life span. In V. J. Molfese & D. L. Molfese (Eds.) *Temperament and personality development across the life span* (pp. 211–234). Mahwah, NJ: Lawrence Erlbaum.

Lucas, R. E., Le, K., & Dyrenforth, P. S. (2008). Explaining the extraversion/positive affect relation: Sociability cannot account for extraverts' greater happiness. *Journal of Personality, 76,* 385–414.

Luminet, O., Bagby, R. M., Wagner, H., Taylor, G. J., & Parker, J. D. A. (1999). Relation between alexithymia and the five-factor model of personality: A facet-level analysis. *Journal of Personality Assessment, 73*, 345–358.

Lumley, M. A., Gustavson, B. J., Partridge, T., & Labouvie-Vief, G. (2005). Assessing alexithymia and related emotional ability constructs via multiple methods: Interrelationships among measures. *Emotion, 5*, 329–342.

Lumley, M. A., Neely, L. C., & Burger, A. J. (2007). The assessment of alexithymia in medical settings: Implications for understanding and treating health problems. *Journal of Personality Assessment, 89*, 230–246.

Lynn, A. B. (2007). *Quick emotional intelligence activities for busy managers: 50 exercises that get results in just 15 minutes.* New York: AMACOM.

MacCann, C., Fogarty, G. J., Zeidner, M., & Roberts, R. D. (2011). Coping mediates the relationship between emotional intelligence (EI) and academic achievement. *Contemporary Educational Psychology, 36*, 60–70.

MacCann, C., Joseph, D., Newman, D., & Roberts, R. D. (in press). Emotional intelligence within the structure of human cognitive abilities: Psychometric evidence from hierarchical and bifactor models. *Intelligence.*

MacCann, C., & Roberts, R. D. (2008). New paradigms for assessing emotional intelligence: Theory and data. *Emotion, 8*, 540–551.

MacCann, C., Roberts, R. D., Matthews, G., & Zeidner, M. (2004). Consensus scoring and empirical option weighting of performance-based Emotional Intelligence (EI) tests. *Personality and Individual Differences, 36*, 645–662.

MacCann, C., Wang, P., Matthews, G., & Roberts, R. D. (2010). Examining self-report versus other reports in a situational judgment test of emotional abilities. *Journal for Research in Personality, 44*, 673–676.

Malecki, C. K., & Elliot, S. N. (2002). Children's social behaviors as predictors of academic achievement: A longitudinal analysis. *School Psychology Quarterly, 17*, 1–23.

Mancuso, F., Horan, W. P., Kern, R. S., & Green, M. F. (2011). Social cognition in psychosis: Multidimensional structure, clinical correlates, and relationship with functional outcome. *Schizophrenia Research, 125,* 143–151.

Márquez, P. G.-O., Martín, R. P., & Brackett, M. A. (2006). Relating emotional intelligence to social competence and academic achievement in high school students. *Psicothema, 18(Suppl),* 118–123.

Martins, A., Ramalho, N., & Morin, E. (2010). A comprehensive meta-analysis of the relationship between emotional intelligence and health. *Personality and Individual Differences, 49,* 554–564.

Matsumoto, D., LeRoux, J., Wilson-Cohn, C., Raroque, J., Kooken, K., Ekman, P., et al. (2000). A new test to measure emotion recognition ability: Matsumoto and Ekman's Japanese and Caucasian Brief Affect Recognition Test (JACBART). *Journal of Nonverbal Behavior, 24,* 179–209.

Matthews, G. (2009). Cognitive processes and models. In P. L. Corr & G. Matthews (Eds.), *Cambridge handbook of personality* (pp. 400–426). Cambridge, UK: Cambridge University Press.

Matthews, G. (2005). The design of emotionally intelligent machines. *American Journal of Psychology, 118,* 287–322.

Matthews, G., Deary, I. J., & Whiteman, M. C. (2009). *Personality traits* (3rd ed.). Cambridge, MA: Cambridge University Press.

Matthews, G., Emo, A. K., Funke, G., Zeidner, M., Roberts, R. D., Costa, P. T., Jr., & Schulze, R. (2006). Emotional intelligence, personality, and task-induced stress. *Journal of Experimental Psychology: Applied, 12,* 96–107.

Matthews, G., & Funke, G. J. (2006). Worry and information-processing. In G. C. L. Davey & A. Wells (Eds.), *Worry and its psychological disorders: Theory, assessment and treatment* (pp. 51–67). Chichester, UK: Wiley.

Matthews, G., Zeidner, M., & Roberts, R. D. (2006). Measuring emotional intelligence: Promises, pitfalls, solutions? In A. D. Ong & M. H. Van Dulmen (Eds.), *Oxford handbook of methods in positive psychology* (pp. 189–204). Oxford, UK: Oxford University Press.

Matthews, G., Zeidner, M., & Roberts, R. D. (2005). Emotional intelligence: An elusive ability? In O. Wilhelm & R. Engle (Eds.),

Handbook of understanding and measuring intelligence (pp. 79–99). Thousand Oaks, CA: Sage.

Matthews, G., Zeidner, M., & Roberts, R. D. (2004). Seven myths of emotional intelligence. *Psychological Inquiry, 15,* 179–196.

Matthews, G., Zeidner, M., & Roberts, R. D. (2002). *Emotional intelligence: Science or myth?* Cambridge, MA: MIT Press.

Mauss, I. B., Evers, C., Wilhelm, F. H., & Gross, J. J. (2006). How to bite your tongue without blowing your top: Implicit evaluation of emotion regulation predicts affective responding to anger provocation. *Personality and Social Psychology Bulletin, 32,* 589–602.

Mavroveli, S., Petrides, K. V., Rieffe, C., & Bakker, F. (2007). Trait emotional intelligence, psychological well-being and peer-rated social competence in adolescence. *British Journal of Developmental Psychology, 25,* 263–275.

Mavroveli, S., Petrides, K. V., Sangareau, Y., & Furnham, A. (2009). Exploring the relationships between trait emotional intelligence and objective socio-emotional outcomes in childhood. *British Journal of Educational Psychology, 79,* 259–272.

Mayer, J. D., Caruso, D. R., & Salovey, P. (1999). Emotional intelligence meets traditional standards for an intelligence. *Intelligence, 27,* 267–298.

Mayer, J. D., Caruso, D. R., Salovey, P., & Siterenios, G. (2001). Emotional intelligence as a standard intelligence. *Emotions, 1,* 232–242.

Mayer, J. D., Perkins, D. M., Caruso, D. R., & Salovey, P. (2001). Emotional intelligence and giftedness. *Roeper Review: A Journal on Gifted Education, 23,* 131–137.

Mayer, J. D., Roberts, R. D., & Barsade, S. G. (2008). Human abilities: Emotional intelligence. *Annual Review of Psychology, 59,* 507–536.

Mayer, J. D., & Salovey, P. (1997). What is emotional intelligence? In P. Salovey & D. J. Sluyter (Eds.), *Emotional development and emotional intelligence: Educational implications* (pp. 3–34). New York, NY: Basic Books.

Mayer, J. D., Salovey, P., & Caruso, D. R. (in press). *Mayer-Salovey-Caruso Emotional Intelligence Test: Youth Version (MSCEIT: YV): Item*

Booklet. Toronto, Canada: Multi-Health Systems.

Mayer, J. D., Salovey, P., & Caruso, D. R. (2002). *Mayer-Salovey-Caruso Emotional Intelligence Test (MSCEIT) User's Manual.* Toronto, Canada: Multi-Health Systems.

Mayer, J. D., Salovey, P., & Caruso, D. R. (2000). Models of emotional intelligence. In R. J. Sternberg (Ed.), *Handbook of intelligence* (pp. 396–420). New York, NY: Cambridge University Press.

Mayer, J. D., Salovey, P., Caruso, D. R., & Sitarenios, G. (2003). Measuring emotional intelligence with the MSCEIT V2.0. *Emotion, 3,* 97–105.

Mayne, T. J. (1999). Negative affect and health: The importance of being earnest. *Cognition & Emotion, 13,* 601–635.

McAdams, D. P., & Pals, J. L. (2006). A new Big Five: Fundamental principles for an integrative science of personality. *American Psychologist, 61,* 204–217.

McCrae, R. R. (2000). Emotional intelligence from the perspective of the five-factor model of personality. In R. Bar-On & J. D. A. Parker (Eds.), *The handbook of emotional intelligence: Theory, development, assessment, and application at home, school, and in the workplace* (pp. 263–276). San Francisco, CA: Jossey-Bass.

McCrae, R. R., & Costa, P. T. (2008). Empirical and theoretical status of the five-factor model of personality traits. In G. J. Boyle, G. Matthews, & D. H. Saklofske (Eds.), *Sage handbook of personality theory and testing: Volume 1: Personality theories and models* (pp. 273–294). Thousand Oaks, CA: Sage.

McDaniel, M. A., Hartman, N. S., Whetzel, D. L., & Grubb, W. L. (2006). Situational judgment tests: Validity and an integrative model. In R. Ployhart & J. Weekley (Eds.), *Situational judgment tests: Theory, measurement, and application* (pp. 183–204). New York, NY: Jossey-Bass.

McDaniel, M. A., Morgeson, F. P., Finnegan, E. B., Campion, M. A., & Braverman, E. P. (2001). Use of situational judgment tests to predict job performance: A clarification of the literature. *Journal of Applied Psychology, 86,* 730–740.

McGrew, K. S. (2005). The Cattell-Horn-Carroll (CHC) theory of cognitive abilities: Past, present, and future. In D. P. Flanagan &

Harrison, P. L. (Eds.), *Contemporary intellectual assessment: Theories, test, and issues (2nd edition)* (pp. 136–202). New York: Guilford Press.

Mierke, J., & Klauer, K. C. (2003). Method-specific variance in the implicit association test. *Journal of Personality and Social Psychology, 85*, 1180–1192.

Mikolajczak, M., & Luminet, O. (2008). Trait emotional intelligence and the cognitive appraisal of stressful events: An exploratory study. *Personality and Individual Differences, 44*, 1445–1453.

Mikolajczak, M., Luminet, O., Leroy, C., & Roy, E. (2007). Psychometric properties of the Trait Emotional Intelligence Questionnaire: Factor structure, reliability, construct, and incremental validity in a French-speaking population. *Journal of Personality Assessment, 88*, 338–353.

Mikolajczak, M., Luminet, O., & Menil, C. (2006). Predicting resistance to stress: Incremental validity of trait emotional intelligence over alexithymia and optimism. *Psicothema, 18(Suppl)*, 79–88.

Mikolajczak, M., Menil, C., & Luminet, O. (2007). Explaining the protective effect of trait emotional intelligence regarding occupational stress: Exploration of emotional labour processes. *Journal of Research in Personality, 41*, 1107–1117.

Mikolajczak, M., Nelis, D., Hansenne, M., & Quoidbach, J. (2008). If you can regulate sadness, you can probably regulate shame: Associations between trait emotional intelligence, emotion regulation and coping efficiency across discrete emotions. *Personality and Individual Differences, 44*, 1356–1368.

Mikolajczak, M., Roy, E., Luminet, O., Fille, C., & de Timary, P. (2007). The moderating impact of emotional intelligence on free cortisol responses to stress. *Psychoneuroendocrinology, 32*, 1000–1012.

Mikolajczak, M., Roy, E., Verstrynge, V., & Luminet, O. (2009). An exploration of the moderating effect of trait emotional intelligence on memory and attention in neutral and stressful conditions. *British Journal of Psychology, 100*, 699–715.

Mischel, W. (1996). From good intentions to willpower. In P. M. Gollwitzer & J. A. Bargh, (Eds.), *The psychology of action: Linking cognition and motivation to behavior* (pp. 197–218). New York, NY: Guilford Press.

Mischel, W., & Ebbesen, E. B. (1970). Attention in delay of gratification. *Journal of Personality and Social Psychology, 16,* 329–337.

Mischel, W., Shoda, Y., & Rodriguez, L. M. (1989). Delay of gratification in children. *Science, 244,* 933–938.

Montgomery, J. M., McCrimmon, A. W., Schwean, V. L., & Saklofske, D. H. (2010). Emotional intelligence in Asperger syndrome: Implications of dissonance between intellect and affect. *Education and Training in Autism and Developmental Disabilities, 45,* 566–582.

Morrone-Strupinsky, J. V., & Lane, R. D. (2007). Parsing positive emotion in relation to agentic and affiliative components of extraversion. *Personality and Individual Differences, 42,* 1267–1278.

Motowidlo, S. J., Borman, W. C., & Schmit, M. J. (1997). A theory of individual differences in task and contextual performance. *Human Performance, 10,* 71–83.

Mullin, B. C., & Hinshaw, S. P. (2007). Emotion regulation and externalizing disorders in children and adolescents. In J. J. Gross (Ed.). *Handbook of emotion regulation* (pp. 523–541). New York, NY: Guilford Press.

Murphy, K. R., & Sideman, L. (2006). The fadification of emotional intelligence. In K. R. Murphy (Ed.), *A critique of emotional intelligence: What are the problems and how can they be fixed?* (pp. 283–299). Mahwah, NJ: Lawrence Erlbaum Associates.

Murray, J. P., Jordan, P. J., & Ashkanasy, N. M. (2006). Training to improve emotional intelligence and performance: What interventions work? Paper presented at the *20th annual conference of the annual meeting of the Australian and New Zealand Academy of Management,* Rockhamptom, Australia.

Muyia, H. M., & Kacirek, K. (2009). An empirical study of a leadership development training program and its impact on emotional intelligence quotient (EQ) scores. *Advances in Developing Human Resources, 11,* 703–718.

Nastasi, B. K., Moore, R. B., & Varjas, K. M. (2004). *School-based mental health services: Creating comprehensive and culturally specific programs.* Washington, DC: American Psychological Association.

Newsome, S., Day, A. L., & Catano, V. M. (2000). Assessing the predictive validity of emotional intelligence. *Personality & Individual Differences, 29,* 1005–1016.

Nigg, J. T. (2006). Temperament and developmental psychopathology. *Journal of Child Psychology and Psychiatry, 47,* 395–422.

Nolen-Hoeksema, S., Wisco, B. E., & Lyubomirsky, S. (2008). Rethinking rumination. *Perspectives on Psychological Science, 3,* 400–424.

Nowicki, S., & Carton, J. (1993). The measurement of emotional intensity from facial expressions. *Journal of Social Psychology, 133,* 749–750.

Nunnally, J. C. (1978). *Psychometric theory* (2nd ed.). New York, NY: McGraw Hill.

Oatley, K. (2004). Emotional intelligence and the intelligence of emotions. *Psychological Inquiry, 15,* 216–221.

Oatley, K., & Bolton, W. (1985). A social-cognitive theory of depression in reaction to life events. *Psychological Review, 92,* 372–388.

Oatley, K., & Johnson-Laird, P. N. (1996). The communicative theory of emotion: Empirical tests, mental models, and implications for social interaction. In L. L. Martin & A. Tesser (Eds.), *Striving and feeling: Interactions among goals, affect, and self-regulation* (pp. 363–393). Hillsdale, NJ: Lawrence Erlbaum.

Ormel, J., & Wohlfarth, T. (1991). How neuroticism, long-term difficulties, and life situation change influence psychological distress: a longitudinal model. *Journal of Personality and Social Psychology, 60,* 744–755.

O'Sullivan, M. (2007). Trolling for trout, trawling for tuna: The methodological morass in measuring emotional intelligence. In G. Matthews, M. Zeidner, & R. D. Roberts (Eds.), *The science of emotional intelligence: Knowns and unknowns* (pp. 258–287). New York, NY: Oxford University Press.

O'Toole, B. I., & Stankov, L. (1992). Ultimate validity of psychological tests. *Personality and Individual Differences, 13,* 699–716.

Palmer, B. R., Donaldson, C., & Stough, C. (2002). Emotional intelligence and life satisfaction. *Personality and Individual Differences, 33*, 1091–1100.

Palmer, B. R., Walls, M., Burgess, Z., & Stough, C. (2001). Emotional intelligence and effective leadership. *Leadership and Organisational Development Journal, 22*, 5–10.

Parker, J. D. A. (2005). The relevance of emotional intelligence for clinical psychology. In R. Schulze & R. D. Roberts (Eds.), *Emotional intelligence: An international handbook* (pp. 271–287). Ashland, OH: Hogrefe & Huber.

Parker, J. D. A. (2000). Emotional intelligence: Clinical and therapeutic implications. In R. Bar-On & J. D. A. Parker (Eds.), *The handbook of emotional intelligence: Theory, development, assessment, and application at home, school, and in the workplace* (pp. 490–504). San Francisco, CA: Jossey-Bass.

Parker, J. D. A., Hogan, M. J., Eastabrook, J. M., Oke, A., & Wood, L. M. (2006). Emotional intelligence and student retention: Predicting the successful transition from high school to university. *Personality and Individual Differences, 41*, 1329–1336.

Parker, J. D. A., Keefer, K. V., Taylor, G. J., & Bagby, R. M. (2008). Latent structure of the alexithymia construct: A taxometric investigation. *Psychological Assessment, 20*, 385–396.

Parker, J. D. A., Saklofske, D. H., Wood, L. M., & Collin, T. (2009). The role of emotional intelligence in education. In C. Stough, D. H. Saklofske, & J. D. A. Parker (Eds.), *Assessing emotional intelligence: Theory, research, and applications* (pp. 239–255). New York, NY: Springer Science and Business Media.

Parker, J. D. A., Summerfeldt, L. J., Hogan, M. J., & Majeski, S. A. (2004). Emotional intelligence and academic success: examining the transition from high school to university. *Personality and Individual Differences, 36*, 163–172.

Parker, J. D. A., Taylor, G. J., & Bagby, R. M. (2003). The 20-Item Toronto Alexithymia Scale III. Reliability and factorial validity in a community population. *Journal of Psychosomatic Research, 55*, 269–275.

Parrott, W. G. (2002). The functional utility of negative emotions. In L. Feldman-Barrett & P. Salovey (Eds.), *The wisdom in feeling: Psychological processes in emotional intelligence* (pp.341–359). New York, NY: Guilford Press.

Paulhus, D. L. (2002). Socially desirable responding: the evolution of a construct. In H. I. Braun & D. N. Jackson (Eds.), *The role of constructs in psychological and educational measurement* (pp. 49–69). Mahwah, NJ: Erlbaum.

Paulhus, D. L., Lysy, D. C., & Yik, M. S. M. (1998). Self-report measures of intelligence: Are they useful proxies as IQ tests? *Journal of Personality, 66*, 525–554.

Pekrun, R., & Frese, M. (1992). Emotions in work and achievement. *International Review of Industrial and Organizational Psychology, 7*, 154–200.

Pennebaker, J. W. (1997). Writing about emotional experiences as a therapeutic process. *Psychological Science, 8*, 162–166.

Peters, C., Kranzler, J. H., & Rossen, E. (2009). Validity of the Mayer-Salovey-Caruso Emotional Intelligence Test: Youth Version-Research Edition. *Canadian Journal of School Psychology, 24*, 76–81.

Petrides, K. V., Fredrickson, N., & Furnham, A. (2004). The role of trait emotional intelligence in academic performance and deviant behavior at school. *Personality and Individual Differences, 36*, 277–293.

Petrides, K. V., & Furnham, A. (2003). Trait emotional intelligence: Behavioural validation in two studies of emotion recognition and reactivity to mood induction. *European Journal of Personality, 17*, 39–57.

Petrides, K. V., Furnham, A., & Mavroveli, S. (2007). Trait emotional intelligence: Moving forward in the field of EI. In G. Matthews, M. Zeidner, & R. D. Roberts (Eds.), *The science of emotional intelligence: Knowns and unknowns* (pp. 151–166). New York, NY: Oxford University Press.

Petrides, K. V., Pérez-González, J. C., & Furnham, A. (2007). On the criterion and incremental validity of trait emotional intelligence. *Cognition and Emotion, 21*, 26–55.

Petrides, K. V., Sangareau, Y., Furnham, A., & Frederickson, N. (2006).

Trait emotional intelligence and children's peer relations at school. *Social Development, 15*, 537–547.

Petrides, K. V., Vernon, P. A., Schermer, J. A., Ligthart, L., Boomsma, D. I., & Veselka, L. (2010). Relationships between trait emotional intelligence and the Big Five in the Netherlands. *Personality and Individual Differences, 48*, 906–910.

Picard, R. W. (2007). Toward machines with emotional intelligence. In G. Matthews, M. Zeidner, & R. D. Roberts (Eds.), *The science of emotional intelligence: Knowns and unknowns* (pp. 396–416). New York, NY: Oxford University Press.

Pitterman, H., & Nowicki, S. J. (2004). A test of the ability to identify emotion in human standing and sitting postures: The Diagnostic Analysis of Nonverbal Accuracy-2 Posture Test (DANVA2-POS). *Genetic, Social, and General Psychology Monographs, 130*, 146–162.

Popper, K. R. (1963). *Conjectures and refutations.* London: Routledge and Keagan Paul.

Prati, L. M., Douglas, C., Ferris, G. R., Ammeter, A. P., & Buckley, M. R. (2003). Emotional intelligence, leadership effectiveness, and team outcomes. *International Journal of Organizational Analysis, 11*, 21–40.

Quick, J. C., Quick, J. D., Nelson, D. L., & Hurrell, J. J. (1997). *Preventive stress management in organizations.* Washington, DC: American Psychological Association.

Riggs, N. R., Greeberg, M. T., Kusché, C. A., & Pentz, M. A. (2006). The meditational role of neurocogniton in the behavior outcomes of a social-emotional program in elementary school students: Effects of the PATHS curriculum. *Prevention Science, 7*, 91–102.

Riley, H., & Schutte, N. S. (2003). Low emotional intelligence as a predictor of substance-use problems. *Journal of Drug Education, 33*, 391–398.

Rivers, S. E., Brackett, M. A., Reyes, M. R., Mayer, J. D., Caruso, D. R., & Salovey, P. (in press). Measuring emotional intelligence in early adolescence with the MSCEIT-YV: Psychometric properties and relationship with academic performance and psychosocial functioning. *Journal of Psychoeducational Assessment.*

Rivers, S. E., Brackett, M. A., Salovey, P., & Mayer, J. D. (2007). Measuring emotional intelligence as a set of mental abilities. In G. Matthews, M. Zeidner, & R. D. Roberts (Eds.), *The science of emotional intelligence: Knowns and unknowns* (pp. 230–257). New York, NY: Oxford University Press.

Roberts, B. W., Kuncel, N. R., Shiner, R., Caspi, A., & Goldberg, L. R. (2007). The power of personality: The comparative validity of personality traits, socioeconomic status, and cognitive ability for predicting important life outcomes. *Perspectives on Psychological Science, 2*, 313–345.

Roberts, R. D., Betancourt, A. C., Burrus, J., Holtzman, S., Libbrecht, N., MacCann, C., Matthews, G., Minsky, J., Naemi, B., & Schulze, R. (in press). *Multimedia assessment of emotional abilities: Development and validation.* ETS Research Report Series. Princeton, NJ: ETS.

Roberts, R. D., Goff, G. N., Anjoul, F., Kyllonen, P. C., Pallier, G., & Stankov, L. (2000). The Armed Services Vocational Aptitude Battery: Not much more than acculturated learning (Gc)!? *Learning and Individual Differences, 12*, 81–103.

Roberts, R. D., & Lipnevich, A. A. (in press). From general intelligence to multiple intelligences: Meanings, models, and measures. In T. Urdan (Ed.), *APA educational psychology handbook, Volume 2.* Washington, DC: American Psychological Association.

Roberts, R. D., MacCann, C., Matthews, G., & Zeidner, M. (2010). Emotional intelligence: Towards a consensus of models and measures. *Social & Personality Psychology Compass, 4*, 821–840.

Roberts, R. D., Mason, A., & MacCann, C. (April, 2011). The management of emotion using the Situational Test of Emotion Management: Expanding the nomological net. In S. Kaplan & J. Cortina (Chairs), Understanding and managing workplace emotions: Measures, predictors, processes, and outcomes. *26th Annual Society for Industrial and Organizational Psychology Conference,* Chicago, IL.

Roberts, R. D., Schulze, R., & MacCann, C. (2008). The measurement of emotional intelligence: A decade of progress? In G. Boyle, G. Matthews, & D. Saklofske (Eds.), *The Sage handbook of personal-*

ity theory and assessment (pp. 461–482). New York, NY: Sage.

Roberts, R. D., Schulze, R., O'Brien, K., MacCann, C., Reid, J., & Maul, A. (2006). Exploring the validity of the Mayer-Salovey-Caruso Emotional Intelligence Test (MSCEIT) with established emotions measures. Emotion, 6, 663–669.

Roberts, R. D., Schulze, R., Zeidner, M., & Matthews, G. (2005). Understanding, measuring, and applying emotional intelligence: What have we learned? What have we missed? In R. Schulze & R. D. Roberts (Eds.), International handbook of emotional intelligence (pp. 311–341). Cambridge, MA: Hogrefe & Huber.

Roberts, R. D., & Stankov, L. (1999). Individual differences in speed of mental processing and human cognitive abilities: Towards a taxonomic model. Learning and Individual Differences, 11, 1–120.

Roberts, R. D., Zeidner, M., & Matthews, G. (2007). Emotional intelligence: Knowns and unknowns. In G. Matthews, M. Zeidner, & R. D. Roberts (Eds.), The science of emotional intelligence: Knowns and unknowns (pp. 419–474). New York, NY: Oxford University Press.

Roberts, R. D., Zeidner, M., & Matthews, G. (2001). Does emotional intelligence meet traditional standards for an "intelligence"? Some new data and conclusions. Emotion, 1, 196–231.

Rode, J. C., Arthaud-Day, M. L., Mooney, C. H., Near, J. P., & Baldwin, T. T. (2008). Ability and personality predictors of salary, perceived job success, and perceived career success in the initial career stage. International Journal of Selection and Assessment, 16, 292–299.

Rode, J. C., Mooney, C. H., Arthaud-day, M. L., Near, J. P., Rubin, R. S., Baldwin, T. T., & Bommer, W. H. (2008). An examination of the structural, discriminant, nomological, and incremental predictive validity of the MSCEIT© V2.0. Intelligence, 36, 350–366.

Romasz, T. E., Kantor, J. H., & Elias, M. J. (2004). Implementation and evaluation of urban school-wide social-emotional learning programs. Evaluation and Program Planning, 27, 89–103.

Rossen, E., & Kranzler, J. H. (2009). Incremental validity of the Mayer-Salovey-Caruso Emotional Intelligence Test Version 2.0 (MSCEIT) after controlling for personality and intelligence. Journal of Research *in Personality, 43*, 60–65.

Rossen, E., Kranzler, J. H., & Algina, J. (2008). Confirmatory factor analysis of the Mayer-Salovey-Caruso Emotional Intelligence Test V 2.0 (MSCEIT). *Personality and Individual Differences, 44*, 1258–1269.

Rothbart, M. K., Sheese, B. E., & Conradt, E. D. (2009). Childhood temperament. In P. L. Corr & G. Matthews (Eds.), *Cambridge handbook of personality* (pp. 177–190). Cambridge, UK: Cambridge University Press.

Rozell, E. J., Pettijohn, C. E., & Parker, R. S. (2004). Customer-oriented selling: Exploring the roles of emotional intelligence and organizational commitment. *Psychology and Marketing, 21*, 405–424.

Ryle, G. (1949). *The concept of mind*. London, UK: Hutchinson.

Saklofske, D. H., Austin, E. J., Galloway, J., & Davidson, K. (2007). Individual difference correlates of health-related behaviours: Preliminary evidence for links between emotional intelligence and coping. *Personality and Individual Differences, 42*, 491–502.

Saklofske, D. H., Austin, E. J., Mastoras, S. M., Beaton, L., & Osborne, S. E. (2011). Relationships of personality, affect, emotional intelligence and coping with student stress and academic success: Different patterns of association for stress and success. *Learning and Individual Differences*. doi: 10.1016/j.lindif.2011.02.010.

Saklofske, D. H., Austin, E. J., & Minski, P. S. (2003). Factor structure and validity of a trait emotional intelligence measure. *Personality and Individual Differences, 34*, 707–721.

Sala, F. (2002). *Emotional Competence Inventory (ECI): Technical Manual*. Boston: Hay/Mcber Group.

Salovey, P. (2001). Applied emotional intelligence: Regulating emotions to become healthy, wealthy, and wise. In J. V. Ciarrochi, J. P. Forgas, & J. D. Mayer (Eds.), *Emotional intelligence in everyday life: A scientific inquiry* (pp. 168–184). New York, NY: Psychology Press.

Salovey, P., Bedell, B. T., Detweiler, J. B., & Mayer, J. D. (1999). Coping intelligently: Emotional intelligence and the coping process. In C. R. Snyder (Ed.), *Coping: The psychology of what works* (pp. 141–164). New York, NY: Oxford University Press.

Salovey, P., Bedell, B. T., Detweiler, J. B., & Mayer, J. D. (2000). Current directions in emotional intelligence research. In M. Lewis & J. M. Haviland-Jones (Eds.), *Handbook of emotions* (pp. 504–520). New York, NY: Guilford Press.

Salovey, P., Caruso, D., & Mayer, J. D. (2004). Emotional intelligence in practice. In P. A. Linley & S. Joseph (Eds.), *Positive psychology in practice* (pp. 447–463). Hoboken, NJ: John Wiley.

Salovey, P., & Mayer, J. D. (1990). Emotional intelligence. *Imagination, Cognition and Personality, 9*, 185–211.

Salovey, P., Mayer, J. D., Goldman, S., Turvey, C., & Palfai, T. (1995). Emotional attention, clarity, and repair: Exploring emotional intelligence using the Trait Meta-Mood Scale. In J. W. Pennebaker (Ed.), *Emotion, disclosure, and health* (pp. 125–154). Washington, DC: American Psychological Association.

Salovey, P., Stroud, L. R., Woolery, A., & Epel, E. S. (2002). Perceived emotional intelligence, stress reactivity, and symptom reports: Further explorations using the trait meta-mood scale. *Psychology and Health, 17*, 611–627.

Santesso, D. L., Reker, D. L., Schmidt, L. A., & Segalowitz, S. J. (2006). Frontal electroencephalogram activation asymmetry, emotional intelligence, and externalizing behaviors in 10-year-old children. *Child Psychiatry and Human Development, 36*, 311–328.

Scherer, K. R. (2007). Componential emotion theory can inform models of emotional competence. In G. Matthews, M. Zeidner, & R. D. Roberts (Eds.), *The science of emotional intelligence: Knowns and unknowns* (pp. 101–126). New York, NY: Oxford University Press.

Scherer, K. R., Banse, R., & Wallbott, H. G. (2001). Emotion inferences from vocal expression correlate across languages and cultures. *Journal of Cross Cultural Psychology, 32*, 76–92.

Schmidt, F. L., & Hunter, J. (2004). General mental ability in the world of work: Occupational attainment and job performance. *Journal of Personality and Social Psychology, 86*, 162–173.

Schmidt-Atzert, L. & Bühner, M. (2002). Entwicklung eines Leistungstests zur Emotionalen Intelligenz: 43 (pp. 9, 22–26).

Kongress der Deutschen Gesellschaft für Psychologie, Berlin, 2002.

Schnabel, K., Asendorpf, J. B., & Greenwald, A. G. (2008). Using Implicit Association Tests for the assessment of implicit personality self-concept. In G. J. Boyle, G. Matthews, & D. H. Saklofske (Eds.), *The SAGE handbook of personality theory and testing: Volume 2: Personality measurement and testing* (pp. 508–528). Thousand Oaks, CA: Sage.

Schroeder, M. L., Wormsworth, J. A., & Livesley, W. J. (1992). Dimensions of personality disorder and their relationships to the big five dimensions of personality. *Psychological Assessment, 4,* 47–53.

Schulze, R., Wilhelm, O., & Kyllonen, P. C. (2007). Approaches to the assessment of emotional intelligence. In G. Matthews, M. Zeidner, & R. D. Roberts (Eds.), *The science of emotional intelligence: Knowns and unknowns* (pp. 199–229). New York, NY: Oxford University Press.

Schutte, N. S., Malouff, J. M., Bobik, C., Coston, T. D., Greeson, C., Jedlicka, C., & Rhodes, E. W. G. (2001). Emotional intelligence and interpersonal relations. *Journal of Social Psychology, 141,* 523–536.

Schutte, N. S., Malouff, J. M., Hall, L. E., Haggerty, D. J., Cooper, J. T., Golden, C. J., & Dornheim, L. (1998). Development and validation of a measure of emotional intelligence. *Personality and Individual Differences, 25,* 167–177.

Schutte, N. S., Malouff, J. M., Thorsteinsson, E. B., Bhullar, N., & Rooke, S. E. (2007). A meta-analytic investigation of the relationship between emotional intelligence and health. *Personality and Individual Differences, 42,* 921–933.

Seghers, J. P., McCleery, A., & Docherty, N. M. (2011). Schizotypy, alexithymia, and socioemotional outcomes. *Journal of Nervous and Mental Disease, 199,* 117–121.

Sevdalis, N., Petrides, K. V., & Harvey, N. (2007). Trait emotional intelligence and decision-related emotions. *Personality and Individual Differences, 42,* 1347–1358.

Shadish, W. R., Jr., Cook, T. D., & Campbell, D. T. (2002). *Experimental and quasi-experimental designs for generalized causal inference.* Boston, MA: Houghton-Mifflin.

Shaw, T. H., Matthews, G., Warm, J. S., Finomore, V., Silverman, L.,

& Costa, P. T., Jr. (2010). Individual differences in vigilance: Personality, ability, and states of stress. *Journal of Research in Personality, 44,* 297–308.

Sifneos, P. E. (1973). The prevalence of "alexithymic" characteristics in psychosomatic patients. *Psychotherapy and Psychosomatics, 22,* 255–262.

Skinner, C., & Spurgeon, P. (2005). Valuing empathy and emotional intelligence in health leadership: A study of empathy, leadership behavior and outcome effectiveness. *Health Services Management Research, 18,* 1–12.

Slaski, N. (2001). An investigation into emotional intelligence, managerial stress and performance in a UK supermarket chain. Unpublished paper.

Slaski, M., & Cartwright, S. (2003). Emotional intelligence training and its implications for stress, health and performance. *Stress and Health: Journal of the International Society for the Investigation of Stress, 19,* 233–239.

Slaski, M., & Cartwright, S. (2002). Health, performance, and emotional intelligence: An exploratory study of retail managers. *Stress and Health, 18,* 63–68.

Smith, L., Ciarrochi, J. V., & Heaven, P. C. L. (2008). The stability and change of trait emotional intelligence, conflict communication patterns, and relationship satisfaction: A one-year longitudinal study. *Personality and Individual Differences, 45,* 738–743.

Spearman, C. (1927). *The abilities of man.* New York, NY: MacMillan.

Spearman, C. (1923). *The nature of intelligence and the principles of cognition.* London: MacMillan.

Stankov, L. (1986). Kvashchev's experiment: Can we boost intelligence? *Intelligence, 10,* 209–230.

Stankov, L., Danthiir, V., Williams, L., Gordon, E., Pallier, G., & Roberts, R. D. (2006). Intelligence and the tuning-in of brain networks. *Learning and Individual Differences, 16,* 217–233.

Sternberg, R. J. (2000). The concept of intelligence. In R. J. Sternberg (Ed.), *Handbook of intelligence* (pp. 3–15). New York, NY: Cambridge University Press.

Sternberg, R. J., Conway, B. E., Ketron, J. L., & Bernstein, M. (1981). People's conceptions of intelligence. *Journal of Personality and Social Psychology, 41*, 37–55.

Stokes, T. L., & Bors, D. A. (2001). The development of a same-different inspection time paradigm and the effects of practice. *Intelligence, 29*, 247–261.

Summerfeldt, L. J., Kloosterman, P. H., Antony, M., & Parker, J. D. A. (2006). Social anxiety, emotional intelligence, and interpersonal adjustment. *Journal of Psychopathology and Behavioral Assessment, 28*, 57–68.

Sy, T., Tram, S., & O'Hara, L. A. (2006). Relation of employee and manager emotional intelligence to job satisfaction and performance. *Journal of Vocational Behavior, 68*, 461–473.

Taub, G. E., & McGrew, K. S. (2004). A confirmatory factor analysis of Cattell-Horn-Carroll theory and cross-age invariance of the Woodcock-Johnson Tests of Cognitive Abilities III. *School Psychology Quarterly, 19*, 72–87.

Taylor, G. J., Bagby, R. M., & Parker, J. D. A. (1997). *Disorders of affect regulation: Alexithymia in medical and psychiatric illness.* Cambridge, UK: Cambridge University Press.

Temoshok, L. R., Waldstein, S. R., Wald, R. L., Garzino-Demo, A., Synowski, S. J., Sun, L.,& Wiley, J. A. (2008). Type C coping, alexithymia, and heart rate reactivity are associated independently and differentially with specific immune mechanisms linked to HIV progression. *Brain, Behavior, and Immunity, 22*, 781–792.

Tett, R. P., Fox, K. E., & Wang, A. (2005). Development and validation of a self-report measure of emotional intelligence as a multidimensional trait domain. *Personality and Social Psychology Bulletin, 31*, 859–888.

Thayer, R. E., Newman, J. R., & McClain, T. M. (1994). Self-regulation of mood: strategies for changing a bad mood, raising energy, and reducing tension. *Journal of Personality and Social Psychology, 67*, 910–925.

Thurstone, L. L. (1938). *Primary mental abilities.* Chicago: University of

Chicago Press.

Tirre, W. C., & Field, K. A. (2002). Structural models of abilities measured by the Ball Aptitude Battery. *Educational and Psychological Measurement, 62*, 830–856.

Tok, S., & Morali, S. L. (2009). Trait emotional intelligence, the Big Five personality dimensions and academic success in physical education teacher candidates. *Social Behavior and Personality, 37*, 921–932.

Topping, K. J., Holmes, E. A., & Bremner, W. G. (2000). The effectiveness of school-based programs: For the promotion of social competence. In R. Bar-On & J. D. A. Parker (Eds.), *The handbook of emotional intelligence* (pp. 411–432). San Francisco, CA: Jossey-Bass.

Tranel, D., & Bechara, A. (2009). Sex-related functional asymmetry of the amygdala: Preliminary evidence using a case-matched lesion approach. *Neurocase, 15*, 217–234.

Trinidad, D. R., & Johnson, C. A. (2002). The association between emotional intelligence and early adolescent tobacco and alcohol use. *Personality and Individual Differences, 32*, 95–105.

Trinidad, D. R., Unger, J. B., Chou, C.-P., & Johnson, C. (2005). Emotional intelligence and acculturation to the United States: Interactions on the perceived social consequences of smoking in early adolescents. *Substance Use and Misuse, 40*, 1697 1706.

Tulsky, D. S., & Price, L. R. (2003). The joint WAIS-III and WMS-III factor structure: Development and cross-validation of a six-factor model of cognitive functioning. *Psychological Assessment, 15*, 149–162.

Twenge, J. M., & Campbell, W. K. (2009). *The narcissism epidemic: Living in the age of enlightenment.* New York, NY: Free Press.

Uziel, L. (2007). Individual differences in the social facilitation effect: A review and meta-analysis. *Journal of Research in Personality, 41*, 579–601.

Vachon, D. D., & Bagby, R. M. (2007). The clinical utility of emotional intelligence: Association with related constructs, treatment, and psychopathology. In G. Matthews, M. Zeidner, & R. D. Roberts

(Eds.), *The science of emotional intelligence: Knowns and unknowns* (pp. 339–355). New York, NY: Oxford University Press.

Vakola, M., Tsaousis, I., & Nikolaou, I. (2004). The role of emotional intelligence and personality variables on attitudes toward organizational change. *Journal of Managerial Psychology, 19,* 88–110.

Van der Zee, K., Thijs, M., & Schakel, L. (2002). The relationship of emotional intelligence with academic intelligence and the Big Five. *European Journal of Personality, 16,* 103–125.

Van Rooy, D. L., Whitman, D. S., Viswesvaran, C., & Pluta, P. (2010). Emotional intelligence: Additional questions still unanswered. *Industrial and Organizational Psychology, 3,* 149–153.

Van Rooy, D. L., & Viswesvaran, C. (2004). Emotional intelligence: A meta-analytic investigation of predictive validity and nomological net. *Journal of Vocational Behavior, 65,* 71–95.

Van Rooy, D. L., Viswesvaran, C., & Pluta, P. (2005). An evaluation of construct validity: What is this thing called emotional intelligence? *Human Performance, 18,* 445–462.

Vernon, P. A., Villani, V. C., Schermer, J. A., & Petrides, K. V. (2008). Phenotypic and genetic associations between the big five and trait emotional intelligence. *Twin Research and Human Genetics, 11,* 524–530.

Vigoda-Gadot, E., & Meisler, G. (2010). Emotions in management and the management of emotions: The impact of emotional intelligence and organizational politics on public sector employees. *Public Administration Review, 70,* 72–86.

Watson, D., & Pennebaker, J. W. (1989). Health complaints, stress, and distress: Exploring the central role of negative affectivity. *Psychological Review, 96,* 234–254.

Wechsler, D. (1974). The IQ is an intelligent test. In A. J. Edwards (Ed.), *Selected papers of David Wechsler.* New York: Academic Press.

Wedeck, J. (1947). The relationship between personality and "psychological ability." *British Journal of Psychology, 37,* 133–151.

Weisinger, H. (1998). *Emotional intelligence at work: The untapped edge for success.* San Francisco, CA: Jossey-Bass.

Weissberg, R. P., & Greenberg, M. T. (1998). School and community competence-enhancement and prevention programs. In I. E. Siegel & K. A. Renninger (Eds.), *Handbook of child psychology: Vol. 4. Child psychology in practice* (5th ed., pp. 877–954). New York, NY: Wiley.

Weist, M., Stiegler, K., Stephan, S., Cox, J., & Vaughan, C. (2010). School mental health and prevention science in the Baltimore City schools. *Psychology in the Schools, 47,* 89–100.

Wells, A. (2000). *Emotional disorders and metacognition: Innovative cognitive therapy.* Chichester, UK: Wiley.

Wells, A., & Cartwright-Hatton, S. (2004). A short form of the Metacognitions Questionnaire: Properties of the MCQ-30. *Behaviour Research and Therapy, 42,* 385–396.

Wells, A., & Davies, M. I. (1994). The Thought Control Questionnaire: A measure of individual differences in the control of unwanted thoughts. *Behaviour Research and Therapy, 32,* 871–878.

Wells, A., & Matthews, G. (1994). *Attention and emotion: A clinical perspective.* Hove: Erlbaum.

Welsh, M., Park, R. D., Widaman, K., & O'Neil, R. (2001). Linkages between children's social and academic competence: A longitudinal analysis. *Journal of School Psychology, 39,* 463–481.

Wharton, A. S. (2009). The sociology of emotional labor. *Annual Review of Sociology, 35,* 147–165.

Widiger, T. A., & Mullins-Sweatt, S. N. (2009). Five-factor model of personality disorder: A proposal for DSM-V. *Annual Review of Clinical Psychology, 5,* 197–220.

Wiggins, J. S. (2003). Paradigms of personality assessment: An interpersonal odyssey. *Journal of Personality Assessment, 80,* 11–18.

Yammarino, F. J., & Bass, B. M. (1990). Long-term forecasting of transformational leadership and its effects among naval officers: some preliminary findings. In K. E. Clark & M. B. Clark (Eds.), *Measures of leadership.* West Orange, NJ: Leadership Library of America, Inc.

Yang, S-Y., & Sternberg, R. J. (1997). Taiwanese Chinese people's conceptions of intelligence. *Intelligence, 25,* 21–36.

Youngmee, K., Schulz, R., & Carver, CS. (2007). Benefit finding in the cancer caregiving experience. *Psychosomatic Medicine, 69,*

283–291.

Zeidner, M. (2005). Emotional intelligence and coping with occupational stress. In A. G. Antoniou & C. L. Cooper (Ed.), *New perspectives in occupational health psychology* (pp. 218–239). Cheltenham, UK: Edward Elgar Publishing.

Zeidner, M., & Kaluda, I. (2008). Romantic love: What's emotional intelligence (EI) got to do with it? *Personality and Individual Differences, 44*, 1684–1695.

Zeidner, M., & Matthews, G. (in press). Personality. In T. Urdan (Ed.), *APA educational psychology handbook* (Vol. 2). Washington, DC: American Psychological Association.

Zeidner, M., & Matthews, G. (2011). *Anxiety 101.* New York, NY: Springer Publishing Company.

Zeidner, M., Matthews, G., & Roberts, R. D. (2011). The emotional intelligence, health, and well-being nexus; What have we learned and what have we missed?. Working Paper. Laboratory for Research on Personality, Emotions, and Individual Differences, University of Haifa.

Zeidner, M., Matthews, G., & Roberts, R. D. (2009). *What we know about emotional intelligence: How it affects learning, work, relationships and our mental health.* Cambridge, MA: MIT Press.

Zeidner, M., Matthews, G., & Roberts, R. D. (2006). Emotional intelligence, coping, and adaptation. In J. Ciarrochi, J. Forgas, & J. D. Mayer (Eds.), *Emotional intelligence in everyday life: A scientific inquiry* (2nd ed., pp. 100–125). Philadelphia, PA: Psychology Press.

Zeidner, M., Matthews, G., & Roberts, R. D. (2001). Slow down, you move too fast: Emotional intelligence remains an "elusive" intelligence. *Emotion, 1*, 265–275.

Zeidner, M., Matthews, G., Roberts, R. D., & MacCann, C. (2003). Development of emotional intelligence: Towards a multi-level investment model. *Human Development, 46*, 69–96.

Zeidner, M., Matthews, G., & Roberts, R. D., & (in press). The emotional intelligence, health, and well-being nexus: What have we learned and what have we missed? *Applied Psychology: Health and*

Well-being.

Zeidner, M., & Olnick-Shemesh, D. (2010). Emotional intelligence and subjective well-being revisited. *Personality and Individual Differences, 48*, 431–435.

Zeidner, M., Roberts, R. D., & Matthews, G. (2009). *What we know about emotional intelligence: How it affects learning, work, relationships and our mental health.* Cambridge, MA: MIT Press.

Zeidner, M., Roberts, R. D., & Matthews, G. (2004). The emotional intelligence bandwagon: Too fast to live, too young to die. *Psychological Inquiry, 15*, 239–248.

Zeidner, M., Roberts, R. D., & Matthews, G. (2002). Can emotional intelligence be schooled? A critical review. *Educational Psychologist, 37*, 215–231.

Zeidner, M., & Saklofske, D. S. (1996). Adaptive and maladaptive coping. In M. Zeidner & N. S. Endler (Eds.), *Handbook of coping* (pp. 505–531). New York, NY: John Wiley and Sons.

Zeidner, M., Shani-Zinovich, I., Matthews, G., & Roberts, R. D. (2005). Assessing emotional intelligence in gifted and non-gifted high school students: Outcomes depend on the measure. *Intelligence, 33*, 369–391.

Ziegler, M., MacCann, C., & Roberts, R. D. (Eds.) (2011). *New perspectives on faking in personality assessment.* New York, NY: Oxford University Press.

Zins, J. E., Payton, J. W., Weissberg, R. P., & O'Brien, M. U. (2007). Social and emotional learning for successful school performance. In G. Matthews, M. Zeidner, & R. D. Roberts (Eds.), *Emotional intelligence: Knowns and unknowns* (pp. 376–395). New York, NY: Oxford University Press.

Zins, J. E., Weissberg, R. P., Wang, M. C., & Walberg, H. J. (Eds.) (2004). *Building academic success on social and emotional learning: What does the research say?* New York, NY: Teachers College Press.

찾아보기

저자에 대하여

Gerald Matthews 박사는 신시내티대학교에서 인간 수행, 인간 요인, 수행과 정보처리, 스트레스와 인지를 가르치고 있는 심리학 교수다. 그는 성격과 기분의 사정과 정신생리학적인 연구뿐만 아니라 인지과학 모델들을 인간 요인, 개인차, 스트레스에 적용하는 것에 대하여 많은 연구를 하고 있다. 구체적으로 그는 성격과 기분이 주의와 수행에 미치는 효과, 스트레스와 피로가 수행에 미치는 효과, 그리고 정서와 주의 과정 간의 관계에 관심을 갖고 있다. 그는 또한 평가, 대처 및 스트레스 결과에서의 개인차에 인지적 스트레스 모델을 적용하는 연구도 했다.

Moshe Zeidner 박사는 하이파대학교의 인간발달 및 교육심리학과 교수이자 대학 내 Center for Interdisciplinary Research on Emotions의 소장이다. 그의 연구 영역은 성격, 스트레스와 정서의 평가, 외상적 사건에 대한 대처, 정서지능이다. 그는 2003년 7월에 Society of Stress and Anxiety Research로부터 공로상을 받았다. 그가 가장 최근에 출판한 *Emotional Intelligence: Science and Myth*는 미국학문서적출판협회의 표창을 받았다(2003).

Richard D. Roberts 박사는 뉴저지 주 프린스턴에 있는 Center for New Constructs in the Educational Testing Service's R&D의 책임연구과학자다. 그는 미국국립연구위원회의 선임연구원이었으며 1998년부터 2003년까지 호주 시드니대학교에서 초빙강사로도 있었다. 그의 주요 연구 영역은 평가와 개인차다. 그는 교육, 심리학, 군사학, 풍공학(wind engineering) 등 여러 분야에서 다양한 주제로 120개 이상의 논문과 공동 저서를 발표했으며 여러 연구기관, 군, 정부기관 등에서 연구비를 지원받고 상을 받았다.

역자에 대하여

김정희 journey@hongik.ac.kr

이화여자대학교 영어영문학과 졸업
이화여자대학교 교육대학원, M.Ed.(교육심리학 전공)
미국 서던캘리포니아대학교, Ph.D.(교육심리학 전공)
현재 홍익대학교 교육대학원 교육심리전공 교수